시대정신과 지식인

시대정신과 지식인
원효에서 노무현까지

김호기 지음

2012년 9월 10일 초판 1쇄 발행
2017년 6월 30일 초판 5쇄 발행

펴낸이 한철희
펴낸곳 돌베개
등록 1979년 8월 25일 제406-2003-000018호
주소 (10881) 경기도 파주시 회동길 77-20 (문발동)
전화 (031) 955-5020 | 팩스 (031) 955-5050
홈페이지 www.dolbegae.co.kr | 전자우편 book@dolbegae.co.kr
블로그 imdol79.blog.me | 트위터 @Dolbegae79

책임편집 소은주
편집 김태권·이경아·이현화·권영민·김진구·김혜영·최혜리
표지디자인 오필민 | 본문디자인 이선희·이은정·박정영
마케팅 심찬식·고운성·조원형 | 제작·관리 윤국중·이수민
인쇄·제본 상지사 P&B

ISBN 978-89-7199-500-6 (03330)

책값은 뒤표지에 있습니다.

이 도서의 국립중앙도서관 출판시도서목록(CIP)은 e-CIP 홈페이지
(http://www.nl.go.kr/ecip)에서 이용하실 수 있습니다(CIP제어번호: CIP2012003994).

시대정신과 지식인

원효에서 노무현까지

김호기 지음

돌베개

사회학 연구자로서 오랜 소망의 하나는 우리 지식인과 지식사회에 대한 탐구를 책으로 내놓는 것이었다. 이제 그 첫 번째로 『시대정신과 지식인: 원효에서 노무현까지』를 선보인다. 돌아보면 지식과 사회, 지식인과 사회변동에 대한 관심은 학부와 대학원 시절로 거슬러 올라간다. 서양의 사회사상을 공부하면서 자연스럽게 우리 지식인들에 대해 관심을 갖게 됐고, 시간이 나면 그들의 삶과 사상에 관한 책들을 읽어왔다. 몇 해 전부터 그동안의 책 읽기와 생각들을 한번 정리해야겠다고 생각해오다가 지난해 초부터 작업을 시작해 이렇게 책으로 펼쳐 보이게 됐다.

　이 책은 연구자들을 위한 학술서가 아니라 시민들을 위한 일종의 교양서다. 전체를 관통하는 문제의식은 '시대정신과 지식인'이다. 삼국시대부터 현재까지 우리 역사에서 주요 지식인들이 탐구해온 시대정신은 무엇인가가 이 책이 관심을 두는 핵심 주제다. 시대정신이란 현재를 진단하고 미래를 전망하는 가치의 집약이다. 이 시대정신 탐구는 지식인에게 부여된 가장 중요한 과제 가운데 하나다. 우리 역사를 대표하는 지식인들은 과연 어떤 시대정신을 탐구하고, 이를 위해 어떤 고투苦鬪를 벌여왔는가를 살펴보려는 것이 이 책이 겨냥하는 목표다.

내용은 크게 세 부분으로 이뤄져 있다. 제1부 '시대정신과 한국적 지식인의 기원'은 신라시대부터 조선 중기까지 활동한 주요 지식인들의 삶과 사상을 조명한다. 원효와 최치원, 김부식과 일연, 정몽주와 정도전, 이황과 이이가 그들이다. 제2부 '모더니티와 새로운 시대정신의 모색'은 조선 후기에서 구한말까지 활동한 지식인들의 삶과 사상을 주목한다. 박지원과 박제가, 정약전과 정약용, 이건창과 서재필, 최제우와 경허가 그들이다. 제3부 '시대정신의 선 자리와 지식인의 갈 길'은 식민지 시대부터 최근까지 활동한 주요 지식인들의 삶과 사상을 다룬다. 신채호와 이광수, 함석헌과 장일순, 황순원과 리영희, 박정희와 노무현이 그들이다. 박정희와 노무현은 지식인이라기보다 정치가지만, 산업화와 민주화의 시대정신을 대표하는 두 사람이 지식사회와 우리 사회에 미친 다각적인 영향을 고려해서 포함시켰다.

이 책이 갖는 소망은 두 가지다. 첫째, 우리 역사 속에서의 시대정신 탐구를 돌아봄으로써 그 현재적 의미를 생각해보고 싶다. 역사에서 비약은 없다. 그러나 역사는 더 많은 사람들이 더 많은 자유와 더 많은 평등을 누릴 수 있는 방향으로 더디지만 꾸준히 변화돼왔다. 이러한 방향에 대한 거시적인 탐색이 다름 아닌 시대정신 탐구로 나타났으며, 최근에는 산업화와 민주화를 넘어선 새로운 시대정신에 대한 토론이 활발히 이뤄지고 있다. 우리 사회가 직면한 이러한 현재적 과제에 지나온 우리 역사의 시대정신 모험은 과연 어떤 의미와 메시지를 던져주고 있는지를 이 책을 통해 살펴보고자 한다.

둘째, 시대정신 탐구에서 지식인의 역할을 생각해보고 싶다. 다른 나라와 비교해 우리 사회에서 지식인이 갖는 위상은 각별하다. 유교 문화의 영향이 한 주요 원인이라면, 추격산업화와 추격민주화 과정에서 지식인의 사회적 책무가 강조돼온 것은 또 다른 주요 원인이다. 지식인의 이러한 위상이 비단 현대사에만 국한된 것은 아니다. 돌아보면 우리 역사 전체에서 지식인의 역할은 매우 중요했다. 오랜 역사 속에서 우리 지식인들은 시대정신 탐구를 위해 어떤 사유의 모험을 감행했는지, 그 과정에서 어떤 고뇌를 감당하고 성취를 이뤄왔는지를 이 책을 통해 살펴보고자 한다.

이 책은 2011년 『신동아』에 연재된 것을 다소 수정하고 새로운 내용을 덧붙였다. 전문적 학술서가 아닌 만큼 일일이 각주를 달지 않았지만, 내용에서 언급된 논문과 저작들은 출처를 달았다. 이 책에서 주목하는 지식인들의 주요 저작들이 이미 출간된 만큼 시대정신과 지식인에 대해 좀더 공부해보고 싶은 독자들은 원저작을 직접 읽어보는 것도 좋을 듯하다. 한 가지 밝히고 싶은 것은 이 책이 곧이어 출간될 『새로운 시대정신을 찾아서: 산업화, 민주화, 복지국가』와 짝을 이루고 있다는 점이다.

이 책을 내는 데 도움을 준 이들을 적어두고 싶다. 먼저 연재의 기회를 마련해준 『주간동아』 조성식 기자에게 감사함을 표한다. 전체 원고를 읽고 생산적인 논평을 해준 조교 강지웅 군에게도 고마움을 전한다. 이 책 초고의 일부는 2012년 봄학기에 개설한 강의 '지식과 문화'에서 학부생들과 함께 읽기도 했는데, 다양한 논평을 해준 학부생들에게도 고맙다는 말을 전한다. 마지막으로 돌베개 출판사의 소은주 팀장에 대한 고마움은 따로 적어두고 싶다.

2012년 8월

김호기

차례

책머리에 5

제1부 시대정신과 한국적 지식인의 기원

제1장 │ 원효와 최치원 │ 시대정신 탐구자로서의 지식인

시대정신과 지식인의 과제 15 · 지식인의 존재구속성과 자유부동성 16 · 원효와 최치원, 같고 다른 길 18 · 원효, 구속을 거부한 지식인 21 · 『금강삼매경론』, 일심과 화쟁의 사상 23 · 최치원, 조기 유학생의 선구자 26 · 『사산비명』, 유학과 불교의 통합 28 · 분황사에서 생각하는 원효와 설총 31

제2장 │ 김부식과 일연 │ 역사의 발견, 민족의 발견

구조사적 시대정신으로서의 민족주의 37 · 김부식, 유학자이자 역사가 40 · 김부식의 역사의식과 시대정신 42 · 『삼국사기』는 사대주의 역사서인가 44 · 일연, 승려이자 역사가 47 · 『삼국유사』, 일연의 역사의식과 시대정신 48 · 단군신화와 『삼국유사』의 민족주의 51 · 강화도에서 생각하는 민족주의 53

제3장 │ 정몽주와 정도전 │ 신념윤리와 책임윤리 사이

전략적 선택과 시대정신 59 · 전통사회에서의 지식인과 정치가 60 · 정몽주와 정도전, 엇갈린 운명 61 · 정몽주, 신념윤리의 정치가 63 · 권력이란 무엇인가 67 · 정도전, 책임윤리의 정치가 68 · 왕권이냐 신권이냐 72 · 경복궁에서 생각하는 정치의 의미 75

제4장 │ 이황과 이이 │ 시대정신과 지식인의 역할

지식인과 선비정신 81 · 선비정신의 기원과 발전 83 · 이황, 유학자의 모범 84 · 성리학의 완전한 이해 86 · 이이, 경세가의 모범 90 · 대동사회에의 꿈 93 · 지식인의 정치 참여 95 · 화석정에서 생각하는 우국충정 99

제2부 **모더니티와 새로운 시대정신의 모색**

제5장 | 박지원과 박제가 | 북벌론에서 북학론으로

18세기, 새로운 시대정신의 요구 105 · 실학파의 조류 106 · 박지원의 생애와 모더니티와의 조우 108 · 『열하일기』, 새로운 사상을 향한 여행 111 · 박제가의 생애와 박지원과의 만남 113 · 『북학의』, 급진적 개혁노선 117 · 북학파의 모더니티 인식 119 · 지식인의 기품 120

제6장 | 정약전과 정약용 | 실학파의 시대정신

넷째 형님에 대한 기억 127 · 정약용과 그의 가족 129 · 정약전, 자연과학의 선구자 133 · 『자산어보』, 수산학의 고전 134 · 정약용, 시대정신 탐구의 전형 136 · 『목민심서』, 정치·행정 개혁론의 교과서 138 · 정약용의 모더니티 인식 141 · 서쪽 담을 비추는 달빛 145

제7장 | 이건창과 서재필 | 개혁과 개방의 두 태도

모더니티로 가는 길 149 · 이건창, 강화학자로서의 삶 150 · 『당의통략』, 당쟁의 대표 연구서 153 · 문자를 안다는 사람의 본분 155 · 서재필, 독립운동가로서의 삶 159 · 『서재필이 꿈꾼 나라』, 자주독립에 대한 열망 161 · 서재필, 서구적 근대인의 초상 163 · 이건창의 길, 서재필의 길 167

제8장 | 최제우와 경허 | 전통의 재발견과 모더니티

전통의 옹호로서의 위정척사와 동학 171 · 최제우, 동학의 창시자 174 · 『동경대전』, 동방의 도로서의 동학 176 · 두 일화를 통해 본 경허 179 · 경허, 선불교의 중흥자 181 · 진정한 자유를 찾아서 183 · 전통과 모더니티를 어떻게 볼 것인가 185 · 사람 사는 세상을 기다리며 187

제3부 시대정신의 선 자리와 지식인의 갈 길

제9장 | 신채호와 이광수 | 식민지 시대와 근대적 민족주의

식민지 시대와 민족주의 195 · 신채호, 민족주의에서 무정부주의로 198 · 『조선상고사』, 민족주의 역사학의 확립 200 · 시대정신과 신채호의 민족주의 202 · 이광수, 민족주의에서 친일로 204 · 민족개조론의 문제점 206 · 민족주의의 현재와 미래 209 · 겨레에 대한 강의한 사랑 211

제10장 | 함석헌과 장일순 | 민주주의와 생명주의의 최전선

재야 사상가로서의 함석헌과 장일순 217 · 함석헌, 씨알의 사상가 220 · 『뜻으로 본 한국 역사』, 고난의 우리 역사 222 · 씨알사상의 핵심 224 · 장일순, 생명의 사상가 225 · 『나락 한알 속의 우주』, 거룩하고 평등한 생명 227 · 시대정신의 모험 230 · 그 사람을 가졌는가 235

제11장 | 황순원과 리영희 | 지식인의 개인적 책임과 사회적 책임

시대정신과 지식인의 태도 239 · 황순원, 고독한 정신의 광휘 241 · 『움직이는 성』, 한국인의 심성구조 244 · 리영희, 민주화의 상징적 지식인 246 · 『전환시대의 논리』, 그 충격과 영향 248 · 리영희 연구의 현재적 의미 250 · 황순원의 태도와 리영희의 태도 251 · 「소나기」와 겨레의 기억 255

제12장 | 박정희와 노무현 | 시대정신으로서의 산업화와 민주화

박정희와 노무현, 산업화와 민주화의 상징 261 · 박정희 시대와 모더니티 262 · 『국가와 혁명과 나』, 박정희의 시대정신 265 · 박정희 시대를 어떻게 볼 것인가 267 · 노무현과의 만남 269 · 노무현 시대를 어떻게 볼 것인가 271 · 『진보의 미래』, 노무현의 시대정신 274 · 새로운 시대정신을 찾아서 276

시대정신과
한국적 지식인의 기원

각승을 지어 『삼매경』의 뜻을 처음으로 열어 보이고
표주박을 희롱하며 거리마다 교화를 베풀었네
달 밝은 요석궁에 봄잠이 깊더니
문 닫힌 분황사엔 돌아보는 모습만 남았네

— 일연의 원효 찬시

제1장

원효와 최치원

시대정신
탐구자로서의
지식인

원효 617년 경북 경산에서 태어나 686년 사망한 것으로 전한다. 한국 최고의 승려이자 불
교철학자다. 삼국통일기에 활동했으며 통불교를 제창했다. 주요 저작으로 『금강삼
매경론』, 『대승기신론소』가 있다.

최치원 857년 경북 경주에서 태어났으며 사망연도는 미상이다. 나말여초의 전환기에 비록
정치적으로는 좌절했지만 문학과 사상으로 뚜렷한 자취를 남겼다. 주요 저작으로
『사산비명』, 『계원필경』이 있다.

2012년 올해는 여러 가지로 뜻 깊은 해가 될 것으로 보인다.
다름 아닌 12월 대통령 선거를 앞두고
다양한 담론이 펼쳐지고 논쟁이 벌어지고 있기 때문이다.
어느 나라건 선거는 그 사회의 방향에 중대한 영향을 미친다.
우리 사회의 경우를 보더라도 1987년 대선은 민주화 시대를 열었으며,
1997년 대선은 수평적 정권교체를 가져왔다.

시대정신과 지식인의 과제

지난 두 번에 걸친 대선은 1987년 대선과 1997년 대선에 버금하는 역사적 의미를 갖는다. 2002년에는 진보 세력이 단독으로 정권을 잡았다면, 2007년에는 보수 세력이 10년 만에 권력을 되찾았다. 이명박 정부의 초기만 하더라도 보수의 시대가 계속될 것으로 보였지만, 2010년 6월 지방선거와 2012년 4월 총선은 보수와 진보의 새로운 균형을 가져왔다. 바야흐로 보수 대 진보의 새로운 경쟁 시대가 열리고 있는 셈이다.

정치적 경쟁은 언제나 담론적 경쟁과 결합된다. 그리고 이 담론 경쟁은 시대정신에 대한 경쟁으로 구체화된다. 시대정신이란 무엇인가. 그것은 한 시대의 문화적 소산에 공통되는 인간의 정신적 태도와 양식 또는 이념을 말한다. 시대정신은 한 사회의 발전에서 북극성의 역할을 담당한다. 어느 사회든지 시대정신을 어둠 속 망망대해에서 가야 할 길을 알려주는 북극성처럼 미래 좌표로 삼아 앞으로 나아가기 마련이다.

이러한 시대정신을 주조하는 이들이 곧 지식인이다. 지식인은 지식 또는 진리 탐구를 자신의 직업으로 하는 이들이다. 과거를 성찰하고 현재를 독해하는, 이를 바탕으로 미래를 전망하는 게 지식인의 본분이며, 이를 한마디로 정의한다면 시대정신 탐구라 할 수 있다.

물론 모든 분야의 지식인들이 시대정신을 탐구할 필요는 없다. 하지만 인간과 사회를 주요 분석 대상으로 하는 인문·사회과학자들의 경우 시대정신 탐구는 매우 중대한 과제다. 우리 현대사를 돌아봐도 적지 않은 지식인들이 산업화·민주화와 같은 시대정신을 일궈왔다. 최근에는 복지국가 구축이라는 새로운 시대정신을 둘러싸고 보수적 지식인들과 진보적 지식인들이 치열한 논쟁을 벌이고 있다.

지식인이 담당해야 할 사회적 책무와 역할을 다하지 않을 때 그 사회는 가야 할 방향을 잃은 채 혼돈을 거듭할 수 있다. 지식인의 역할을 과대평가할 생각은 없다. 그러나 지식인의 일차적 과제가 진리 탐구에 있다면, 인문·사회과학자들의 경우 그 탐구의 중대한 목적 가운데 하나는 자기 사회의 미래에 새로운 계몽의 빛을 비춰주는 것, 곧 시대정신의 모색에 있다고 나는 믿는다.

지식인의 존재구속성과 자유부동성

몇 해 전 나는 정부수립 60주년을 기념해 우리 현대사를 대표해온 지식인들의 책과 담론을 살펴본 바 있다(이 내용은 이 책의 속편이라 할 수 있는 『새로운 시대정신을 찾아서: 산업화, 민주화, 복지국가』라는 제목으로 출간될 예정이다). 이번에는 시대정신 탐구라는 주제로 지식인의 모험을 우리 역사 전체로 확장해보고자 한다.

반만년에 달하는 우리 역사에서 자신의 존재를 알린 지식인들은 수없이 많다. 그들 가운데 내가 주목하고 싶은 지식인들은 시대적 과제에 적극 대응한, 다시 말해 시대정신의 심장을 겨눈 지식인들이다. 과연 이들은 어떤 삶과 사상, 그리고 저작을 통해 자기 시대에 맞서왔는가.

이 책에서 나는 우리 역사에서 시대정신을 탐구한 24명의 지식인을 골라보았다. 선택 기준은 두 가지다. 첫째, 그가 얼마나 자기 시대를 대표하는가에 주목하고자 한다. 어떤 지식인이건 시대적 구속에서 완전히 자유로울 수는 없다. 사회학에서는 이를 지식인의 '존재구속성'이라고 말하는데, 이 존재구속성은 지식인이 당대의 사회와 어떤 관련을 맺고 있는지를 잘 보여준다.

둘째, 그가 얼마나 자기 시대가 주는 한계를 극복하려 했는가에 주목하고자 한다. 생각이 깊은 지식인일수록 자기 사회의 문제들을 직시하고 그에 대한 대안을 모색하고자 한다. 존재구속성에서 벗어나 자신이 속한 사회를 가능한 한 객관적으로 성찰하고 나아갈 방향을 모색하는 게 지식인의 '자유부동성'이라면, 이 자유부동성은 진정한 지식인이라면 마땅히 가져야 할 태도라고 볼 수 있다.

본디 지식인이란 존재구속성과 자유부동성 사이에 놓인 존재일 것이다. 시대가 주는 구속 또는 한계 안에 놓여 있으면서도 그 경계를 끊임없이 벗어나고 극복하고자 하는, 자기 역사와 사회를 해석하는 담론을 생산하고 나아가야 할 비전을 탐구하는 이들이야말로 진정한 지식인일 것이다.

여기서 한 가지 미리 이야기해두고 싶은 것은 24명의 지식인들을 다루는 데 특히 그의 대표작을 골라 이를 통해 그 지식인의 사상에 접근해보고자 했다는 점이다(제8장에서 다뤄지는 경허의 경우는 그가 남긴 주요 선시들을 참조했음을 밝힌다). 이유는 두 가지다. 첫째, 책은 지식인과 사회를 연결하는 가장 중요한 소통의 수단이다. 둘째, 지식인이 쓴 책을 직접 읽음으로써 독자들은 그의 사상을 생생히 살펴볼 수 있다. 이러한 대표작을 고르는 데 한문으로 쓰여 있는 경우는 한글로 옮겨진 책을 선택했다는 점을 미리 밝혀둔다.

원효와 최치원, 같고 다른 길

우리 시대정신의 모험에서 첫 번째로 주목하려는 지식인들은 원효와 최치원이다. 두 사람은 우리 고대사를 대표하는 사상가다. 원효는 한국 불교사상의 태두이며, 최치원은 한국 유학사상의 개척자다. 『삼국사기』, 『삼국유사』 등 여러 기록들에 남아 있는 두 사람의 삶과 사상을 통해 우리는 한국 고대사회에서 지식인이 어떤 존재였는가를 엿볼 수 있다.

원효는 의천, 지눌, 휴정, 경허로 이어지는 우리 불교사상의 거목 가운데 거목이다. 『금강삼매경론』金剛三昧經論을 비롯해 그가 남긴 저작들은 중국과 일본에도 지대한 영향을 미쳤을 뿐 아니라 그를 둘러싼 숱한 일화들은 역사의 한가운데를 당당히 걸어갔던 한 고대 지식인의 인간적인 삶을 생생히 보여준다.

최치원은 문학과 철학의 영역에서 새로운 지평을 연 신라 후기 최고의 학자다. 일찍이 당나라에 유학해 문명文名을 떨쳤을 뿐 아니라 신라에 돌아와서 사회개혁을 모색했던 실천적 지식인이다. 『사산비명』四山碑銘을 필두로 그가 남긴 저작들은 전환기를 살아간 지식인의 고뇌와 운명에 대해 많은 것을 생각하게 한다.

두 사람은 여러 점에서 비교된다. 첫째, 원효가 승려라면, 최치원은 유학자다. 둘째, 원효가 신라가 통일신라로 나아가는 시기에 활동했다면, 최치원은 통일신라가 고려로 넘어가는 시대를 살아갔다. 셋째, 원효가 국내파 지식인이었다면, 최치원은 유학파 지식인, 그것도 조기유학생 출신이었다.

하지만 동시에 공통점도 존재한다. 첫째, 두 사람은 모두 6두품 출신이었다. 골품제 사회였던 신라에서 출신 배경은 사회적 활동의 기본 조건을 이뤘다. 둘째, 두 사람의 지적 활동은 신라에 국한되지 않고 동아시아에 상당한 영향을 미쳤다. 원효의 저작은 중국과 일본에서 높은 평가를 받았고, 최치원의 문장도 중국에서 큰 명성을 얻었다.

셋째, 두 사람의 사상은 새로운 시대정신의 추구를 보여줬다. 사회통합을 위한 통불교가 원효 사상의 핵심이었다면, 전환기의 사회개혁, 불교와 유학의 통합은 최치원의 사상적·실천적 활동의 핵심을 이뤘다.

우리 고대사를 대표한 지식인들인 만큼 원효와 최치원이 남긴 이야기들은 전국에 걸쳐 있다. 서책을 통해 전해지거나 민간에 전설로 전승돼온 두 사람의 이야기가 집약돼 있는 곳은 신라의 고도古都 경주다. 경주는 내게 특별한 의미가 있는 곳이다. 30년 전인 20대 때부터 마음이 지치고 우울할 때면 찾아가는 곳이었다.

경주는 물론 나의 개인사와 아무런 관련이 없다. 남들처럼 중·고등학교 수학여행 때 가본 게 유일한 여행이었다. 그러다 대학원에 다닐 때 이 놀라운 천년 고도를 다시 발견하게 됐다. 당시 병치레를 하고 있던 나는 우연히 『삼국유사』를 통독했는데, 거기에는 국사시간에 더러 들었던 믿기 어려운 전설과 경이로운 이야기들이 무한정 담겨 있었다.

지금 생각하면, 당시 병으로 심약해진 내게 '정지된 시간'으로서의 설화들이 작지 않은 위안을 줬던 것으로 보인다. 월명대사가 피리를 불면 지나가던 달이 멈췄다는 이야기나 대나무 잎을 귀에 꽂은 병사들이 나타나 적병을 물리쳤다는 미추왕릉 이야기, 서천 물이 불어나 원성왕에게 왕위를 빼앗기고 말았다는 김주원의 이야기 등은 감상적인 20대였던 나를 사로잡았다.

그러다 1983년 늦가을, 학교신문사로부터 원고료를 받게 되어 나는 2박 3일의 일정으로 경주로 떠났다. 월명사가 있던 사천왕사지를 찾아가 향가鄕歌「제망매가」를 떠올려보고, 대릉원 미추왕릉 옆에서 워크맨으로 현인의 〈신라의 달밤〉과 도미의 〈신라의 북소리〉를 청승맞게 들어보기도 하고, 버스터미널 옆 서천가에 서서 무열왕계와 내물왕계의 치열한 권력 투쟁을 생각해보기도 했다.

이후 드문드문 경주를 방문해서 『삼국유사』와 『삼국사기』에 나오는 이곳저곳을 찾아가보곤 했다. 1980년대 후반 독일에서 공부를 할 때는 경주 남산의 풍광을 담은 사진을 책상 앞에 붙여놓고 그곳에 돌아가기를 꿈꾸면서 지내기도 했다.

독일에서 공부를 마치고 돌아온 1991년 한겨울에는 넷째 형님과 함께 토함산 너머 동해안에 있는 감은사지를 찾았다. 동탑과 서탑을 둘러보고 우리 형제는 대종천을 따라 이견대를 옆에 두고 대왕암까지 걸어갔다. 매서운 겨울바람에 맞서서 파란 하늘과 푸른 바다가 잇닿아 있는 동해 바다를 바라보며 터덜터덜 대왕암으로 가는 길 위에서 나는 비로소 고국으로 돌아왔음을 실감할 수 있었다.

그 시절 경주에서 내가 발견한 두 명의 지식인이 원효와 최치원이었다. 신라의 중기와 말기에 활동했던 이 두 지식인은 공부를 직업으로 선택했던 내게 많은 생각을 안겨준 이들이다.

두 사람은 우리 역사에서 처음 만나게 되는 국내파와 유학파의 상징적인 인물들일 것이다. 엄격한 골품제 사회에서 6두품으로 태어난 원효와 최치원은 각각 불교와 유교를 선택해 지식인의 길을 걸었다.

의상과 함께 당나라로 가다가 돌연 깨달음을 얻어 유학을 포기하고 경주로 돌아와 포교 활동을 벌인 원효의 삶이나, 어린 나이에 당나라에 유학해 문명을 떨치고 조국 신라로 돌아와 개혁에 몰두했지만 결국 좌절한 최치원의 삶은 당대 지식인이 갈 수 있었던 가장 먼 길이었다. 두 사람을 통해 우리 역사는 비로소 지식과 사회의 관계는 어떠하며, 지식인은 어떤 존재여야 하는가를 숙고해볼 수 있게 됐다고 나는 생각한다.

원효, 구속을 거부한 지식인

원효元曉는 법명이다. 속성은 설씨이며, 아명은 서당誓幢 또는 신당新幢이었다. 지금의 경상북도 경산인 압량에서 617년에 태어난 그는 648년 황룡사에서 승려가 되었다. 원효의 일생에 대한 이야기는『삼국유사』,『송고승전』에서부터 이광수의 소설『원효대사』에 이르기까지 다양하게 전해져왔다.

원효의 불교사상에 대한 연구 또한 적잖이 이뤄져왔다. 우리 역사가 시작된 이래 최초의 본격 사상가였던 원효의 철학은 한국철학자와 불교학자들을 중심으로, 특히 불교학자 이기영과 이종익을 필두로 하여 다각도로 검토돼왔다.

일연은『삼국유사』의 '의해'義解 편에서 원효의 삶과 사상이 갖는 특징을 '구속을 받지 않다'(不羈)라고 적고 있다. '불기'란 달리 말하면 얽매이지 않는다는 의미다. 이 문제적 지식인의 삶을 돌아볼 때 일연은 그 핵심을 정확하게 포착했던 것으로 보인다. 그 무엇도, 그 누구도 원효의 삶을 가로막을 수는 없었다.

원효는 앞서 말했듯이 국내에서 연구에 전념했던 국내파 지식인이다. 그는 의상과 함께 당나라 유학을 도모했는데, 첫 번째는 고구려 순찰대에 붙잡혀 신라로 돌아왔으며, 두 번째는 661년 지금 경기도 남양인 당항성에서 해골에 괸 물을 마시고 깨우침을 얻은 뒤 역시 신라로 되돌아왔다.

원효에 대한 여러 유명한 일화들 중 하나가 바로 이 이야기다. 무덤 속에서 잠을 자다가 목이 말라 물을 마셨는데, 다음 날 아침 그 물이 해골에 담겨 있었음을 알고 나서 이 세상 모든 것은 마음에 달려 있다는 불교의 핵심 교리인 일체유심조一切唯心造의 깨달음을 얻게 됐다는 것이다.

이 이야기는 중국 선종의 개척자인 6조 혜능의 일화를 떠올리게 한다. 남방으로 잠행하던 중 혜능은 광주 법성사에서 '바람이 움직인 것도, 깃발이 움직인 것도 아니고 네 마음이 움직인 것'이라고 말하고 자신의 시대를 열었다. 638년에 태어난 혜능보다 원효가 20여 년 먼저 태어났으니 원효의 대오大悟는 정말 대단한 것이었다.

당항성에서 깨우침을 얻은 다음 경주로 돌아온 원효는 분황사를 거점으로 해동종·원효종·분황종으로 불린 통불교를 주창했다. 불교철학을 전공하지 않은 나로서는 원효 불교사상의 핵심을 말하기가 조심스러울 수밖에 없다. 하지만 그가 여러 종파들의 통합을 강조했고, 그것이 이른바 화쟁和諍사상에 집약돼 있음은 분명하다.

불교학자 이기영은 원효 사상의 가장 중요한 특징의 하나를 화쟁 철학의 확립에서 찾고 있다(『원효 사상 연구 II』, 한국불교연구원). 화쟁의 의미는 편견에 사로잡힌 싸움을 지양하고 회통적인 이해를 통해 원융무애圓融無礙한 관계를 이룩하는 데 있다. 이기영에 따르면 원효는 화쟁의 공동체로서의 인간관과 세계관을 무엇보다 강조했다.

화쟁은 모순과 대립을 넘어서는 통합을 지향한다. 원효는 『대승기신론소』에서 '바람으로 고요한 바다에 파도가 일어나나 파도와 바다는 둘이 아니다. 우리의 일심에도 깨달음의 경지인 진여眞如와 무명無明이 동시에 있을 수 있으나 이 역시 둘이 아닌 하나'라고 주장하고 있다.

『금강삼매경론』, 일심과 화쟁의 사상

『금강삼매경론』은 『대승기신론소』와 함께 원효의 대표작이다. 이 책에 대해서는 흥미로운 일화가 전한다.

국왕이 인왕경 대회를 열어 고승대덕을 찾는데, 원효의 고향에서는 그를 추천했지만 다른 승려들이 이를 시기해 참석할 수가 없었다. 그러다 왕후가 병이 나서 이를 치료하기 위해 '금강삼매경'을 강론할 고승을 구했을 때, 순서가 뒤바뀐 금강삼매경을 맞춘 고승 대안이 원효를 추천했다.

여기서부터 이야기의 흥미로움은 배가된다. 고향에서 경주로 오면서 원효는 두 마리 소의 뿔 사이에 서판을 두고 금강삼매경의 소疏 5권을 지었다. 하지만 이 책이 누군가에 의해 도둑맞자 원효는 3일 동안 요약본 3권을 다시 지었다고 한다.

현재적 관점에서 보면, 이 이야기 안에는 일종의 사상 갈등이 담겨 있는 듯하다. 한 축은 주류 귀족불교이며, 다른 한 축은 원효와 대안으로 대표되는 비주류 민중불교다.

『삼국유사』를 보면 신라 고승들에 관한 여러 흥미진진한 이야기들이 나온다. 거리의 철학자였던 대안, 말도 못하고 일어서지도 못했던 사복,

그리고 향가 「원왕생가」의 주인공 광덕과 엄장의 이야기들에는 당시 민중들의 생생한 세계가 깃들어 있다. 주목할 것은 이들의 이야기에 어김없이 원효가 등장한다는 점이다. 원효와 그의 사상은 거리의 불교, 비주류의 철학을 대표했던 것이 분명하다.

귀족불교의 거점인 황룡사에서 '금강삼매경'을 강의할 때, 원효는 "옛날 백 개의 서까래를 구할 때는 참여할 수 없었는데, 오늘 아침 하나의 대들보를 가로지름에 있어서는 오직 나만이 할 수 있구나"라고 호방하게 시를 읊었다. 의미를 부여하면 원효로 대표되는 민중불교가 시민권을 획득하는 지점이었다.

무릇 어떤 사회, 어떤 시대라 하더라도 사상 갈등은 존재한다. 지식사회학의 시각에서 영원한 진리는 부재한다. 피지배계층의 자발적 동의를 목표로 하는 주류의 지배 헤게모니hegemony에 맞서는 비주류의 대항 헤게모니가 등장하고, 비주류가 지배 헤게모니를 획득했을 때 이에 맞서는 또 다른 비주류의 대항 헤게모니가 등장하는 법이다. 이 점에서 사상 갈등은 언제나 사회 갈등과 짝을 이룬다.

다른 이야기를 하려는 게 아니다. 원효의 삶과 사상이 갖는 상징성에 주목하려는 것이다. 삼국통일로 나아가는 신라에 부여된 새로운 과제는 사회통합이었으며, 원효의 불교사상은 바로 이러한 사회적 맥락 속에서 제기됐다고 볼 수 있다. 사회가 분열돼 있다면, 이 분열이 치유될 수 있는 통합의 새로운 시대정신이 요구되는데, 원효의 사상은 바로 이러한 요구에 적극적으로 응답한다.

이런 사회학적 해석이 물론 원효의 사상이 갖는 독창성을 훼손하는 것은 아니다. 일반적으로 사상은 그 자체의 철학적 의미와 그것이 놓인 시공간 속에서의 사회적 의미를 동시에 갖는다. 불교에 대한 새로운 철학적 해석으로도 원효의 사상은 우리 고대사에서 최고의 연구 업적으로 평가할 수 있다. 특히 그의 『금강삼매경론』은 중국으로 수입돼 큰 영향을 미치기도 했다.

『금강삼매경론』을 번역한 철학자 은정희와 송진현에 따르면, 이 책에는 원효 사상의 핵심인 일심一心과 이 일심을 천명하는 화쟁의 논리방식이 그대로 나타나 있다('해제', 『금강삼매경론』, 일지사). 수많은 대승불교의 경과 론을 다양하게 참조해 금강삼매경을 해석함으로써 원효는 중도와 화쟁의 논리를 도출하고 또 정립한다. 원효의 화쟁사상은 이후 고려시대 의천을 포함해 우리 불교사상은 물론 사회사상에 지대한 영향을 미쳐왔다.

요석 공주와의 사랑으로 스스로 파계를 자처한 원효는 자신을 '소성거사'라 불렀다. 남루한 옷을 입고 저잣거리를 돌아다니며 '하나의 마음'과 '중생의 평등'을 노래 불렀다. 걸인으로부터 큰 표주박을 하나 얻어 그것을 두드리고 노래하고 춤을 추며 힘없는 민중들에게 '모든 것은 하나이면서 둘이고 둘이면서 하나'임을 설파했다.

하나의 동일성과 둘의 차별성을 모두 아우르는 원효의 사상은 현대적 어법으로 동일성의 모더니즘과 차이의 포스트모더니즘을 통합하려는 깊은 의미를 담고 있다. 동일성을 인정하면서도 차이를 승인하려는 진정한 의미에서 통일의 원리가 다름 아닌 화쟁의 철학이다. 바로 이 화쟁사상이 삼국통일 시기에 군사적·정치적 수준을 넘어선 문화적·의식적 통일에서 하나의 중대한 시대정신을 이뤘다고 볼 수 있다.

최치원, 조기유학생의 선구자

최치원崔致遠은 원효와는 다른 길을 걸었다. 857년 경상북도 경주에서 태어난 그는 앞서 말했듯이 조기유학생이었다. 원효가 국내파 지식인의 거목이었다면, 최치원은 의상과 함께 유학파 지식인의 대표 주자였다.

『삼국사기』 열전은 최치원에 대해 다음과 같이 전한다. "서울 사량부 사람이다. (……) 나이 12세에 상선을 따라 당에 들어가서 공부하려 하였는데, 아버지가 이르기를 '10년에 급제를 못하면 내 아들이 아니다. 가서 힘써 하라' 하였다."

이후 최치원의 삶은 전형적인 유학생의 과정을 밟았다. 874년에는 과거에 급제했고, 이후 당나라 관리가 됐다. 879년 황소의 난이 일어났을 때 종사관으로 '토황소격문'을 지어 문장가로서의 이름을 대륙에 크게 떨치기도 했다.

대개의 유학생이 그러하듯이 최치원 역시 885년 고국 신라에 돌아와 관리의 길을 걸었다. 894년 그는 시무책 10여 조를 진성여왕에게 올려 국정쇄신을 요구했지만 받아들여지지 않았다. 당시 신라는 이미 국가의 기운이 꺾인 나라였다. 골품제를 유지하고 있던 신라는 새로운 물결을 받아들이기에는 너무 노쇠했다.

정치적으로 좌절한 최치원은 외직을 자청해 지방 태수로 나갔다. 아찬까지는 승진했지만, 골품제의 한계로 거기서 머무를 수밖에 없었고, 결국 관료의 길을 포기하고 은둔의 길로 들어섰다.

최치원이 남긴 이야기들은 원효만큼 풍부하지는 않다. 하지만 그가 이 땅의 유학과 한문학의 개척자였던 만큼 몇몇 흥미로운 일화들이 전해져온다. 『삼국사기』를 보면, 그는 고려 왕건이 일어났을 때 "계림은 누런 잎이요 곡령은 푸른 솔이라"라는 내용을 담은 편지를 보냈다고 한다.

여기서 계림은 경주이고, 곡령은 송악이다. 누런 잎의 계림과 푸른 솔의 곡령은 신라의 쇠망과 고려의 흥기를 예언한 것으로 알려져 있다. 국사학자 이병도는 이 말이 최치원의 문인들이 나중에 만들어낸 것이라고 보고 있다.

나 역시 과연 최치원이 이런 편지를 보냈을까 하는 의구심을 갖지만, 이 말에는 당대의 사회적 분위기가 반영돼 있다. 당연한 얘기이나, 지식인이 자신이 태어날 시대를 고를 수는 없다. 시대가 주는 구속 안에서 자신의 삶을 선택해야 하며, 그 선택에 따라 지식인의 운명이 바뀌게 된다. 그 시대가 전환기일 경우 지식인의 고뇌는 커질 수밖에 없다.

우리 역사에서 나말여초의 '3최'(최치원·최승우·최언위), 여말선초의 정몽주와 정도전, 그리고 조선말의 위정척사파와 개화파는 이런 지식인들의 엇갈린 운명을 극적으로 보여준다. 3최 모두 당나라에 유학한 지식인들이었지만, 최치원이 끝내 신라를 버릴 수 없었던 반면, 최승우는 후백제를, 최언위는 고려를 선택했다.

최치원의 저작은 상당했던 것으로 전해지지만, 남아 있는 책이 그리 많지는 않다. 중국에 있을 때 쓴 시문을 모은 『계원필경』, 여기저기 실려 있는 시문들과 금석문들이 현재 접할 수 있는 그의 저작들이다.

『사산비명』, 유학과 불교의 통합

최치원이 남긴 저작 가운데 작지 않게 주목받은 것은 『사산비명』이다. 이 저작은 최치원이 당대에 활동했던 고승들의 공덕과 사찰의 건립에 대해 쓴 비문들을 모은 것이다.

지리산 쌍계사의 진감선사대공탑비(국보 47호), 만수산 성주사의 낭혜화상백월보광탑비(국보 8호), 희양산 봉암사의 지증대사적조탑비(보물 138호)에 쓰인 금석문과 현재 내용만 전하는 대숭복사비문이 바로 그것이다. 당대에 쓰인 자료가 매우 희소한 만큼 『사산비명』이 전하는 기록은 대단히 소중한 가치를 지닌다.

무엇보다 『사산비명』에는 신라의 불교사뿐 아니라 그 시대의 역사와 정치, 문학과 사상 또한 담겨 있다. 진감선사대공탑비를 보면, 최치원은 중국 동진의 고승인 혜원의 말을 빌려 "여래가 주공·공자와 비록 출발하여 도달하는 방법은 달리하나, 귀착하는 곳은 한 가지 길이다"라고 적고 있다.

『삼국사기』에 전하는 화랑도에 관한 '난랑비서'鸞郎碑序를 보면, 그는 "나라에 현묘한 도가 있는데 이를 풍류風流라 한다"고 말하고, 여기에는 공자의 주지主旨, 노자의 종지宗旨, 석가의 교화敎化가 담겨 있다고 지적한다. 그가 전통사상에도 주목했음을 엿볼 수 있는 대목이다.

남아 있는 텍스트가 그리 많지 않기 때문에 최치원의 사상을 정확히 규정하기는 쉽지 않지만, 그가 마음속에 품고 있던 사상은 유교를 기반으로 하되, 불교와 전통사상을 통합하려는 데 있었다고 볼 수 있다. 공적 영역에서의 유교와 사적 영역에서의 불교와 전통사상을 생산적으로 결합하고자 했던 것이 최치원이 추구한 시대정신이었던 것으로 보인다.

최치원의 삶은 시대와 지식인의 관계에 대해 다시 한번 생각하게 한다. 어떤 사회체제라 하더라도 그것은 역사적 체제로서 탄생, 성장, 쇠퇴, 그리고 멸망을 경험하게 된다. 원효와 최치원은 각각 통일신라의 탄생 시기와 멸망 시기를 살아갔던 지식인들이다. 탄생의 시기는 새로운 기대를 품게 하지만, 멸망의 시기는 아무래도 비관적 정조를 갖게 하지 않을 수 없다.

최치원의 자는 고운孤雲 또는 해운海雲이다. 저물어가는 신라사회를 개혁하고자 했지만 결국 외로운 구름이 되어 가족을 데리고 가야산으로 들어가 그곳에서 기나긴 삶을 마쳤다. 가야산 해인사 입구에 있는 홍류동에는 그가 남긴 시가 남아 있다고 한다.

물이 미친 듯 휩쓸어가니
지척간인들 말소리가 듣기 어렵구나
그러나 사람의 시비소리는 귀에 이르니
끝닿는 데까지 흐르고야 마는 그 물에서 배워야 하겠네

이 시에는 시대와의 긴장을 견뎌내고 그것을 초극하고자 하는 지식인의 고뇌가 서려 있다. 최치원의 삶을 돌아보면 지식인은 자기 사회에 대해 어떤 태도를 가질 것인지를 곰곰이 생각해보지 않을 수 없다.

『삼국사기』는 다음과 같이 전한다. "치원이 서쪽에서 대당을 섬길 때부터 동으로 고국에 돌아와서까지 모두 난세를 만나, 행세하기가 자못 곤란하고 걸핏하면 비난을 받으니, 스스로 불우함을 한탄" 했다고 한다.

과연 지식인은 세상이 밝으면 나아가 실천하고, 세상이 어두우면 물러나 은둔해야 하는가. 지식인은 존재구속성을 어떻게 받아들여야 하며 또 자유부동성을 어떻게 발휘해야 하는가. 과연 지식인은 자기 시대와 어떻게 관계를 맺어야 하는가.

실천적 지식인으로서의 최치원의 삶은 그의 마지막 생애를 보면 결국 실패했다고 볼 수 있을지도 모른다. 하지만 역사를 길게 보면, 결국 그의 시대정신은 고려시대의 사상적 기초를 이뤘다. 골품제의 한계를 넘어서는 것은 거역할 수 없는 시대적 요구이며, 변화된 시대는 사회개혁과 통합을 위한 새로운 철학적·이념적 기반을 요청하고 있었다.

어느 시대건 사회개혁과 통합은 그 사회에 부여된 이중적 과제다. 더 많은 사람들이 더 많은 자유, 더 많은 평등을 누리기 위해선 사회제도는 물론 의식을 개혁해야 하며, 이 과정에서 나타난 긴장과 갈등을 해소하기 위해선 통합을 제고해야 한다. 이러한 개혁과 통합은, 현대적 어법으로 표현하면, 보수와 진보의 배타적인 독점물은 아니다. 보수는 보수대로 보수적 개혁과 통합을, 진보는 진보대로 진보적 개혁과 통합을 모색하고 있으며, 서로 다른 개혁과 통합의 프로그램들이 생산적으로 경쟁할 때 그 사회는 앞으로 나아갈 수 있다. 이 점에서 새로운 개혁과 통합의 프로그램, 다시 말해 새로운 시대정신의 탐구는 지식인에게 부여된 가장 중요한 과제일 것이다.

돌아보면 현실에서의 좌절이 역사 속에서의 성취로 나타나는 것이 최치원의 사례만은 아니다. 보수적 개혁과 통합이든, 진보적 개혁과 통합이든 지식인이 추구하는 시대정신이 당대에 모두 성공하는 것은 아니었으며, 오히려 많은 경우 그 시도들은 좌절됐다. 하지만 이러한 좌절 속에도 그 시도는 새로운 씨앗이 되며, 그 씨앗은 결국 화려한 꽃으로 결실을 맺게 된다. 미래의 시대를 추구한다는 점에서 지식인은 현재의 시대와는 불화할 수밖에 없는 숙명을 갖고 있는 존재일지도 모른다.

앞으로 이 책에서 나는 우리 역사 속에서 시대를 자유롭게 선택할 수는 없었어도 그 시대에 의연히 맞서서 새로운 미래의 빛을 당당히 탐구해 간, 시대정신의 심장에 화살을 겨눈 지식인들을 차례로 살펴보고자 한다. 통일신라가 고려로 바뀐 이후 우리 역사가 조선을 거쳐 현재에 이르면서 원효와 최치원의 숱한 후예들이 등장했으며, 이들은 당대의 문제들을 해결하기 위해 새로운 시대정신을 진지하게 고민하고 또 치열하게 탐구해 왔다. 이러한 시대정신의 모험을 나는 이 책에서 추적하고, 그 의미를 숙고하고자 한다.

분황사에서 생각하는 원효와 설총

오랜만에 원효와 최치원의 흔적을 찾아보기 위해 지난 11월 말 어느 날 경주에 갔다. 박물관에 들러 원효가 한때 머물렀던 고선사지 삼층석탑을 돌아보고, 최치원이 시무책을 올린 상서장을 찾아가기도 했다. 종일 머릿속에는 원효와 최치원에 대한 이런저런 생각들이 떠나지 않았다.

원효가 열반에 들자 설총은 아버지 원효의 유해로 소상을 만들어 분황사에 안치하고 예배를 올렸다. 그러던 어느 날 절을 하자 그 소상이 돌아보았다는, 믿기 어려운 이야기가 전해온다. 놀라운 것은 『삼국유사』가 쓰인 고려 후기까지 이 소상이 고개를 돌린 채 남아 있었다고 일연이 기록하

경주 분황사의 모전석탑(국보 30호). 634년(선덕여왕 3년)에 건립되었으며 자연석을 벽돌 모양으로 다듬어 쌓은 점이 특징이다. 현재 남아 있는 신라 석탑 가운데 가장 오래됐다.

고 있다는 점이다.

오래전부터 이 이야기를 곰곰이 생각해본 나는 소상이 처음부터 그렇게 만들어졌을 것이라고 단언해왔다. 다른 지식인들이 세상의 밝은 앞만 바라보았다면 아버지 원효는 앞이 아니라 그 옆 또는 뒤에 가려진 세계를 바라보고, 그 속에 직접 뛰어든 존재였다는 것을 아들 설총은 알고 있었던 것이 아닐까. 아들 설총이 보기에 아버지 원효가 남긴 유산은 바로 그것이었으리라. 그러기에 자신이 기억하는 아버지의 모습을 그렇게 표현할 수밖에 없었을 것이다.

원효가 시냇물에 빠졌다고 전하는 남천의 월정교를 찾았다. 물에 젖은 원효는 건너편 요석궁에서 옷을 말리고 요석 공주와 사랑에 빠졌다. 그리고 아들 설총이 태어났다.

이 세상 모든 것은 마음이 만든 것임을 깨달았던 원효가 새삼 사랑을 갈구한 이유를 짐작하기는 어렵다. 웃고 우는 저 낮은 곳, 사랑과 미움의 일상사를 직접 체험해보기 위해서였을까. 사랑만큼 우리 삶의 세계를 있는 그대로 드러내는 것은 없을 것이다. 그러기에 시냇물에 스스로 빠지듯 원효는 사랑의 한가운데로 뛰어들었을지도 모른다. 『삼국유사』를 보면 일연은 원효에 대한 기록을 다음과 같은 찬시로 끝맺고 있다.

각승을 지어 『삼매경』의 뜻을 처음으로 열어 보이고
표주박을 희롱하며 거리마다 교화를 베풀었네
달 밝은 요석궁에 봄잠이 깊더니
문 닫힌 분황사엔 돌아보는 모습만 남았네

요석궁의 봄잠과 분황사의 소상을 생각하건대 원효는 정신의 진정한 해방을 추구했던 지식인이었다. 차이를 승인하면서도 동일성을 모색했기에 그는 '모든 중생은 다 같이 부처가 될 수 있다'고 포효할 수 있었다. 이러한 원효의 사상은 보편적 자유와 평등에 대한 간절한 염원이자 당당한 선언이며, 시대적 구속을 뛰어넘은 진정한 시대정신이라 할 수 있다.

저녁 무렵에 찾은 분황사는 쓸쓸했다. 초겨울 앙상한 나뭇가지들이 하늘을 향해 뻗어 오르고, 녹음된 불경 소리가 구석의 기념품 가게에서 제법 크게 울려 퍼질 뿐이었다. 분황사를 상징하는 모전석탑과 돌우물 주위를 배회하면서 잠시 고개를 숙여 원효와 설총이 살던 그때를 떠올려보았다.

어디선가 은은한 소리가 귀에 스친다. 담 너머에는 황룡사 9층 목탑이 우뚝 서 있다. 바람이 부니 층층이 달린 풍경 소리가 경주 도성 안에 가득히 울려 퍼진다. 아버지는 잠시 붓을 내려놓고 아들을 부른다. 금당 돌계단에 서서 아버지가 삶의 무상에도 불구하고 인간이 가져야 할 의미를 아들에게 나지막이 이야기하니, 떨어진 낙엽을 쓸다 만 아들은 저 낮은 세계로 나아갔던 아버지의 삶, 지식인의 길에 대해 조심스레 묻고 있다.

다시 고개를 들어보니 선도산 쪽으로 해가 더욱 기울어졌다. 분황사도 이제 문을 닫아야 할 시간이었다. 서둘러 정문을 나서는데 문득 돌아서 바라보면 바로 저기서 두 사람이 나누는, 초롱초롱한 눈빛으로 존재의 이유를 묻는 아들의 질문과 따뜻한 미소로 세계의 비밀을 전하는 아버지의 답변이 끝없이 이어지고 있을 것 같았다. 아직 한겨울이 오지 않은 탓인지 경주의 저녁 바람에는 제법 온기가 남아 있었다.

제2장

김부식과 일연

역사의 발견,
민족의 발견

김부식 1075년 경북 경주에서 태어나 1151년 사망했다. 고려 중기의 대표적인 정치가이자
유학자다. 묘청의 난을 진압했으며, 우리 고대사의 대표적 역사책인 『삼국사기』를
편찬했다. 정지상과 함께 당대를 대표하는 시인이기도 하다.

일연 1206년 경북 경산에서 태어나 1289년 사망했다. 고려 후기에 활동한 대표적인 승려
다. 우리 고대사회의 신화와 설화를 집대성하고 신라 향가를 수록한 『삼국유사』를
저술했으며, 『중편조동오위』 등의 불교 관련 저작들도 집필했다.

사회학 연구자로서 나이가 들어갈수록 관심이 가는 학문 분야는 철학과 역사학이다.

사회학의 분석 대상이 개인과 사회에 있는 만큼,

개인의 존재를 다루는 철학과 사회적 변화를 다루는 역사의 중요성이

점점 더 크게 느껴지는 탓이다.

그래서인지 몰라도 갈수록 이 분야의 책들을 많이 읽게 된다.

구조사적 시대정신으로서의 민족주의

전공과 연관해 그동안 읽었던 역사 관련 서적 가운데 가장 인상적인 것을 꼽으라면 프랑스 역사학자 페르낭 브로델Fernand Braudel의 『물질문명과 자본주의』를 들 수 있다. 자본주의의 역사를 다룬 이 책은 내용도 방대하지만 역사를 보는 새로운 시각을 일깨워준다. 브로델은 '아날학파'의 제2세대를 대표하는 역사학자다. 일상적인 생활세계의 역사에서 시간도 마모시키지 못하는 구조의 역사에 이르기까지 브로델은 역사의 다층적 측면을 총체적으로 복원하고자 한다.

브로델의 역사학에서 내가 특히 주목하는 것은 그의 시간론이다. 브로델에 따르면, 시간은 사회적 창조물이다. 그는 사회적 시간을 시간지속의 길이에 따라 세 개의 범주로 구별하는데, '단기지속', '중기지속', '장기지속'이 그것이다. 역사는 이 세 가지 시간의 차원에 따라 각기 '사건사', '사회사', '구조사'로 나타나게 된다.

이 가운데 브로델이 특히 주목한 것은 사회사와 구조사다. 먼저 사회사는 주기 또는 국면의 역사다. 사회사가 중요한 것은 어떤 사건이라 하더라도 그것이 어떤 국면에 놓여 있느냐에 따라 의미와 해석이 달라진다는 점에 있다. 우리 역사를 예로 들자면, 박정희 시대와 함께 시작된 산업화 시대의 '61년 체제'와 외환위기와 함께 시작된 세계화 시대의 '97년 체제'는 다른 주기 또는 국면의 역사를 의미한다고 볼 수 있다.

구조사는 장기지속에 대응하는 역사다. 그것은 지리적 영역 혹은 문화적 영역에서 매우 더디게 진행되는 시간을 함축한다. 이 장기지속의 역사를 잘 보여주는 것이 자본주의의 역사인데, 브로델에 따르면 자본주의는 개별 민족국가의 영역을 넘어서서 더욱 넓은 지리적 영역에서 시작됐다는 것이다. 브로델의 이러한 문제틀이 미국 사회학자 이매뉴얼 월러스틴Immanuel Wallerstein의 세계체제론에 지대한 영향을 미친 것은 널리 알려진 사실이다.

내가 주목하려는 것은 사회사와 구조사라는 다층적 역사인식이 시대정신의 탐구에서 갖는 의미다. 다시 말해, 시대정신 탐구의 과제가 현재를 판독하고 미래를 전망하는 데 있다면, 바로 이 현재와 미래가 놓인 시간을 어떻게 볼 것인가의 문제는 매우 중요하다. 바로 이 시간의 층위로서 중기지속과 장기지속, 즉 사회사와 구조사가 존재한다고 볼 수 있다.

구체적인 예를 들면 이렇다. 해방 이후 우리 사회에서 각축해온 두 개의 시대정신은 '산업화'와 '민주화'였다. 산업화가 보수 세력의 시대정신이었다면, 민주화는 진보 세력의 시대정신이었다. 그런데 이 산업화와 민주화라는 시대정신이 놓인 시간의 지평은 중기지속으로서의 국면의 역사다. 보수 세력의 시각이 빈곤으로부터의 탈출을 위한 산업화를 성취하는 것에 우리 사회의 일차적 과제가 있다고 봤다면, 진보 세력의 시각은 산업화를 넘어선 민주화를 성취하는 것에 우리 사회의 일차적 목표가 놓여 있었다는 것을 강조해온 셈이다.

나아가 사회사와 더불어 구조사적 시각에서도 시대정신을 생각해볼 수 있다. 보수 세력의 일각에서 주장하는 '유교민주주의론'이나 정통 진보 세력이 주장하는 '자본주의 대안론'이 염두에 두고 있는 시간적 지평은 모더니티modernity 또는 자본주의의 시간이며, 따라서 이들의 문제의식은 구조사적 시간의 지평에 놓여 있다.

요컨대 시대정신은 시간의 지평에 따라 달리 제시될 수 있다. 현재적 관점에서 시대정신으로 담을 수 있는 가치 또는 비전은 이중적 차원, 다시 말해 모더니티라는 구조사적 차원과 국면이라는 사회사적 차원에서 모두 제기될 수 있으며, 이들은 각기 나름대로의 타당성을 갖고 있다.

시대정신에 대해 다소 길게 논의하는 이유는 구조사적 차원에서 존재하는 모더니티의 한 층위인 민족주의에 대해 이야기하고 싶어서다. 모더니티를 이루는 세 가지 핵심 영역은 자본주의, 국민국가, 그리고 민족주의를 포함한 근대문화다.

이 가운데 민족주의는 의식과 가치의 중핵을 구성하여 자본주의와 국민국가를 포함한 사회 전 영역에 심대한 영향을 미쳐왔다. 특히 식민지 시대를 경험했던 비서구사회의 경우 민족주의는 제국주의에 맞서서 민족해방운동을 이끌었던 이념적 토대였으며, 식민주의로부터 해방된 이후에도 새로운 국가와 사회의 건설에 중대한 영향을 미쳐왔다.

민족주의란 한마디로 민족의 자율성과 독립성을 특권화하는 이념적·정치적 기획이다. 우리 사회에서도 모더니티가 시작된 이후 민족주의는 산업화·민주화와 함께 가장 강력한 시대정신을 이뤄왔다. 특히 식민지 시대의 경험은 민족주의에 결코 쉽게 훼손할 수 없는 가치를 부여했으며, 해방 이후 산업화와 민주화에도 지대한 영향을 미쳤다. 이른바 '산업화 민족주의'나 '민족적 민주주의'와 같은 말들은 이를 단적으로 드러내는 증거였다.

민족주의와 연관된 문제 중 하나는, 그렇다면 이러한 민족주의가 과연 언제부터, 그리고 어떻게 형성돼왔느냐에 있다. 사회 이론에 따르면, 민족주의 이론은 크게 영속주의적 시각과 현대주의적 시각의 두 흐름으로 나뉜다. 영속주의적 견해가 민족을 과거로부터 이어진 영원하고 불변적인 존재로 본다면, 현대주의적 견해는 민족을 '모더니티의 발명품'으로 간주한다. 달리 말해, 민족의 기원을 고대나 중세에서 찾는 게 영속주의라면, 근대화가 민족주의를 만들고 이 민족주의가 민족을 창조했다고 보는 것이 현대주의다.

민족과 민족주의를 둘러싼 사회학적 토론을 상세히 검토하는 게 이 책의 목적은 아니다. 이 책의 관심은 과연 우리 사회에서 시대정신으로서의 민족주의가 갖는 역사적 기원을 어떻게 볼 수 있느냐에 있다. 신라시대 원효와 최치원에 이어 고려시대 김부식과 일연을 다루려고 하는 이유도 여기에 있다.

김부식, 유학자이자 역사가

김부식과 일연은 우리 고대사를 대표하는 역사서인 『삼국사기』三國史記의 편찬자이자 『삼국유사』三國遺事의 저자다. 김부식이 전형적인 유학자라면 일연은 대표적인 불교 승려다. 무엇보다 김부식이 고려시대 중기에 활약한 지식인이라면, 일연은 고려시대 후기에 활동한 지식인이다. 『삼국사기』와 『삼국유사』가 자주 비교되듯이, 두 사람의 특징과 배경 또한 흥미로운 대조를 이룬다.

김부식金富軾은 1075년(문종 29년) 경상북도 경주에서 태어났다. 자는 입지立之이고, 호는 뇌천雷川이며, 시호는 문열文烈이다. 예부시랑 좌간의 대부 근의 셋째 아들이며, 형제인 부필, 부일, 부철과 함께 문명을 날렸다. 그가 주로 활동한 시기는 숙종과 인종 때였다. 1096년(숙종 1년) 과거에 급제했으며, 인종 시대에 와서 여러 관직을 두루 맡았다.

우리 역사에서 김부식이 널리 알려진 것은 두 번의 사건을 통해서다. 첫째, 1135년(인종 13년) 묘청, 정지상, 백수한 등 이른바 서경 세력이 난을 일으키자 김부식은 이를 평정하는 원수로서 삼군을 지휘했다. 반란군을 진압한 공로로 그는 공신에 책록되고, 이름도 긴 검교태보 수태위 문하시중 판상서이부사 감수국사 상주국 겸 태자태보로 승진함으로써 정치적으로 최정점에 도달했다.

김부식이 우리 역사에서 이름을 뚜렷이 남긴 두 번째 일은 『삼국사기』를 편찬한 것이다. 승승장구했던 김부식은 묘청의 난에서 함께 활약한 윤언이와 갈등이 생겨 결국 사직하게 됐다. 바로 이 시기에 그는 인종의 명을 받아 『삼국사기』를 편찬했다. 삼국의 역사에 대한 사실을 기록한 것은 사관들이었지만, 김부식은 체재體裁를 작성하고 사론을 집필함으로써 『삼국사기』의 대표 저자가 됐다. 만년에 이르러 불교 수행을 하기도 했던 그는 1151년(의종 5년)에 세상을 떠났다.

『삼국사기』는 우리 고대사를 이룬 고구려, 백제, 신라에 대한 정사正史다. 이 『삼국사기』는 앞서 말했듯이 김부식 개인의 저술이 아니라 일종의 편찬물이다. 김부식은 논찬을 집필하고, 사관들이 기록한 기존 자료에 바탕을 두고 사실 기술을 편찬했다. 『삼국사기』를 편찬하게 된 이유는 김부식이 이 책의 서문으로 쓴 왕에게 바치는 표문에 잘 나타나 있다. 그는 "우리나라의 사실에 이르러선 도리어 망연하여 그 시말을 알지 못하니 매우 유감"이라고 지적하고, 『삼국사기』의 편찬을 통해 "임금의 선·악, 신자臣子의 충忠·사邪, 나라의 안安·위危, 인민의 치治·난亂에 관한 것을" 후대에 전하고자 한다고 쓰고 있다.

『삼국사기』의 모범이 되는 사서는 중국 사마천의 『사기』史記다. 김부식은 『사기』의 역사 기술 방법에 따라 '본기'本紀(28권), '표'表(3권), '지'志(9권), '열전'列傳(10권)을 편찬했는데, 여기에는 당시 존재했던 국내외 여러 사서들이 두루 활용됐다. 한 가지 주목할 것은 『삼국사기』 이전에 『구삼국사』舊三國史가 존재했다는 점인데, 많은 역사학자들은 이 『구삼국사』를 기본 자료로 삼아 『삼국사기』를 편찬한 것으로 추정하고 있다.

우리 역사에서 『삼국사기』가 갖는 의의는 새삼 길게 말할 필요조차 없다. 통일신라가 멸망한 지 한참 지난 다음에 편찬된 책이긴 하지만, 『삼국사기』를 통해 우리는 고구려·백제·신라, 그리고 통일신라로 이어진 고대 사회의 전체적 흐름을 상세하면서도 포괄적으로 이해할 수 있기 때문이다. 더욱이 후대의 고고학적 발견을 통해 『삼국사기』의 기록이 상당히 정확하다는 점 또한 입증돼오기도 했다.

김부식의 역사의식과 시대정신

내가 주목하려는 것은 『삼국사기』에 담긴 편찬자 김부식의 시대정신이다. 어떤 사상이라도 그것이 놓인 시대적 구속으로부터 자유로울 수는 없다. 김부식이 활동했던 시대는 고려가 황금기를 지나 무신시대로 들어가는 바로 직전의 시기였다. 왕건이 세운 고려는 광종과 성종 시대를 거쳐 귀족사회로서 안정된 체제를 구축했지만, 거란의 침입 이후 그 기틀이 흔들리기 시작했다.

　일반적으로 어떤 왕조나 체제든지 탄생, 성장, 절정, 그리고 쇠퇴의 과정을 겪게 마련이다. 거란족의 침입 이후 여진족의 침입이 이어지면서 고려는 연속된 외란外亂을 경험하게 됐지만, 유교와 불교를 통치의 양대 이념으로 한 내치內治는 그 나름대로 유지돼왔다. 김부식이 활동했던 인종 시대는 바로 이 내치가 새로운 전환점에 도달한 시대였다.

　이 전환점은 개경의 문신을 중심으로 한 지배 세력에 대한 도전으로 구체화됐다. 1135년에 일어난 묘청의 난과 1170년부터 시작된 무신의 난은 이 도전을 상징하는 사건들이었다. 묘청의 난이 수도 개경 세력에 대한 지방 서경 세력의 저항이었다면, 무신의 난은 정치를 독점해온 문신 계급에 대한 무신 계급의 저항이었다. 김부식의 활동 시기는 정확하게 무신의 난 직전의 시대였으며, 이러한 시대적 상황은 김부식의 역사인식과 사회인식에 중요한 영향을 미친 것으로 보인다.

　『삼국사기』를 둘러싼 논란 가운데 가장 큰 쟁점을 이뤄온 것은 사대주의 문제다. 김부식의 역사인식이 갖는 한계에 대해서는 이미 당대에도 제기됐다. 무신시대에 쓰인 『동명왕편』을 보면, 저자 이규보는 "김부식이 국사를 다시 편찬할 때에 (……) 지나치게 이상스런 일을 후세에 보여주는 것은 타당치 않다고 생각하여 동명왕에 관한 사적을 생략한 것이라고 믿어진다. (……) 하물며 동명왕의 사적은 변화가 신기하고 이상한 것으로 뭇사람들의 눈을 현혹한 것이 아니요, 바로 나라를 창건한 신성한 자취인 것이다. 이러한 사적을 기술해두지 않으면 미래의 후손들이 어떻게 이 역사적인 사실을 접해볼 수 있을 것인가"라고 지적한다.

　김부식은 『삼국사기』를 편찬할 때 유교적 시각에서 비합리적인 것으로 생각되는 역사적 기록들을 적잖이 제외시킨 것으로 보인다. 이에 대해 이규보는 신기하고 이상한 것이라 하더라도 그것이 나라의 자취라면 의당 기록에 남겨둬야 한다고 주장한다. 『동명왕편』은 이규보가 품고 있던 민족주의를 엿볼 수 있는 작품이라 할 수 있다.

전통사회에서 민족주의가 왕조 중심주의로부터 크게 벗어난 것은 아니었다 하더라도, '우리의 것'에 대한 이규보의 자각은 주목할 만한 것이었다. 이러한 자각에는 무엇보다 이규보가 대면했던 현실, 몽골의 침입과 원나라의 지배라는 당대의 역사적 현실이 반영돼 있다. 이러한 이규보의 문제의식은 일연의 『삼국유사』와 이승휴의 『제왕운기』에 직접적으로 이어지는 것이기도 하다.

『삼국사기』는 사대주의 역사서인가

『삼국사기』에 대한 평가가 가장 예각적으로 드러난 것은 민족주의 역사학자 신채호에 의한 비판이다. 신채호는 『조선상고사』에서 묘청의 난을 '조선의 역사 천년 이래 가장 큰 사건'이라고 명명했다. '김부식 대 묘청'이 대립구도를 이뤘던 묘청의 난은 한학漢學의 수구사상(사대파) 대 국풍國風의 진취사상(북벌파)의 일대 대결이었다는 게 신채호의 주장이다.

묘청의 난은 앞서 말했듯이 개경의 문벌귀족과 이에 맞서는 지방의 신진 세력의 권력투쟁이 첨예하게 표출된 것이다. 어떤 정치투쟁이라 하더라도 담론이 필요한 법인데, 서경 세력이 내건 '왕을 황제라 부르고 금나라를 치자'는 칭제건원론과 금국정벌론은 기존 중앙 세력의 사대주의적 담론에 맞선 일종의 민족주의적 성향의 담론이었다. 한마디로 김부식의 사상은 사대주의였으며, 『삼국사기』에는 이러한 경향이 일정하게 반영돼 있다는 게 민족주의 역사학의 평가다.

일제시대 신채호의 이러한 평가는 이후 『삼국사기』를 이해하는 데 지대한 영향을 미쳐왔다. 『삼국사기』가 비록 우리 고대사를 알려주는 가장 중요한 저작이지만, 뒤에서 다루게 될 『삼국유사』와 비교할 때 사대주의적 역사 기술의 한계를 갖고 있다는 것이다.

이러한 평가에 물론 모든 학자가 동의한 것은 아니었다. 역사학자 고병익은 기존의 평가에 대해 이의를 제기한다('삼국사기에 있어서의 역사서술', 『한국의 역사인식 (상)』, 창비). 그는 김부식이 유교적인 윤리적 평가와 형식적 예절론에서 조선왕조 사가들보다 더 신축적이었고, 특히 삼국의 기사를 중국의 천자에만 사용될 수 있는 '본기'라는 편명 아래 취급했다는 점을 주목해 『삼국사기』의 서술을 사대주의라고만 파악할 수는 없다고 주장한다. 그에 따르면, 『삼국사기』에 대한 기존의 비판은 이 책이 편찬된 당시의 역사적 환경과 사료 부족 등의 객관적 제약을 고려하지 않은 부당한 평가라는 것이다.

이러한 반론에 대한 재비판 역시 존재한다. 역사학자 김철준의 비판은 대표적인 것이다('고려 중기의 문화 의식과 사학의 성격', 『한국의 역사인식 (상)』, 창비). 김철준은 『삼국사기』를 『삼국유사』와 조선시대의 역사서들과 포괄적으로 비교하면 사대주의를 벗어날 수 없다고 본다. 또한 설령 삼국의 '본기'를 정하여 삼국사를 기록했다고 하더라도, 김부식이 고구려·백제·신라의 세 본기 말미에 붙인 사론에서는 사대주의적 성향이 그대로 나타난다는 점을 강조한다.

김철준의 핵심적 주장은 사관의 사대성 여부가 과거 전통문화 능력에 대한 이해를 정당히 하는가, 그 전통적 체질이 가지는 현재적 문화능력에 대한 평가를 어떻게 하는가에 놓여 있다는 데 있다. 나아가 그는 문화의 자주적 개성과 창조능력은 기층문화의 체질과의 관련 여하에 달려 있고, 지배계급이 주도하는 상층문화는 사대적이고 모방적일 수밖에 없다는 견해를 더하고 있다.

신채호로부터 영향을 받은 김철준의 견해는 현재적 관점에서 볼 때 온당한 것이다. 삼국시대의 역사적 사실의 옳고 그름에 대한 평가와는 별개로 우리 역사에 대한 김부식의 시각에는 사대적인 요소가 분명히 존재한다. 최치원이 '나라의 현묘한 도'라고 표현한 바 있듯이, 김부식이 활동했던 고려 중기까지 중국의 유교사상과는 다른 전통적인 우리 사상과 문화가 존재했고, 또 사회 전반에 상당히 큰 영향을 미치고 있었다. 김부식은 이를 상대적으로 평가절하했으며, 이러한 태도는『삼국사기』에서의 체재구성과 논찬에 적잖이 영향을 미쳤다.

시대정신의 관점에서『삼국사기』에 나타난 김부식의 시대정신은 중국식 유교질서의 구현이라는 당대의 문제의식을 넘어서지 못한 것으로 보인다. 나무의 시각이 아니라 숲의 관점에서 볼 때, 설령 부분적으로 김부식이 우리 역사의 특수성을 인식했다 하더라도, 삼국의 역사를 파악하는 그의 기본적인 문제의식은 중국적 유교질서를 우리 사회에 실현하고자 하는 데 놓여 있었다.

한 걸음 물러서서 볼 때, 김부식의 사대주의는 김부식 개인의 것이라기보다 12세기 당시 지배적 지식인 일반이 공유하던 시대정신이었을 것이다. 이 점에서 김부식에 대한 신채호의 비판은 다소 거친 것이기는 하지만 현재적 관점에서 여전히 주목해야 할 대목을 갖고 있다. 그것은 다름 아닌 한 사회의 발전에서 '모방'과 '창조'가 갖는 의미다.

현실의 영역에서 그 어떤 시대정신이라 하더라도 철저하게 모방적인 것이나 완전히 독창적인 것은 사실상 거의 존재하지 않는다. 현실에서 우리가 목격하는 것은 '모방'과 '창조'가 뒤섞인 혼합물, 즉 '하이브리드' hybrid다. 문제는 하이브리드적일 수밖에 없는 미래 비전에서 그 무게 중심을 모방과 창조 중 어디에 놓아둘 것인가에 있다. 사대주의는 여전히 모방 전략을 지지한다는 점에서, 그리고 민족의 자율성과 독창성을 과소평가하고 있다는 점에서 미래지향적 시대정신으로는 근본적인 한계를 가질 수밖에 없다.

일연, 승려이자 역사가

고려시대를 돌아보기 위해 지난 연말 강화도를 찾았다. 강화도를 찾은 이유는 바로 이곳이 한때 고려의 수도였기 때문이다. 몽골군이 한반도를 짓밟았을 때 고려는 강화도로 천도를 단행했다. 김포에서 강화대교를 건너가면서 이 정도 가까운 거리를 정말 몽골군이 넘지 못했을까 하는 의구심이 없지 않았지만, 고려는 몽골군이 물에 약하다는 약점을 적극 활용하고자 했다.

강화도에는 당시 고려의 쓸쓸한 흔적이 지금도 여기저기 남아 있다. 고종이 도착했다고 하는 승천포도 그러하고, 읍내 안 고려궁지도 그러하고, 한때 팔만대장경 경판을 보관했던 선원사지도 몽골군을 피해 강화도로 와야 했던 고려가 남긴 서글픈 정취를 느끼게 했다. 앞서 말했던『동명왕편』의 저자 이규보의 무덤 역시 강화도 진강산에 있다.

통일신라 이후 우리나라가 수도를 삼아온 것은, 후삼국시대와 한국전쟁 시기를 제외하면 모두 네 곳이다. 경주, 개경, 한양, 강화가 바로 그곳이다. 몽골의 침입이라는 당시 시대적 환경을 생각할 때 강화에 남아 있는 고려 유적들은 한편으로 어떤 비애감을, 다른 한편으로 민족적 자존심을 떠올리게 한다. 특히 이곳에서 판각된 것으로 알려진 팔만대장경은 그 효력의 여부를 떠나서 민족적 자존심의 상징이었다. 일연이『삼국유사』를 쓴 시대적 상황은 바로 이러했다.

일연一然의 속성은 김이고, 이름은 견명見明이며, 시호는 보각普覺이다. 1206년(희종 2년) 경상북도 경산에서 태어난 그는 1214년(고종 1년) 9세에 광주 무량사에 들어가 공부를 하다 1219년 승려가 됐다. 1227년 승과에 급제했고 1246년에 선사가, 1259년에는 대선사가 됐다.

이후 일연은 당대를 대표하는 승려로 활발한 활동을 벌였으며 1283년(충렬왕 9년)에 국사國師가 됐다. 승려로서 가장 영예로운 자리에 오른 그는 1284년에 경상북도 군위의 인각사로 은퇴한 후, 이곳에서 머물다가 1289년 84세를 일기로 입적했다. 일연은『중편조동오위』등을 포함해 여러 불교 서적을 저술하기도 했다.

『삼국유사』, 일연의 역사의식과 시대정신

일연이 우리 역사를 대표하는 인물들 가운데 한 사람으로 우뚝 남아 있게 된 것은 그가 인각사에 머물 당시에 쓴 『삼국유사』 때문이다. 『삼국유사』
는 '유사'遺事라는 제목이 보여주듯이 정사가 아니라 야사野史다. 전통사
회의 관점에서 야사는 정사보다 다소 처지는 역사책으로 평가됐지만, 현
재적 관점에서 보면 대다수 역사책들은 기본적으로 야사일 수밖에 없다.
야사이기 때문에 오히려 『삼국유사』는 우리에게 새로운 역사관을 보여준
다고 할 수 있다.

　『삼국유사』는 '왕력', '기이', '흥법', '탑상', '의해', '신주', '감통', '피
은', '효선'이라는 아홉 편으로 이뤄져 있다. '왕력'이 연대기라면, '기이'
는 준역사서이고, '흥법' 이하는 삼국시대에 활동했던 승려들을 중심으로
다양한 인간 군상들의 삶을 흥미진진하게 기록하고 있다. 『삼국사기』와
비교해 『삼국유사』가 갖는 가장 중요한 특징은 '기이'에서 단군신화를 다
루고 있다는 점인데, 이는 『삼국유사』가 갖는 민족주의적 성격을 뚜렷하
게 보여주는 것으로 평가돼왔다.

　이뿐만이 아니다. 『삼국유사』는 신라시대 향가를 포함해 삼국 당시의
사회와 문화생활을 다양하게 기록함으로써 우리 고대 문화의 보고寶庫를
이뤄왔다. 비록 불교와 연관된 이야기들이 『삼국유사』의 상당 부분을 차
지하지만, 삼국시대 당시 불교가 가졌던 절대적 위상을 고려할 때 이는
자연스러운 현상이며, 유교적 성향의 『삼국사기』에서 소홀히 됐던 부분
을 크게 보완하고 있다는 점에서 그 가치는 더욱 빛나는 것이다.

　『삼국유사』의 등장은 당시 역사적 환경과 분리해서 이해하기 어렵다.
국문학자 고운기가 지적하듯이, 『삼국사기』와 『삼국유사』 사이에 동아시
아에서는 송나라의 멸망과 원나라의 성립이라는 중대한 역사적 사건이
일어났다(『삼국유사』는 어떤 책인가, 『우리가 정말 알아야 할 삼국유사』, 현암사). 하

늘처럼 알았던 한족의 중국이 변방 오랑캐인 몽골족에 패배한 사건은 당시 고려인들의 사대주의적 사유에 일대 충격을 줬다. 이미 그 징후가 요나라와 금나라의 성립에서 나타났지만, 원나라의 등장은 한족 중심의 세계관을 해체시키는 데 결정적 계기를 부여한 셈이었다.

여기에 더해 몽골족의 침입으로 한반도 전역이 유린된 것은 '우리와 그들'의 차이에 대한 새로운 성찰을 가능하게 했다. 사회학적으로 민족주의의 형성에서 전쟁이 중대한 영향을 미친다는 것은 두말할 필요가 없다. 참혹한 전쟁을 경험함으로써 우리와 그들의 경계는 분명해지는데, 이런 경계의 자각을 통해 비로소 우리란 과연 누구인가라는 질문을 던지게 되며, 우리의 정체성에 대한 새로운 인식에 도달하게 된다.

같은 언어를 쓰고 같은 문화를 공유하며 또 가까운 공간에서 함께 살아가는 우리는 과연 누구인가. 몽골족의 침입 이전에 물론 거란족의 침입도 있었고, 여진족과의 전쟁도 있었다. 하지만 몽골족의 침입은 이전 전쟁들과 사뭇 달랐다. 우리 삶의 터전을 이뤄온 국토 대부분이 처참히 파괴되고 수많은 이들이 민족이 다르다는 이유만으로 살상되는 것을 목격함으로써 비로소 민족에 대한 본격적인 자각이 이뤄졌다고 볼 수 있다.

사회학적으로 민족의식의 형성에는 두 가지 계기가 중요하다. 먼저 대내적으로 새로운 국가의 등장은 사회통합을 제고하기 위해 민족주의를 고취하는 경향이 있다. 분열됐던 세력들의 모든 구성원에게 동일 민족을 호명함으로써 민족적 동질성을 자각하게 하고, 이런 동질성 자각을 통해 통치를 위한 사회통합을 강화하고자 했다.

우리 역사에서 민족의식 형성에 대내적 계기를 부여했던 것은 신라에 의한 삼국통일과 고려에 의한 후삼국통일이었다. 특히 고려는 통일신라보다 북쪽으로 영토를 더 확장했을 뿐만 아니라 발해 유민을 받아들이기도 했다.

이러한 대내적 계기 못지않게 중요했던 것은 전쟁이라는 대외적 계기였다. 우리 역사 전체에서 민족의식의 형성에 큰 영향을 미친 전쟁으로는 몽골의 침입과 임진왜란, 병자호란을 지목할 수 있다. 전통사회에서 이 전쟁들은 그 격렬한 체험으로 인해 민족의 존재를 새롭게 발견하도록 했을 뿐만 아니라 이러한 민족의 발견은 새로운 국가개혁의 방향 모색에 큰 영향을 미쳐왔다.

단군신화와『삼국유사』의 민족주의

앞서 말했듯이 시대정신은 과거·현재·미래를 바라보는 역사의식이자 개인과 사회를 포괄적으로 이해하는 세계관이다. 『삼국유사』에 담긴 세계관이 불국토를 지향하는 불교적 세계관이라면, 그 역사의식은 민족의 주체성과 독창성을 주목하려는 민족주의라 할 수 있다. 고조선시대부터 통일신라시대까지 우리 선조들이 이 땅에 남겨놓은 놀랍고 인간적인 이야기들을 생생히 전달함으로써 일연은 민족의 발견, 다시 말해 민족주의를 고취하고 있다.

물론『삼국유사』에 담긴 민족의식이 현재적 기준에서 볼 때 그리 높은 수준이라고 하기는 어렵다. 하지만 일연이 삼국이 남겨놓은 이야기를 정리하면서 『삼국사기』에 담겨 있지 않은 여러 이야기들을 적극적으로 포함시킨 것은 김부식과는 다른 역사의식, 다시 말해 시대정신을 갖고 있었음을 보여준다.

『삼국유사』의 머리에 놓인 단군신화는 일연이 품고 있던 시대정신을 단적으로 보여준다. "2천 년 전쯤 단군왕검이 아사달에 도읍을 세웠다"는 첫 구절은 『삼국유사』가 전달하고자 한 의미를 극적으로 상징한다. "나라를 열어 조선이라 불렀는데, 요 임금과 같은 때이다"라고 이어지는 구절은 중국에 대응하는 우리 민족의 역사적 정체성에 대한 당당한 선언이라고 하지 않을 수 없다.

『삼국유사』의 백미 중 하나인 향가의 경우도 마찬가지다. 어느 시대건, 어느 사회건 노래로 대표되는 음악은 지배계급이든 민중계급이든 일상생활의 주요 영역 가운데 하나다. 『삼국사기』에서는 다뤄지지 않은, 그러나 삼국시대에 수없이 불린 향가들을 수록함으로써 『삼국유사』는 삼국시대와 통일신라시대의 일상생활과 문화를 생생히 전달할 뿐만 아니라 그들의 의식세계를 새삼 돌아보게 한다.

예를 들어 고등학교 시절 배우게 되는 월명사의 「찬기파랑가」를 보면, 우리는 신라시대 화랑들이 가졌던 고고한 정신세계를 엿볼 수 있다. "열어젖히자 / 벗어나는 달이 / 흰 그름 쫓아 떠간 자리에 / 백사장 펼친 물가에 / 기랑의 모습이 겹쳐져라 / (……) / 아, 잣나무 가지가 높아 / 눈이라도 못 덮을 화랑이여"라는 구절은 삼국통일에 기여했던 화랑의 드높은 기상을 잘 보여준다.

『삼국유사』를 읽을 수 있는 코드는 여럿일 수 있다. 역사학적 관점, 문화학적 관점, 불교학적 관점 등 다양한 시각에서 독해할 수 있다. 시대 정신의 관점에서 볼 때 『삼국유사』의 기저에 흐르는 것은, 삼국시대에 이 땅에서 살아온 우리 민족의 희로애락喜怒哀樂에 대한 찬가다. 그리고 그것은 다름 아닌 민족 본래의 모습에 대한 자각이다. 일연은 승려인 동시에 민족의 한 구성원으로서의 자기 정체성을 확고히 갖고 있었으며, 『삼국유사』는 이러한 정체성을 때로는 담담하게, 때로는 감동적으로 담아내고 있다.

강화도에서 생각하는 민족주의

『삼국유사』에 실린 이런저런 이야기들을 떠올리며 강화대교에서 초지대교까지 이어진 해안도로를 걸었다. 왼편으로는 염하鹽河가, 오른편으로는 시골 풍경들이 길게 이어져 있었다. 고려시대에 강화도는 바로 개경의 관문이었다. 파주에서 한강과 임진강이 합류해 흐르던 조강은 강화도 북단에서 다시 예성강과 합류한다. 강화도 북쪽 양사면에서 바라볼 수 있는 예성강 안쪽에는 오래전 벽란도가 있었다.

역사 기록을 보면 고려시대 당시 송나라와 일본은 물론 멀리 페르시아 상인들까지 예성강을 출입했으며, 개경에서 가까운 벽란도는 국제무역항으로 동아시아에 이름을 떨쳤다. 상상해보면, 예성강 입구라 할 수 있는 강화도 역시 당시 외국인들의 출입이 매우 빈번했던 국제교류의 현장이었을 것이다.

이뿐만이 아니다. 몽골 군사들이 건너지 못해 임시 수도가 됐던 강화도는 조선 후기에 열강들의 함선과 포성으로 휩싸이기도 했다. 좁은 해협을 두고 김포 반도와 마주 보는 광성보와 초지진에는 아직도 그 당시 치열했던 전투의 흔적이 그대로 남아 있어 착잡한 소회를 갖게 했다.

강화도 초지진의 모습(사적 225호). 해상으로 침입하는 적을 방어하기 위해 1656년(효종 7년)에 구축된 요새이며, 병인양요와 신미양요 때 최대 격전지 중 하나였다.

돌아보면, 고려 후기 『삼국유사』에 담긴 민족주의는 이후 큰 굴곡을 겪어왔다. 조선이 건국되면서 우리 사회는 친명사대주의에 기울고, 결국 소중화小中華를 표방하는 것으로 나아갔다. 훈민정음의 반포 등 민족주의적 자각이 없지는 않았지만, 성리학에 기반을 둔 세계관과 시대정신이 지배적인 패러다임으로 자리를 잡았다. 두 차례의 대규모 전쟁을 치르고 난 후 영·정조 시대에 와서야 다시 '우리의 것'에 대한 또 한 번의 새로운 자각이 이뤄졌다.

김부식과 일연의 시대정신을 '사대주의 대 민족주의'의 이분법으로만 파악할 수는 없다. 지식인의 존재구속성을 고려할 때, 김부식이 12세기라는 시대적 한계 속에 놓여 있었다면, 일연은 13세기라는 동아시아의 새로운 시대적 변화 속에서 살아가고 있었다. 하지만 지식인의 자유부동성을 생각할 때, 김부식이 유교적인 중국 중심의 세계관에 여전히 갇혀 있던 반면, 일연은 비록 불교에 의지하고 있었으나 앞선 세대의 유교적 세계관을 넘어가고 있었다.

물론 민족주의라고 해서 무조건 옳은 것이라고 할 수는 없다. 민족주의 안에는 또 하나의 편향으로서 자문화自文化 중심주의와 국가주의가 존재한다. 자문화 중심주의는 국수주의로 흐를 수 있고, 국가주의는 개인주의와 자유주의를 억압할 수 있다. 국가주의와 개인주의의 갈등은 최근 우리 사회에서 첨예하게 나타나고 있으며, 이는 보수와 진보의 주요 대립을 이루는 요소 가운데 하나이기도 하다.

『삼국사기』와 『삼국유사』의 당대적 관점이 아니라 현재적 관점에서 보면 최근 우리 민족주의는 새로운 시험대 위에 올라서 있다. 21세기 우리 사회에 걸맞은 민족주의를 과연 어떻게 일궈갈 것인가. 역사는 과연 순환하는 것인가. 역사로부터 우리는 과연 무엇을 배울 수 있는 것인가. 한 가지 분명한 사실은 민족의 발견과 이로부터 비롯된 민족의식과 민족주의의 자각은 밀려오는 세계화의 파고에 어떻게 대처할 것인가의 새로운 과제를 안고 있다는 점이다. 민족주의를 둘러싼 문제들은 제3부 신채호와 이광수를 다룰 때 다시 한번 살펴보게 될 것이다.

두서없는 생각의 꼬리를 따라 걷다보니 어느새 초지진에 도착했다. 완만한 아치를 이루고 있는 초지대교가 눈에 들어왔다. 그 아래 염하에는 어느새 밀물이 들어와 있었다. 한겨울 거센 바람이 황량한 초지진을 더욱 쓸쓸하게 했다. 건너편 김포 쪽에는 저녁 불빛이 하나둘 켜지기 시작했다. 송년회 약속 때문에 빨리 저 다리를 건너가야 하는데 나는 좀처럼 강화도를 떠나기 어려웠다.

제3장

정몽주와 정도전

신념윤리와
책임윤리 사이

정몽주 1337년 경북 영천에서 태어나 1392년 사망했다. 고려 말기 대표적인 유학자이자 정치가다. 신진 사대부 세력을 이끌었으며, 이성계 세력에 맞서 고려왕조를 끝까지 지키고자 했다. 주요 저작으로 『포은집』이 있다.

정도전 1342년 충북 단양에서 태어나 1398년 사망했다. 조선왕조 창업의 일등 공신이다. 사후에 평가절하되기도 했지만, 최근 조선사회의 설계자로 새롭게 평가받고 있다. 주요 저작으로 「조선경국전」 등을 포함한 『삼봉집』이 있다.

가끔 학생들에게 상당히 무거운 질문을 받을 때가 있다.
누가 역사를 만드는가의 물음이다.
나 역시 대학을 다닐 때
이런 질문을 던진 적이 있는지라 상세히 답변해주곤 한다.
역사는 과연 무엇이 만드는가.
구조인가 아니면 개인인가.

전략적 선택과 시대정신

역사는 의당 개인, 다시 말해 집합적 개인이 만든다. 하지만 역사를 곰곰이 들여다보면 집합적 개인 못지않게 구조적 조건 또한 중요하다. 개인의 의지가 아무리 강력하더라도 이 의지를 제한하는 구조적 조건이 강고할 때 그 의지는 제대로 실현되기 어렵다. 이 점에 주목해 사회학은 흔히 구조를 중시하는 시각을 '구조주의', 개인을 중시하는 시각을 '자원주의'라고 부른다.

이러한 역사 해석의 틀에 대해 나는 절충적 시각을 선호하는 편이다. 그래서 내가 주목하는 역사 변동의 세 가지 주요 요소는 '구조적 강제' structural constraint, '경로의존성'path dependency, '전략적 선택'structural selection이다. 먼저 구조적 강제란 말 그대로 구조가 강제하는 힘이다. 제도로서 정착된 구조는 일종의 관성을 갖게 되며, 이러한 관성은 그 구조를 변화시키려는 집합적 개인의 의지를 제한하게 된다.

한편 경로의존성은 그 제도에 내재된 개별 국가 또는 사회의 역사적 특성이다. 예를 들어 동일한 봉건사회라도 나라마다 차이가 있으며, 제도에 내재된 이러한 경로의존성은 사회변동에 일정한 영향을 주게 된다. 동일한 전통사회라도 중국, 한국, 일본의 경우 그 경로의존성은 유사하면서도 사뭇 다르다는 점을 주목할 필요가 있다.

마지막 요소가 전략적 선택이다. 전략적 선택이란 위에서 말한 구조적 강제와 경로의존성 아래 집합적 주체가 자기의 의지를 실현하기 위해 선택하는 일종의 기획이다. 어떤 전략적 선택을 할 것인가에 따라 집합적 의지를 실현할 수도 좌절할 수도 있는데, 여기서 중요한 것은 이러한 전략적 선택과 구조적 강제, 경로의존성 간의 관계다. 구조적 강제가 이완되고 경로의존성이 약화될 때 사회변동의 가능성은 높아지는데, 이때 어떤 전략적 선택을 모색할 것인가에 따라 역사의 방향이 결정된다고 볼 수 있다.

전통사회에서의 지식인과 정치가

동아시아 전통사회에서 그 경계가 모호한 직업 중 하나가 지식인과 정치가다. 대다수 지식인들은 어린 시절부터 학문을 연마하고 과거시험을 통해 정치가의 길로 나섰다. 여기에는 학문적 연구와 정치적 실천을 통합하고자 한 유교의 영향이 절대적이었다. 물론 서경덕이나 조식처럼 재야의 학자로 연구에만 전념한 이들도 없지 않았지만, 이황과 이이, 송시열과 허목, 박지원과 정약용처럼 학문과 정치를 병행한 이들이 주류를 이뤘다. 이런 점에서 우리 전통사회의 주요 지식인들 다수는 '지식인 정치가'라고 부를 수 있을 것이다.

우리 역사에서 지식인들이 유교사상에 입각해 사회개혁을 모색하고자 한 것은 멀리 통일신라 말기 최치원과 고려 초기 최승로의 활동까지 거슬러 올라간다. 하지만 성리학자임을 표방한 이들이 본격적으로 정치 일선에서 활동한 시대는 고려 후기였다. 신진 사대부 세력이 바로 그들이며 이제현, 이색, 정몽주, 정도전 등은 그 대표자들이었다. 이들은 한편으로는 성리학을 연구하고, 다른 한편으로는 이 유교사상을 현실에서 실천하고자 했다.

유교적 질서의 현실적 구현이야말로 이들의 정치적 기획이자 시대정신, 다시 말해 전략적 선택이었다. 고려 후기에 씨가 뿌려지고 조선 개국을 통해 구체화된 이러한 시대정신은 이후 조선시대 500년 내내 지대한 영향을 미쳐왔다. 이 책에서 앞으로 다뤄지게 될 이황과 이이, 박지원과 박제가, 정약전과 정약용은 모두 주자학을 옹호하든 비판하든 이로부터 절대적인 영향을 받았다.

시대정신으로서의 유교이념이 갖는 의미는 현재에도 살아 있다. '한국적 공동체주의'가 바로 그것이다. 개인주의에 맞서는 공동체주의는 여전히 그 영향력이 작지 않은데, 개인주의가 만개한 정보사회에서도 네트워크를 중시하는 공동체주의적 특징은 그대로 관찰되고 있다. 이러한 '네트워크화된 개인주의'가 물론 유교적 가치의 현대화라고 주장할 수는 없지만, 시대정신으로서의 공동체와 개인의 조화를 모색하려 하는 것은 우리 사회가 갖는 이른바 후기전통적 사회post-traditional society의 특징을 보여주는 것이라고 해석할 수도 있다.

정몽주와 정도전, 엇갈린 운명

정몽주와 정도전은 바로 이 유교사회의 기초를 세운 이들이다. 고려 말기 대표적인 지식인이자 정치가였던 두 사람의 삶은 널리 알려졌듯이 대단히 극적이다. 두 사람은 오랫동안 학문적으로 또 정치적으로 노선을 함께

했지만, 조선의 개국을 놓고 서로 다른 길을 선택했다. 정몽주가 고려를 지키기 위해 목숨을 내던졌다면, 정도전은 고려를 버리고 조선을 세웠다.

운명의 역설은 두 사람의 사후에 이뤄졌다. 조선이 개국되고 얼마 지나지 않아 고려를 지키고자 했던 정몽주는 만고의 충신으로 추앙받은 반면, 개국의 일등 공신인 정도전은 관심 밖에 버려졌다가 조선 후기에 와서야 복권됐다. 신하의 충성을 요구한 전통사회 군주의 관점에서 보면 이러한 평가는 자연스러운 것이지만, 조선이라는 왕조 창업을 주도한 정도전의 관점에서 보면 아이러니라 하지 않을 수 없다.

영욕이 점철했던 정도전의 삶은 독일의 오토 폰 비스마르크Otto von Bismarck의 일생을 떠올리게 한다. 비스마르크는 프로이센을 중심으로 독일 통일을 성취하고 후진국 독일을 단기간 안에 유럽의 강자로 등극시켰지만, 빌헬름 2세와의 갈등으로 결국 수상의 자리에서 물러나야 했던 파란만장한 삶을 살았다.

정도전의 경우도 마찬가지다. 고려 말 목숨을 내건 권력투쟁에서 승리한 뒤 조선왕조 개국을 주도했으나 태종(이방원)과의 경쟁에서 패배해 결국 목숨까지 잃고 만 정도전의 일생은 우리 역사에서 가장 극적인 지식인 정치가의 길을 보여준다. 기록에 따르면, 정도전의 집터는 현재 종로구청 자리에 있었다고 한다. 더러 이 부근을 지날 때면 그의 비극적 최후를 자연스레 떠올리게 되고, 그가 남긴 현재적 의미를 곰곰이 생각해보게 된다.

정몽주, 신념윤리의 정치가

정몽주鄭夢周는 1337년(충숙왕 복위 6년) 경상북도 영천에서 태어났다. 자는 달가達可이며 호는 포은圃隱이다. 정운관의 아들로 태어난 그는 1360년 문과시험에 합격했으며, 1362년 예문검열·수찬이 되었다. 이후 정몽주는 대내 개혁을 모색하고 대명 외교를 주도하는 등 고려 후기 대표적인 학자이자 정치가로 활동했다.

정몽주의 일생은 위기의 고려를 쇄신하는 데 일관했다. 그는 이성계 세력과 연대하여 친원 권신 세력과 맞서서 기울어가는 고려를 바로 세우기 위해 최선의 노력을 기울였다. 하지만 정도전, 조준 등이 이성계를 추대하려는 움직임을 보이자, 반反이성계 세력의 중심에 섰다. 권력 갈등이 날로 첨예해지는 과정에서 1392년(공양왕 4년) 이성계를 문병하고 오는 도중 선죽교에서 이방원이 보낸 조영규의 손에 죽음을 맞이했다.

우리 역사에서 정몽주는 불사이군不事二君의 충忠을 대표하는 인물이다. 정몽주의 비극적 최후는 곧 고려의 최후이기도 하다. 전하는 바에 따르면, 그는 자신이 살해될 것을 미리 알았으며, 그래서 말을 거꾸로 타고 가고 있었다고 한다.

이 비극적 최후의 직전에 이방원은 널리 알려진 「하여가」로 정몽주를 회유했지만, 정몽주는 「단심가」로 화답했다. 「단심가」의 메시지는 고려에 대한 "임 향한 일편단심"에 집약돼 있다.

이 몸이 죽고 죽어 일백 번 고쳐 죽어
백골이 진토되어 넋이라도 있고 없고

임 향한 일편단심이야 가실 줄이 있으랴

이 시가를 처음 배운 게 초등학교 시절인데, 다시 읽어봐도 여전히 고결한 비장함이 가득하다. 정몽주는 유교적 의리 문화의 상징이다. 의리란 사람이라면 마땅히 지켜야 할 도리다. 전통사회에서 신하가 한 왕조 또는 한 군주를 섬겨야 하는 것은 당연한 도리일 것이다.

하지만 현실은 그렇지 않은 경우가 적지 않다. 이익과 권력의 향배에 따라 도리를 저버리는 사례가 빈번하기 때문이다. 조선 초기 사육신과 생육신은 정몽주의 경우와 매우 유사하다. 그들은 단종에게 충을 다하기 위해 세조를 거부했다. 당대에는 죽음을 선택했지만, 후대에는 영광을 얻었다. 정몽주의 "임 향한 일편단심"은 사육신 성삼문의 "백설이 만건곤할 때 독야청청"과 정확히 짝한다.

사회학자 막스 베버Max Weber는 말년에 행한 강연 「직업으로서의 정치」에서 '신념윤리'와 '책임윤리'를 구분한 바 있다. 신념윤리가 선과 악의 구분에서 도덕적인 선을 선택하고 행동하는 것을 뜻한다면, 책임윤리는 선과 악의 구분보다는 그 결과에 대해 무제한적 책임을 지는 태도를 의미한다. 정몽주의 선택은 책임윤리보다는 신념윤리에 기반을 둔 것이다. 결과를 고려한다기보다는 옳고 그름의 관점에서 정치적 선택을 결정한 것이라 할 수 있다.

이 점에서 정몽주는 우리 역사에서 신념윤리를 대표하는 지식인 정치가의 자리를 차지한다. 아이러니컬하게도 그를 죽인 태종 시대에 복권된 정몽주는 유교 질서의 한 축을 이루는 충의 상징을 이뤘고, 이러한 그의 정신은 조선시대 내내 추앙됐다. 정몽주는 '정몽주→길재→김숙자→김종직→김굉필→조광조'로 이어지는 도학의 시조로 자리매김되었으며, 조선 후기 성리학의 최대 권위자였던 송시열도 "섬기던 왕조에 충성을 다하다가 천명이 끝나 사직이 바뀜에 그 인륜을 붙들고 천이天彝를 세운 공은 진실로 천지에 높고 일월에 빛날 만하다"고 칭송한 바 있다.

누구는 정몽주의 기획이 과연 가능한 것이었는가라고 물을 수도 있다. 대외적으로 친명정책을 추진하고 대내적으로 사회·경제구조를 개혁해 고려왕조를 지속시키는 것이 물론 가능했을 수도 있다. 역사를 결과론으로만 해석할 수는 없다. 역사적 상상력을 발휘해본다면 정도전의 기획이 아니라 정몽주의 기획이 성공했을 경우 고려왕조의 수명은 연장됐을 것이다.

하지만 또 다른 역사적 상상력을 발휘해 이러한 왕조의 수명 연장이 어디까지 가능했을까 하는 질문을 던져볼 수도 있다. 어느 사회나 왕조건 그 체제가 유지되기 위해서는 헤게모니를 필요로 한다. 헤게모니를 물론 정치적 정당성으로 바꿔 써도 좋다. 내가 주목하고 싶은 것은 헤게모니 또는 정치적 정당성이 고갈된 체제는 결국 몰락하고 새로운 체제가 등장할 수밖에 없다는 점이다.

객관적 사실에 대한 엄정한 평가가 이뤄져야겠지만, 정몽주가 활동했던 시기에 고려왕조가 갖고 있던 헤게모니는 이미 상당히 고갈된 것으로 보인다. 공민왕의 개혁정치와 신진 사대부 세력의 등장은 고려왕조의 쇄신을 가져왔고, 특히 1388년 조준 등이 주도한 토지개혁인 과전법의 시행은 기득권 세력을 혁파하는 데 크게 기여했다.

문제는 이러한 개혁에도 불구하고 고려왕조에 대한 정치적 정당성이 이미 상당히 쇠퇴한 것으로 보인다는 데 있다. 전통사회에서 왕조가 유지되기 위해서는 군주에 대한 충성이 요구되며, 이러한 충성은 합리적 방식이 아니라 의례적이고 상징적인 방식에 의해 재생산된다. 요컨대 군주의 신성한 권위에 대한 피지배층의 자발적 동의는 왕조의 지속을 위한 매우 중요한 사회적 조건이다.

거시적으로 고려왕조에 대한 피지배층의 동의는 무신시대 이후 서서히 약화됐고, 원나라 지배 아래서 그 경향은 더욱 강화됐다. 이 과정에서 왕조의 권위를 위해 기능해온 기성 불교와 유교의 상징적 자원은 고갈되기 시작한 반면, 새로운 이념적 대안으로 성리학이 부상했다. 신진 사대부 세력의 핵심 이념적 기반이 된 성리학은 주자학을 바탕으로 한 포괄적인 사회개혁 사상으로서의 위상을 갖고 있었다.

내가 주목하려는 것은 당시 구조적 강제의 변화와 이완이다. 대외적으로는 원나라에서 명나라로 세력 교체가 진행되고 대내적으로는 기존 왕조의 약화와 성리학의 부상이 가시화되면서 새로운 왕조로의 이행 가능성이 커지고 있었다. 고려왕조를 지탱하고 있던 구조적 강제와 경로의 존성이 이완되고 약화될 때 왕조 교체라는 새로운 전략적 선택이 실현될 가능성은 높아지게 된다.

바로 이런 조건 아래서 정몽주가 선택한 길은 일종의 보수적 기획이었다. 보수라고 해서 변화를 거부하는 것은 아니다. 왕조를 유지하되 개혁을 모색하고자 했던 것이 당시 보수적 개혁의 과제였으며, 정몽주는 이 기획을 일관되게 추진해왔다. 더욱이 이 기획은 성리학이 가르치는 옳고 그름의 신념윤리와 밀접히 연관돼 있다.

권력이란 무엇인가

정몽주가 남긴 저작은 『포은집』圃隱集이다. 『포은집』은 세종 때 그의 아들인 종성과 종본이 선친의 시문 등 여러 글을 수집해 편찬한 책인데, 이후 여러 차례에 걸쳐 증보·간행됐다. 정몽주의 문학과 학문은 성리학 이념을 바탕으로 당시 고려사회가 직면한 문제들을 해결하려는 데 그 중심이 놓여 있었다. 그는 여전히 영향력이 큰 불교를 비판했으며, 성리학에 기반을 두고 민간 풍속과 의복제도 등을 개혁하고자 했다.

『포은집』에는 그가 남긴 여러 시편들이 전한다. 그 가운데 내 눈을 잡아 끈 시가 「경지의 시에 차운하여 삼봉에게」次敬之韻贈三峰라는 작품이다. 경지는 함께 공부했던 김구용의 자다.

> 국정을 돕고 시폐 바로잡음에 재주 이미 부족하니
> 어릴 때 익힌 것 나이 들어 어지러워짐을 스스로 한탄하네
> 삼봉의 은자 누가 닮을 수 있으리
> 처음에 세운 뜻 평생 동안 변하지 않네

후배이자 동지였던 정도전에 대한 정몽주의 애정이 듬뿍 담긴 시다. 정도전 또한 마찬가지였다. 『삼봉집』三峰集에는 정도전이 남긴 「차운하여 정달가에게 부치다」次韻寄鄭達可라는 작품이 실려 있다. 달가는 앞서 말했듯이 정몽주의 자다. 이 시의 마지막 부분에는 선배이자 동지였던 정몽주에 대한 정도전의 존경과 우정이 잘 표현돼 있다.

지란은 불탈수록 향기 더하고
좋은 쇠는 갈수록 빛이 더하네
굳고 곧은 지조를 함께 지키며
서로 잊지 말자 길이 맹세를 하네

권력이란 무엇인가. 사회학적으로 권력은 타자의 의사에 관계없이 자신의 의지를 관철시키는 힘이다. 다시 말해, 권력이란 타자를 지배하고자 하는 욕망이다. 이 점에서 권력은 인간 존재의 그늘을 이룬다. 하지만 동시에 권력은 세계를 변화시킬 수 있는 힘이다. 이 점에서 권력을 놓고 벌이는 치열한 경쟁은 정치의 본질을 이룬다.

역사를 돌아보면 권력투쟁 앞에서는 부모와 자식의 관계도, 오랜 동지의 관계도 무색해지는 경우가 많다. 여말선초라는 격변기 속에서 이성계와 이방원의 관계가 그러했으며, 정몽주와 정도전의 관계도 그러했다. 정몽주와 정도전이 서로에게 부치는 시는 평생을 함께한 이들의 깊디깊은 우정을 엿보게 한다. 하지만 인생이란 참으로 묘한 것이어서 어느 시점에서 함께 걸어온 길은 돌연 나뉘고 서로의 존재를 부정하게 된다. 두 사람이 선택한 엇갈린 길 앞에서 새삼 권력이란 무엇인가를 곰곰이 생각해보지 않을 수 없게 된다.

정도전, 책임윤리의 정치가

정도전鄭道傳은 1342년(충혜왕 복위 3년) 충청북도 단양에서 태어났다. 자는 종지宗之이고 호는 삼봉三峰이다. 아버지는 형부상서를 지낸 정운경이며, 어머니는 우연의 딸로 알려져 있다. 평생 정도전은 자신의 모계에 대해 곤욕을 치렀는데, 어머니가 노비 출신이라는 것이 그 이유였다. 단양 지방에 이와 연관된 전설이 전하고 있는 것으로 보아 정도전의 가계가 간단하지 않은 것은 분명해 보인다.

정도전은 1362년 진사시에 합격했으며, 곧이어 충주사록 등을 역임했다. 아버지와 이곡의 교유관계가 인연이 돼 정도전은 이곡의 아들 이색의 문하에서 공부했는데, 정몽주, 이숭인, 이존오, 김구용, 박상충, 박의중, 윤소종 등과 함께 학문을 연마했다. 신진 성리학자들과 교유하면서 정도전은 자신의 학문적·정치적 야망을 서서히 키워나갔다.

이후 정도전의 삶에서 중대한 전환점을 이룬 것은 세 번에 걸친 계기였다. 첫 번째 계기는 1375년 우왕이 즉위하고 이인임 세력이 집권하면서 전라남도 나주 회진현으로 유배를 간 일이다. 유배와 유랑으로 이어진 이후 10년 동안 정도전은 당시 농촌 현실을 직접 체험했을 뿐만 아니라 학문과 정책 연구를 심화시킬 수 있었다.

두 번째는 1383년 함경도 함주의 이성계를 찾아가 그의 막하에 들어간 일이다. 이후 정도전은 이성계와 정치적 운명을 함께했다. 고려 말기 정치적 격변을 이룬 위화도 회군, 우왕 폐위와 창왕 옹위, 창왕 폐위와 공양왕 옹위 등에서 정도전은 이성계의 최측근으로 활동했다. 전하는 바로는 정도전은 이성계와 자신을 한나라 고조 유방과 그의 군사 장량에 비유했다고 한다.

세 번째는 1392년 이성계를 새로운 조선의 왕으로 옹립한 역성혁명易姓革命을 주도한 일이다. 정도전은 태조 이성계에 이어 조선왕조의 2인자였다. 역사학자 한영우가 지적하듯이 정치적 실권을 장악하고(태조 원년), 군사들을 훈련하고(태조 2년), 병권을 장악하며 한양을 설계하고(태조 3년), 궁궐과 도성문의 이름을 짓는(태조 4년) 등 '조선의 설계자'였다(『왕조의 설계자, 정도전』, 지식산업사).

정도전의 삶에서 비극이 잉태하기 시작한 것은 1396년 외교문서인 표전문 사건으로 명나라와의 관계가 악화되고 그가 추진하던 요동정벌이 좌절되면서부터였다. 결국 그는 왕권을 강화하려는 이방원이 주도한 제1차 왕자의 난에서 1398년(태조 7년) 살해됐다. 그의 나이 57세였지만, 돌아보면 참으로 긴 일생이었다.

정도전의 사상과 정치에 대한 연구는 1970년대 이후 적잖이 이뤄졌다. 정도전 연구에 가장 큰 기여를 한 학자는 한영우다. 그는 1973년 『정도전 사상의 연구』를 출간하여 정도전에 대한 새로운 조명을 시도했다. 한영우는 그때까지 조선의 건국이념을 사대주의, 농본주의, 억불숭유주의로 보던 것에 맞서 민본주의와 민족적 주체성으로 제시했고, 정도전의 사상에서 그 기초를 찾았다.

당대의 기준으로 볼 때 한영우의 견해는 상당한 설득력을 갖고 있는 것으로 보인다. 고려왕조의 쇠퇴라는 대내적 상황과 원나라에서 명나라로 교체되는 대외적 상황의 변화라는 구조적 강제의 변화 속에서 정도전은 성리학에 입각한 새로운 왕조 창업이라는 전략적 선택을 모색했으며, 이는 조선시대의 개막으로 귀결됐다.

정도전의 개혁성은 정몽주와 비교할 때 선명해진다. 정몽주가 보수적 개혁을 통한 고려의 쇄신을 자신의 정치적 목표로 삼았다면, 정도전은 조선의 개국이라는 더 큰 변화를 추구했다는 점에서 진보적 개혁을 모색한 셈이었다. 비록 권력투쟁에 의해 희생됐지만 정도전이 설계한 조선왕조는 20세기 초반까지 지속됐으며, 그가 제시한 일련의 정치·경제·문화의 원리는 조선사회의 이념적 기초를 제공했다.

역사적 사실이 이러했음에도 불구하고 상대적으로 정도전에 대한 평가는 제대로 이뤄지지 않았다. 그 이유는 태종과의 권력투쟁 속에서 희생됐다는 사실과 조선왕조의 유교사상에 대한 부정적인 평가에서 찾을 수 있다. 이 점에서 정도전의 민본주의와 민족적 주체성을 강조한 한영우의 연구는 삼봉의 사상과 정치를 재평가하는 데 결정적 기여를 했다.

더불어 1998년 텔레비전 드라마로 방영된 〈용의 눈물〉도 정도전을 새롭게 이해하는 데 상당한 영향을 미쳤다. 막 개국한 조선의 2인자 자리를 놓고 벌이는 권력투쟁을 생생히 담은 이 드라마에서 정도전은 기존의 이미지를 벗어나 시대를 고뇌하는 동시에 권력의 향배에 민감한 인물로 그려졌다. 역사 속에 살아 있던 정도전의 실제 모습은 이 드라마 속의 인물과 매우 유사했을 것으로 보인다.

정몽주가 신념윤리의 지식인 정치가라면, 정도전은 책임윤리의 지식인 정치가다. 토지문제를 중심으로 한 대내 정책과 대명 외교를 중심으로 한 대외 정책 모두에서 정도전은 성리학에 입각해 일관된 개혁노선을 견지하고, 그 정책의 결과를 중시했다. 개혁을 위해 당시로서는 혁명이라고 할 수밖에 없었고 실제로도 역성혁명이라는 표현이 사용됐던 왕조 교체를 감행했다.

사회과학의 시각에서 정도전의 사상을 흥미롭게 조명한 이는 정치학자 최상용이다. 최상용은 여말선초에 활동했던 세 명의 정치가(정몽주, 이방원, 정도전)에 대한 유형화를 시도한 바 있다('정치가 정도전을 생각한다', 『정치가 정도전의 재조명」, 경세원). 그에 따르면, 정몽주는 '이념형의 정치가', 이방원은 '권력형의 정치가', 정도전은 이념과 권력의 '통합형의 정치가'라는 것이다.

구체적으로 정몽주가 불사이군이라는 신념에 따라 조선 개국에 반대했다면, 이방원은 정치이념보다 권력의지에 철저했다. 한편 정도전은 성리학 이념에 기반을 둔 조선왕조 건설의 프로그램을 갖고 있는 동시에 이를 위한 권력의지 또한 강력했다는 것이다. 최상용은, 정치의 본질이 이념과 권력의 상호작용에 있는 한, 세 사람 가운데 정도전이 가장 주목할 만한 정치가라고 평가한다.

왕권이냐 신권이냐

『삼봉집』은 정도전이 남긴 문집이다. 『삼봉집』이 처음 간행된 것은 우왕 말년으로 추정된다. 조선 개국 후 1397년에 개간됐고, 1465년에 증손자 문형에 의해 중간됐다가 1791년 정조가 규장각에 명하여 다시 편찬하게 했다.

『삼봉집』의 내용은 크게 시문과 「조선경국전」, 「경제문감」, 「경제문감별집」, 「불씨잡변」 등으로 이뤄져 있다. 사회과학적으로 이 가운데 특히 주목을 요하는 저작은 후자의 네 저작이다. 먼저, 「조선경국전」은 조선왕조 관제의 대강을 서술하여 조선의 통치이념과 조직의 종합적인 체계를 제시한 저작이다. '주례'周禮에서 재상 중심의 군력 체제와 과거제도, 병농일치적 군사제도의 정신을 가져오고, 한당漢唐의 제도에서 부병제,

군현제, 부세제, 서리제의 장점을 수용하고 있다.

한편 「경제문감」은 군신의 직능과 관리 선발 방법을 다룬 「조선경국전」의 한 부분인 치전治典의 내용을 보완한 것이며, 「경제문감별집」은 군주의 역할을 제시한 것이다. 마지막으로 「불씨잡변」은 불교의 교리를 비판하고 그 사회적 폐단을 고발한 저작이다.

한마디로 정도전의 정치적 기획은 거시와 미시, 제도와 의식을 결합하고자 한 일종의 종합적 정치 프로그램이었다. 최상용은 이를 이념적 기반으로서의 '주자학', 경제적 기반으로서의 '공전제', 권력적 기반으로서의 '재상제'로 정리한다.

이 가운데 특히 주목할 것은 재상제다. 「조선경국전」에서 정도전은 재상이 정치·경제·군사 등 모든 통치의 실권을 가져야 한다고 주장하고, 이어 「경제문감」에서는 중국과 우리 역사에서 재상제도의 변천을 살펴봄으로써 재상제의 타당성을 다시 한번 강조한다. 설령 군주가 현명하지 못하더라도 재상이 현명하면 정치가 잘 운영될 수 있다는 견해는 정도전이 얼마나 재상제를 옹호했는지를 잘 보여준다.

시대정신의 관점에서 정도전의 정치적 기획은 재상을 중심으로 권력과 직분이 분화된 합리적 관료 지배 체제를 기반으로 하되, 그 통치권이 백성들의 삶을 위해 기능해야 한다는 민본주의를 추구한 것이었다. 비록 성리학에 입각한 전통적 방식이었지만, 정도전은 백성들의 헤게모니 창출을 위한 토지제도를 포함한 일련의 제도개혁을 중시했으며, 이러한 제도개혁을 통해 부국강병을 실현하고자 했다.

어떻게 보면 정도전은 행운의 지식인 정치가라고 할 수도 있다. 구조적·역사적 조건의 이완이 진행되던 시기에 왕조 교체라는 혁명적인 전략적 선택을 추진했고 또 성공할 수 있었기 때문이다.

하지만 정도전의 재상제는 새로운 정치적 긴장을 내포하고 있었다. 한영우가 적절히 지적하듯이 정도전이 재상권 강화를 주장한 것은 현실적으로 자신이 정치적 실권을 가지려는 의도와 무관하지는 않았을 것이다. 하지만 성리학적 정치질서가 재상 중심 체제를 강조한 것 또한 엄연한 사실이다.

왕조의 정치를 군주 중심으로 할 것인가, 재상 중심으로 할 것인가는 왕권王權과 신권臣權 가운데 어느 것을 중시할 것인가의 전통사회 정치의 최대 문제 가운데 하나다. 조선 전기에 이 문제는 『경국대전』에서 다소 애매한 형태로 재상 중심 체제로 규범화됐지만, 이 이슈를 둘러싼 논쟁은 이후 조선시대 내내 되풀이됐다. 사회학적으로 전통사회에서 근대사회로의 변동은 그 권력의 원천이 왕king에서 국민people으로 이행되는 것을 특징으로 한다. 하지만 전통사회에서도 재상제를 둘러싼 논란에서 볼 수 있듯이 군주와 관료 사이의 경쟁은 대단히 치열했다.

정도전의 이러한 정치철학에는 자신의 비극적 결말이 배태돼 있었던 것으로 보인다. 왕권보다 신권을 중시한 그의 정치관은 왕권 세력에게는 불만일 수밖에 없었다. 더욱이 정도전은 사병 혁파를 주도함으로써 당시 사병을 보유하고 왕권을 대표하던 이방원과 맞설 수밖에 없었다. 고려를 지키고자 했던 정몽주 세력에 맞서 힘을 함께 모았던 이들은 다시 권력을 놓고 경쟁하지 않을 수 없게 됐으며, 이 와중에 정도전은 결국 패배의 쓴 잔을 마시게 됐다.

경복궁에서 생각하는 정치의 의미

정몽주와 정도전이 활동했던 주요 무대는 지금은 갈 수 없는 고려의 수도 개경이다. 조선을 개국한 이후 정도전은 여기 서울에도 적잖은 흔적을 남겨놓았다. 정도전은 한양으로의 천도를 주도하고 궁궐, 도성문, 그리고 방의 이름을 지었다. 서울을 대표하는 궁궐인 경복궁의 주요 전각의 이름을 지은 이도 정도전이었다.

설이 오기 전 지난 1월 말, 경복궁을 찾았다. 학교에서 택시를 타고 정부종합청사 앞에 내려 걸어가 광화문 앞에 섰다. 경복궁은 남북이 긴 장방형으로 배치된 궁궐이다. 남쪽의 정문은 광화문, 동문은 건춘문, 서문은 영추문, 북문은 신무문인데, 이 이름들은 사신四神을 상징한다. 고종 때 중건된 건물의 배치를 보면, 남북 일직선상에 광화문·홍례문·영제교·근정문·근정전·사정전·강녕전·교태전이 이어져 있었다.

외조공간(관청들의 배치공간)은 광화문과 근정문 사이에, 그리고 건춘문 안과 영추문 안에 배치돼 있었다. 여기에는 승정원·홍문관·예문관·상서원·사옹원·관상대·빈청·오위도총부·수직사·내의원·검서청 등이 있었다고 한다. 한편 정무공간(왕이 정치하는 공간)은 근정전과 사정전의 회랑 안에 놓여 있었다. 그리고 생활공간은 사정전 북쪽으로 침전공간인데, 여기에는 강녕전·교태전·연길당·경성전·연생전·함원전·인지당·자경전·만세전·흥목전·함화당·집경당 등이 있었다고 한다. 이 밖에도 경복궁 안에는 향원지를 포함한 휴식공간과 경회루를 포함한 외교공간 등이 있었다.

조선왕조를 대표하는 경복궁 안에서 대표적인 공간을 꼽으라면 왕이 정사를 보던 근정전勤政殿과 사정전思政殿을 들 수 있다. 초등학교 시절 처

경복궁 근정전의 모습(국보 223호). 임진왜란으로 모든 건물이 불탄 후 270여 년간 폐허 상태로 있다가 1865년 (고종 2년) 흥선 대원군에 의해 대대적인 재건공사가 이루어졌다.

음으로 경복궁을 방문했을 때 선생님이 우리를 가장 먼저 데리고 간 곳도 바로 근정전이었다. 국보 223호인 근정전의 이름을 지은 이는 정도전이다. 『삼봉집』을 보면 이에 대한 이야기가 나온다.

천하의 일이 부지런하면 다스려지고, 게으르면 황폐되는 것은 필연의 이치인 것입니다. 작은 일도 오히려 그러하거늘 하물며 정사의 큰 것이겠습니까. (……) 선유先儒가 말하기를 '아침에는 정사를 처리하고, 낮에는 어진 이를 방문하고, 저녁에는 조령朝令을 만들고, 밤에는 몸을 편히 쉰다'고 말했는데 이것이 인군의 부지런한 것입니다.

국왕의 부지런함을 강조함으로써 정도전은 새로운 나라를 통치하는 군주의 역할을 계몽하고자 했다. 근정전과 사정전은 임진왜란으로 불타기 전까지 세종을 포함한 왕들이 정사를 논하던 곳이다. 이들뿐만이 아니다. 황희와 맹사성, 신숙주와 한명회, 이황과 이이 등이 바로 여기서 나라의 안위를 걱정하고 새로운 방향을 모색했다. 어디 그뿐인가. 고종 시대 대원군과 명성왕후가 권력투쟁을 벌인 곳도, 그 명성왕후가 일본인에 의해 시해된 곳도, 개화파 김옥균과 양명학자 이건창이 품었던 희망과 그 좌절이 함께했던 곳도 바로 경복궁이었다.

근정전 앞뜰에서 조선시대를 돌아보고, 그 흥망성쇠를 반추하고, 무엇보다 구조적 강제와 경로의존성 아래 과감한 전략적 선택을 추구했던 정도전의 일생을 곰곰이 생각해봤다. 새로운 시대의 문은 저절로 열리지 않는다. 구조적 조건과 경로의존성을 지혜롭게 헤아리고 최선의 전략적 선택을 모색해야 한다. 그리고 그 선택의 중심에는 전통사회든 현대사회든 백성 또는 국민 다수의 물질적·정신적 생활을 향상시키는 것이 놓여 있어야 함은 당연한 이치다. 지식인 정치가 정도전이 주는 메시지는 바로 이것이었으리라.

서울에 남긴 정도전의 흔적이 경복궁에만 있는 것은 아니다. 여의도에서 발표가 있어 건춘문 앞에서 다시 택시를 탔다. 서대문 사거리를 가로질러 아현동과 공덕동을 지나니 가까이 마포대교가 보였다. 이승에서의 마지막 해인 1398년 정도전이 남긴 '신도팔경시'新都八景詩의 하나인 「서강에 몰려 있는 배들」西江漕舶이 떠올랐다.

사방의 배들 서강에 모여들어
일만 섬 곡식 용트림하듯 풀어놓네
창고에 가득한 저 곡식 보소
먹거리 넉넉해야 바른 정치라네

정치란 무엇인가. 사전적 의미는 나라를 다스리는 일이다. 나라를 다스린다는 것은 무엇인가. 백성들의 생활을 풍요롭게 하는 일이다. 정치의 답은 너무나도 분명한데, 조선왕조가 끝난 지 100년이 가까워오건만 우리 사회는 여전히 이 답을 제대로 구현하고 있지 못하다. 우리 역사는 정도전이 꿈꿨던 시대로부터 얼마나 멀리 와 있는가. 추위가 절정에 달한 한겨울, 뒤로는 흐릿한 삼각산을, 앞으로는 얼음 조각들이 떠다니는 한강수를 바라보면서 정치란 무엇인가의 의미를 나는 묻고 또 묻지 않을 수 없었다.

제4장

이황과 이이

시대정신과
지식인의 역할

이황 1501년 경북 안동에서 태어나 1570년 사망했다. 조선시대를 대표하는 유학자이자 영남학파의 종장이다. 성리학에 대한 완전한 이해를 통해 우리 유학의 새로운 장을 열었으며, 일본에도 큰 영향을 미쳤다. 주요 저작으로 『성학십도』, 『자성록』이 있다.

이이 1536년 강원도 강릉에서 태어나 1584년 사망했다. 이황과 더불어 조선시대를 대표하는 유학자다. 기호학파의 종장인 그는 조선 주자학을 확립했으며, 십만양병설 등 부국강병의 사회개혁안을 제시했다. 주요 저작으로 『성학집요』, 『격몽요결』이 있다.

조선시대를 대표하는 지식인들을 꼽으라면 누구를 떠올릴 수 있을까.
조선 전기에는 이황과 이이, 조선 후기에는 박지원과 정약용을 지목할 수 있지 않을까.
특히 이황과 이이는 우리 일상에 깊숙이 들어와 있는 지식인들이다.
퇴계로와 율곡로, 천원권과 오천원권 등에서 볼 수 있듯이
두 사람은 여전히 가장 존경받는 지식인의 모범이자 상징이었다.
이 장에서는 이 두 사람의 삶과 사상을 살펴보고자 한다.

지식인과 선비정신

이황과 이이의 시대정신을 돌아보기에 앞서 널리 알려진 이육사의 「절정」으로 이야기를 시작해보고 싶다.

> 매운 계절의 채찍에 갈겨 / 마침내 북방으로 휩쓸려 오다
> 하늘도 그만 지쳐 끝난 고원 / 서릿발 칼날진 그 위에 서다
> 어디다 무릎을 꿇어야 하나? / 한 발 재겨 디딜 곳조차 없다
> 이러매 눈 감아 생각해 볼밖에 / 겨울은 강철로 된 무지갠가 보다.

식민지 시대를 대표하는 저항시인 중 한 사람인 이육사는 독립운동가이기도 했다. 바로 이 시에는 일제에 맞서 독립운동에 헌신했던 이육사의 정신이 오롯이 담겨 있다. '서릿발 칼날진 위에 서서' 결코 굴복할 수 없는 정신의 고고한 세계를 그는 '강철로 된 무지개'로 표현했다.

내가 주목하려는 것은 바로 이 고고한 세계의 연원으로서의 선비정신이다. 이육사는 퇴계 이황의 14대손이다. 근대식 교육을 받았지만 동시에 전통적 한학을 수학하기도 했다. 「절정」에 담긴 정신의 세계는 근대인의 세계라기보다는 지조와 절개를 중시하는 전통인의 세계, 다름 아닌 선비정신에 잇닿아 있다.

서구사회와 비교해 우리 지식인의 대표적인 특성으로 선비정신을 꼽을 수 있다. 국어사전을 보면, 선비란 학문을 닦는 사람을 예스럽게 이르

는 말이다. 하지만 선비라는 말에 담긴 의미는 이보다 훨씬 포괄적이다. 다시 사전을 보면, 선비란 학식이 있고 행동과 예절이 바르며 의리와 원칙을 지키고 관직과 재물을 탐내지 않는 고결한 인품을 지닌 사람을 가리키는 말이다. 여기서 주목할 것은 대의라는 가치를 지향하고 탈물질주의적 생활을 추구하는 게 선비정신의 중핵을 이룬다는 점이다.

사회학자 막스 베버는 중국의 종교를 분석한 『유교와 도교』에서 우리나라의 선비 집단과 유사한 문사계급Literati을 주목한 바 있다. 문사계급은 유교사상으로부터 절대적 영향을 받은 귀족적 지식인 계층이다. 그가 주목한 것은 문사계급이 갖고 있던 '군자불기'君子不器라는 유교의 군자이념이다. 군자불기에 담긴 의미는 고귀한 인간이란 자기목적적이지 도구처럼 하나의 특수화된 사용수단에 불과한 게 아니라는 데 있다.

이러한 유교의 군자이념은 자기완성의 윤리적 이상이라는 점에서 서구사회의 몰가치적 직업사상과는 근본적으로 대립하고, 결과적으로 직업에 필요한 전문적 권한의 함양을 방해하는 동시에 저지시킨다는 게 베버의 견해다. 이러한 주장은 바로 중국에는 왜 자본주의가 발달하지 않았는가에 대한 베버 논리의 핵심을 이뤘다.

현재의 관점에서 한 세기 전에 제시된 베버의 이러한 주장은 절반은 맞고 절반은 틀린 듯하다. 한편에서 문사계급의 군자이념은 근대 자본주의에 요구되는 직업정신과 상충했지만, 다른 한편에서 군자이념에 내재된 교육에 대한 강조는 한국·일본·중국 등 동아시아의 산업화에 큰 영향을 줬다. 그뿐만 아니라 문사계급의 유교사상과 정확히 짝하는 선비정신은 여전히 우리 사회에, 특히 지식사회에 결코 작지 않은 영향을 미치고 있다.

선비정신의 기원과 발전

우리 역사에서 이러한 선비정신의 기원은 멀리 통일신라시대 최치원과 같은 유학자에게까지 거슬러 올라간다. 하지만 통상적으로 선비정신의 출발은 고려 말로 소급된다. 당시 성리학이 도입되면서 본격적인 유학자 그룹이 등장했으며, 이들에 의해 선비정신이 자연스럽게 부각됐다. 특히 고려에 대한 지조와 절개를 지킨 정몽주와 길재의 학문을 이으려는 조선시대 사림파는 선비정신을 유독 강조했다.

이런 점에서 선비정신이라 하면 흔히 사림파 지식인들을 떠올리게 된다. 평소에는 자기 수양과 학문 연구에 전념하지만, 때가 되면 과거시험을 통해 관리가 되어 군주를 섬기고 백성을 돌보려고 했던 이들이 다름 아닌 선비들이다. 이러한 선비정신을 구현한 관리를 지칭하는 데 쓰인 말이 바로 청백리淸白吏다. 청백리는 청렴·근검·도덕·경효·인의 등의 덕목과 관리 수행능력을 두루 갖춘 이상적 관료상이었다. 의정부에서 뽑은 이 청백리는 조선시대에 217명이 배출됐는데 황희, 맹사성, 이원익, 이항복, 김장생 등은 대표적인 청백리로 알려져 있다.

이황과 이이는 바로 이러한 조선시대 선비를 대표하는, 우리 역사와 사회에 지대한 영향을 미친 학자이자 지식인들이다. 두 사람은 자신에게 엄격하고 대의를 추구한 근엄한 유학자들인 동시에 어릴 적부터 역사책에서 빈번히 만나온 더없이 친숙한 지식인들이기도 하다.

여기서 이황과 이이의 삶과 사상을 제대로 다루기는 어렵다. 두 사람이 조선 중기 이후 우리 유학사상의 양대 산맥을 이뤄온 영남학파와 기호학파의 종장宗匠이었던 만큼, 그동안 결코 적지 않은 연구들이 이뤄져왔기 때문이다. 한마디로 이황과 이이는 전통사회에서 활동했던 학자이자 지식인의 모범이었다(누구는 영남학파의 또 하나의 거목으로 남명 조식을 꼽을지도 모르겠다. 조식 또한 주목받아야 할 지식인임에는 분명하지만, 그의 학통을 계승한 북인이 인조반정 이후 몰락하면서 영향력은 크게 감소한 것으로 보인다).

이황, 유학자의 모범

이황李滉은 1501년(연산군 7년) 경상북도 안동에서 태어났다. 자는 경호景浩이고 호는 퇴계退溪다. 아버지는 식이며, 어머니는 박씨 부인이다. 12세에 작은아버지인 우로부터 『논어』를 배웠고, 학업을 연마해 28세에 진사시에 합격했으며, 34세에 문과에 급제했다. 승문원부정자로 관리생활을 시작한 그는 이후 출사를 거듭했지만, 50세 전후부터는 학문에 전념했다.

퇴계의 학문적 연구는 주로 고향에서 이뤄졌다. 그는 46세에 낙동강 상류에 위치한 토계兎溪를 퇴계로 이름을 바꾸고 이를 자신의 호로 삼았다. 물러나겠다는 의미가 담긴 이 호에는 학문에 대한 그의 강력한 의지가 담긴 셈이다. 60세에 이황은 도산서당을 지어 여기서 독서와 저술에 전념했으며, 또 많은 제자들을 가르쳤다. 당대에 이미 이황은 조선사회를 대표하는 학자로 칭송받았으며, 숱한 업적을 남긴 다음 1570년(선조 3년)에 세상을 떠났다.

여러 기록을 살펴볼 때 이황은 매우 진지한 학자였으며, 대단히 인간적인 지식인이었다. 이황은 수기치인修己治人과 외유내강外柔內剛 지식인의 전형이었다. 자신을 닦은 후에야 남을 다스린, 자신에게는 아주 엄격했지만 타인에게는 더없이 너그러웠던 이가 이황이었다.

시대정신의 관점에서 볼 때 이황의 기여는 성리학에 대한 깊은 이해를 성취하고 이를 조선왕조의 통치이념으로 완성했다는 데 있다. 이황의 사상에 대한 연구는 그동안 철학자와 역사학자들에 의해 적잖이 이뤄졌다. 무엇보다 이황은 우리 역사에서 주자 성리학을 제대로 이해하고 심층적으로 해석한 최고의 학자로 꼽혀왔다.

역사학자 정옥자에 따르면, 성리학의 철학적 기초는 우주론적 이기론理氣論에 있다('퇴계 이황', 『시대가 선비를 부른다』, 효형출판). 이는 음양동정陰陽動靜하는 작용인 기氣와 그 작용의 원리인 이理에 의해 이 세계의 현상들을 설명하려는 이론이다.

세계의 본질이 이에 있는가, 아니면 기에 있는가는 당시 유학자들에게 매우 중요한 문제였으며, 이러한 철학적 사유는 현실정치와 정책의 선택에도 큰 영향을 미쳤다. 조선시대 유학의 역사에서 이황과 이이가 가장 큰 주목을 받아온 이유도 바로 여기에 있다. 두 사람은 성리학의 철학적 기초에 서로 다른 견해를 제시했으며, 이는 영남학파와 기호학파의 사상적 기반을 이뤘다.

이황의 견해는 이와 기가 동일한 비중으로 상호작용한다는 이기호발설理氣互發設의 시각이다. 정옥자에 따르면, 이황 철학의 핵심은 이의 능동성을 인정하는 데 있는데, 이황 이후 영남학파에서 주리론主理論을 제시하고 구체적인 현실문제의 해결보다는 이론적 원칙의 탐구에 주력한 이유도 여기에 있다는 것이다.

이와 연관해 흥미로운 것이 바로 이황이 고봉 기대승과 벌인 사단칠정 논쟁이다. 성리학에서 사단四端이란 맹자가 실천도덕의 기본으로 제시한

측은지심·수오지심·사양지심·시비지심을 말하며, 칠정七情이란『예기』
禮記와『중용』에 나오는 희·노·애·구·애·오·욕을 말한다.

이황에 따르면, 사단이 '이'에서 나오는 마음이라면, 칠정은 '기'에서
나오는 마음이다. 그는 인간 마음의 작용을 이의 발동으로 생기는 것과
기의 발동으로 생기는 것의 두 가지로 구분했다. 이에 대해 기대승은 이
와 기는 관념적으로 구분할 수 있지만 구체적인 마음의 작용에서는 구분
할 수 없다는 견해를 피력함으로써 이의를 제기했다.

이들의 논쟁을 상세히 검토하는 것은 내 능력 밖의 일이다. 다만 내가
주목하고 싶은 것은 두 사람 사이에 오간 편지들이 당시 지식사회에 큰 반
향을 불러일으켰다는 점이다. 요즘 식으로 말하면, 논쟁다운 논쟁이 제대
로 벌어지고 이에 지식사회가 호응함으로써 학문적 공론장이 활성화됐다
고 볼 수 있다.

성리학의 완전한 이해

국면사적 시각에서 조선사회는 개국 이후 세종에서 성종 때까지 안정기
를 누린 다음 연산군 이후 침체기에 들어갔다. 이후의 과정은 일련의 사
화士禍에서 볼 수 있듯이 격렬한 권력투쟁으로 점철됐다. 이러한 침체기
를 벗어나기 위해서는 새로운 국가 비전이 제시돼야 했는데, 이 역사적
과제를 담당했던 이가 다름 아닌 정암 조광조였다. 하지만 패기만만했던
조광조의 정치적 기획은 훈구파에 의해 이내 좌절됐고, 권력투쟁은 기묘
사화와 을사사화에서 볼 수 있듯이 더욱 어지러운 양상을 보였다. 이황의

학문 연구가 진행되던 시대 상황은 바로 이러했다.

옛 성현도 나를 보지 못하고 나도 또한 옛 성현을 뵙지 못했네
옛 성현을 뵙지 못해도 그분들이 가던 길이 앞에 놓여 있네
가던 길이 앞에 있는데 나 또한 아니 가고 어떻게 하겠는가

이황이 말년에 쓴 시가인 '도산십이곡' 가운데 하나다. 그는 학문에
전념하면서도 종종 시를 쓰기도 했다. '도산십이곡'은 앞의 6곡인 언지言
志와 뒤의 6곡인 언학言學으로 이뤄져 있는데, 언학의 하나인 이 작품에
는 학문에 대한 이황의 태도가 잘 드러나 있다. 어느 시대, 어느 사회건
지식인의 본령은 진리 탐구에 있으며, 이러한 진리 탐구에서 일차적으로
요구되는 것은 선행사상에 대한 심층적인 이해와 체계적인 비판이라 할
수 있다.

시대적 상황이 혼돈스러울 때 지식인은 어떤 선택을 해야 하는가. 두
가지 방법이 가능하다. 하나는 적극적 참여를 통해 그 상황을 변화시키는
것이며, 다른 하나는 그 상황에서 물러나 학문적 연구에 전념하는 것이
다. 이러한 지식인의 선택은 주체의 의지에 따라 이뤄지기도 하지만, 많
은 경우 자신이 놓인 구조적 조건과의 상호관계 속에서 결정된다. 천성적
으로 학문하기를 좋아하기도 했으나 이황이 놓인 시대적 상황은 정치보
다는 학문을 선택할 수밖에 없는 구조적 조건이 강하게 작동하고 있었다.

우리 역사에서 고려 말기에 수입된 성리학은 적어도 이황 시대까지 그
온전한 이해가 이뤄졌다고 보기 어렵다. 이황이 가졌던 문제의식은 일차
적으로 성리학에 대한 깊이 있는 이해와 이를 기반으로 한 왕도정치의 구

현에 있었다. 여기에는 사림파에 큰 영향을 드리운 조광조의 좌절로부터 얻은 교훈도 작용한 것으로 보인다. 올바른 통치를 위해 먼저 올바른 학문을 세우고 이 학문을 이어갈 후학을 양성하는 것이 이황에게 부여된 시대적 소명이었으며, 이황은 이를 탁월하게 수행했다.

이황이 남긴 저작들은 『퇴계전서』에 집약돼 있다. 이 가운데 내가 특히 주목하고 싶은 저작은 『성학십도』聖學十圖다. 이황은 그의 나이 68세가 되던 해 17세의 어린 나이로 즉위한 선조에게 군주에게 요구되는 학문의 핵심을 10개의 도표로 정리한 책을 올렸는데, 이것이 바로 『성학십도』다. 이 책은 서론격인 '진성학십도차'와 '태극도'·'서명도'·'소학도'·'대학도'·'백록동규도'·'심통성정도'·'인설도'·'심학도'·'경재잠도'·'숙흥야매잠도' 등 10개의 도표로 구성돼 있다.

이 가운데 7개는 앞선 학자들이 만든 것을 고른 것이지만, 소학도·백록동규도·숙흥야매잠도의 3개 도표는 이황이 직접 만든 것이다. 더불어 주목할 것은 심통성정도인데, 여기서 이황은 사단칠정과 이기론을 다루고 있다. 『성학십도』가 갖는 의의는 성리학에 대한 이황의 이해가 대단히 깊었다는 데 있다. 한국철학을 전공하지 않은 내게 그 평가는 조심스러울 수밖에 없지만, 『성학십도』를 통해 조선의 주자학은 중국의 주자학과 비로소 어깨를 나란히 할 수 있었던 것으로 보인다.

물러나 학문에 전념했다고 해서 이황이 현실문제에 관심이 없었던 것은 아니었다. 『성학십도』를 선조에게 올린 바로 그해에 이황은 「무진육조소」 역시 상서했다. 이 소에서 이황은 성학을 돈독히 존숭하여 그것을 바탕으로 정치의 근본을 정립하고, 인군 스스로가 모범적으로 도술을 밝힘으로써 인심을 광정하게 할 것을 강조했다. 성리학을 기반으로 하여 유교적 이상사회를 구현하려는 이황의 학문적·정치적 소망을 엿볼 수 있게 하는 글이다.

이황의 학문은 그의 제자 서애 류성룡, 학봉 김성일, 한강 정구 등에게 계승되어 영남학파를 이뤘다. 이들과 이들의 후예들은 정치적으로 남인 세력을 형성했는데, 이러한 학통은 조선 후기까지 이어졌다. 이뿐만 아니라 임진왜란 이후 이황의 문집은 일본에 소개되어 도쿠가와 시대 이후 일본 유학사상의 발전에 결코 작지 않은 영향을 끼쳤다.

이황의 삶과 사상에서 마지막으로 적고 싶은 것은 이이와의 만남이다. 기록에 따르면, 23세가 되던 해 이이는 도산을 찾았다. 그때 이황은 58세였다. 이이는 이황 곁에서 이틀 동안 머무르며 배움을 구했다. 두 사람이 나눴던 문답은 매우 인상적이었던 것으로 보인다. 나중에 이황이 한 지인에게 보낸 편지에서 "후생가외後生可畏라고 하더니 선성先聖이 참으로 나를 속이지 않는다"고 언급했다는 사실이 이를 뒷받침한다. 아직 이이가 학문적 두각을 나타내기 전이었지만, 대단히 이채로운 만남이었던 것만은 분명하다.

이이 또한 이황에 대한 평가를 하지 않은 것은 아니었다. 이황이 세상을 떠나자 이이는 자신의 『석담일기』에서 다음과 같이 평가한 바 있다. "유가의 종주로서 조광조 뒤로는 그에 비할 사람이 없었다. 이황의 재주와 국량은 조광조를 따르지 못하나, 의리를 깊이 연구하여 지극히 정미한 점에서는 조광조가 그를 따르지 못할 것" 이라고 이황에 대한 깊은 존경심을 드러냈다.

이이, 경세가의 모범

조선시대를 대표하는 지식인 정치가를 꼽으라면 나는 정도전과 함께 이이를 제일 먼저 떠올린다. 그 이유는 바로 지식인 정치가라는 말에 담겨 있다. 지식 영역과 정치 영역에서 모두 이이는 주목할 만한 성취를 이뤘다. 정치 참여에서 이이의 태도는 이황보다 적극적이었으며, 진리 탐구에서도 이황에 필적할 만한 업적을 일궜기 때문이다. 사상과 정책을 동시에 아우른, 지식인 정치가라는 말에 가장 잘 어울리는 경세가의 모범이 다름 아닌 이이였다.

이이李珥는 1536년(중종 31년) 강원도 강릉에서 태어났다. 자는 숙헌叔獻이고 호는 율곡栗谷, 석담石潭이다. 아버지는 원수이며, 어머니는 사임당 신씨다. 이이는 조선시대를 대표하던 천재 중 천재였다. 어릴 적부터 어머니에게서 학문을 배웠고, 8세 때에는 파주 율곡리에 있는 화석정에 올라가 시를 지었다. 13세에 진사시에 합격했으며, 23세에 유명한 '천도책'을 지어 장원 급제했다. 이이는 이후 아홉 차례 과거에서 모두 장원을 차지해 '구도장원공'이라고 불릴 정도로 자신의 천재성을 유감없이 발휘했다.

이이의 삶에서 주목할 이력은 19세에 금강산에 들어가 불교를 공부하고 이듬해 하산했다는 사실이다. 이후 그는 다시 유학에 전념했지만 한때 불가에 입문했다는 이 사실은 그의 사상에 불교가 어느 정도 영향을 미쳤음을 생각하게 한다. 또한 이 이력은 이이를 종장으로 하는 서인 세력에게는 정치적 부담을 지속적으로 안겨주기도 했다. 이이가 출가를 한 이유는 어머니 신사임당의 죽음이 준 충격에 있었다. 유교사회였던 조선시대의 관점에서는 논란의 여지가 있었겠지만, 현재의 관점에서 볼 때 이이의 출가는 그의 인간적 모습을 엿볼 수 있게 하는 사건이기도 하다.

29세에 호조좌랑으로 관직에 나간 이후 이이는 출사를 거듭했다. 이황과 비교해 이이의 정치 참여는 앞서 말했듯이 상대적으로 적극적이었다. 이는 정치 참여에 대한 두 사람의 생각의 차이에서 비롯된 것이었지만, 두 사람 사이에 존재하는 시대적 조건의 변화 또한 중요했다. 이이가 정치에 참여한 시기는 을사사화 이후 사림파가 지식 영역은 물론 정치 영역에서 헤게모니를 장악한 때였으며, 그만큼 이이는 적극적으로 정치에 개입할 수 있었다.

시대정신이 함의하는 바가 자기 시대가 요구하는 새로운 정신과 해법의 탐구에 있다면, 이이는 자기 시대의 문제를 정확히 이해하고 그에 요구되는 개혁을 치열하게 모색했다. 이이는 자신이 살고 있던 16세기 후반 조선사회를 중쇠기中衰期로 진단하고 일대 경장更張이 필요한 시기로 판단했다. 창업과 수성守成을 지나 조선은 이제 새로운 개혁을 요구하고 있다는 것이다.

이이의 정치적 기획은 어느 한 분야에만 치중된 게 아니라 국방·경제·문화 등 사회 전반에 걸쳐 있었는데, 특히 그는 민생을 중시하고 폐법 개혁을 강조했다. 그가 남긴 『동호문답』, 『만언봉사』, 『성학집요』聖學輯要 등은 바로 이런 일련의 종합적 개혁안, 다시 말해 시대정신을 제시한 것이었다.

한편으로는 성리학 연구를, 다른 한편으로는 정치 참여를 모색했던 이이는 지천명知天命에 이르기 직전 49세였던 1584년(선조 17년)에 세상을 떠났다. 학문적 영향력이 이황 못지않게 컸던 이이의 사상과 정치에 대해서는 그동안 철학과 역사학에서 주목할 만한 연구들이 이뤄져왔다. 또한 조선시대를 대표한 천재였던 만큼 이이의 삶에 관한 흥미로운 일화들도 결코 적지 않게 전해져왔다.

정치사회학적 관점에서 이이는 조선시대 지식인 정치 참여의 한 전형을 보여준다. 국문학자 심경호가 펴낸 『간찰: 선비의 마음을 읽다』를 보면 이이가 친구인 구봉 송익필에게 보낸 간찰이 나온다. 현실 참여의 의지를 밝힌 이 편지는 이이가 가졌던 생각의 일단을 잘 보여준다. 그 내용의 일부를 인용하면 아래와 같다.

> 서한에서 말씀하시길, 유학자의 사업은 정녕 이래야 한다고 하셨는데, 어찌 감히 마음에 깊이 새기기 않겠습니까? 다만 사업의 도리는 천차만별이라고 하겠습니다. (……) 지금은 억만 백성이 물 새는 배에 타고 있으므로 그것을 구할 책임이 우리들에게 있습니다. 그래서 저는 차마 벼슬을 버리고 떠나지 못하는 것입니다.

이이가 이 편지를 쓴 것은 그의 나이 46세에 대사간직을 수행할 때였다. 이 편지에서 이이는 지식인의 정치 참여 방식을 세 가지로 나눴다. 어떤 이는 하늘이 낸 백성으로 자처해 반드시 유가의 이상적인 문화와 도리가 크게 행해지는 것으로 보고서야 세상에 나와 벼슬길에 들었고, 또 어떤 이는 세상의 도리를 서서히 구원하되 군주가 알아들을 수 있는 것부터 차근차근 깨우쳐나갔으며, 마지막으로 어떤 이는 하·은·주 세 왕조의 이상정치를 거론하며 그것대로 실행하라고 청하다가, 그 말이 수용되지 않으면 곧바로 떠났다는 것이다.

대동사회에의 꿈

이이가 선택한 것은 두 번째 길이었다. 출사하여 한편으로 개혁의 정책적 청사진을 잇달아 제시하고, 다른 한편으로 서서히 균열의 기미를 보인 동서 분당을 막으려는 정치적 노력을 기울였다. 자기 사회를 실천적으로 개혁하고자 했다는 점에서 이이는 조광조와 유사한 노선을 걸었다. 하지만 이이는 조광조의 급진적 개혁과는 달리 상대적으로 온건한 방법론을 선택했다. 비록 좌절되기는 했지만 통합을 중시하면서도 개혁을 추진한 이이의 정치적 실천은 현재의 시점에서도 주목할 만한 의미를 갖고 있다.

이이는 열정적인 정치가인 동시에 뛰어난 성리학자이기도 했다. 정옥자에 따르면, 이이의 이기론理氣論은 기발이승일도설氣發理乘一途設이다('율곡 이이', 『시대가 선비를 부른다』, 효형출판). 이 이론은 음양동정하는 작용인 기가 발하면 그 작용원리인 이는 거기에 탈 뿐이라는 이기일원론理氣一元論이다. 이이는 이와 기가 떨어질 수 없다고 보고 기의 능동성을 강조했다. 이러한 인식론은 이후 주기론主氣論으로 체계화됐으며, 이황을 따르는 영남학파와 비교해 이이를 따르는 기호학파가 현실정치에 더 적극적으로 참여할 수 있는 사상적 기반이 됐다는 것이다.

주자의 성리학을 심층적으로 이해한 이가 이황이라면, 이러한 연구를 기반으로 조선 특유의 성리학을 주체적으로 확립한 이는 이이다. 또한 이이는 유학의 양대 주요 저서인 『소학』과 『대학』에 대응하여 『격몽요결』과 『성학집요』를 펴냄으로써 유학의 토착화를 이뤄냈다는 평가 역시 받고 있다.

이이가 남긴 저작들은 『율곡전서』에 집약돼 있다. 그 가운데 내가 특히 주목하고 싶은 저작은 『성학집요』다. 그의 나이 40세에 집필된 이 책은 군주의 학문에 요점이 되고 도학의 정수가 될 만한 내용을 유교 경전에서 뽑아 엮은 것이다.

사회학 연구자인 내가 『성학집요』를 주목하는 이유는 이이가 제시한 대동사회大同社會에 있다. 『성학집요』의 '위정공효'爲政功效 부분에서 이이는 『예기』의 한 구절을 인용한다. "늙은이는 종신할 곳이 있고, 젊은이는 쓰일 곳이 있으며, 어린이는 자랄 곳이 있고, 홀아비와 과부, 고아와 자식이 없는 사람, 병든 자와 불구자도 모두 부양될 곳이 있다. (……) 이것을 일러 대동이라고 한다."

이이의 대동사회론에 담긴 의미는 경장의 시대에 요구되는 최선의 가치를 민생개혁과 사회통합에서 찾았다는 데 있다. 대동사회론이 이이의 독창적 사유는 아니다. 앞서 지적했듯이 이이는 이 말을 『예기』에서 빌려온다. 대동사회론은 중국 역대 제왕들의 이상적 정치 모델이었는데, 근대 중국의 쑨원孫文, 마오쩌둥毛澤東, 장제스蔣介石 모두 대동사회를 강조한 바 있다.

내가 이이의 대동사회론을 주목하는 이유는 그 현재성에 있다. 앞서 인용한 구절은 현재 우리 사회의 최대 현안인 민생개혁을 돌아보게 할 뿐만 아니라 새로운 시대정신으로 부상한 복지국가론을 떠올리게 한다. 정치의 본령이 국민 다수의 물질적·정신적 삶의 향상에 있음은 두말할 필요가 없는 이치다.

개인적으로 나는 역사의 본질이 반복과 변화에 있다고 생각한다. 반복하되 변화가 이뤄지는 나선형의 발전이 역사의 실체를 구성한다. 이 점에서 나는 역사의 반복성을 강조하는 순환론적 역사관이나 역사의 비약을 강조하는 단절론적 역사관에 모두 동의하지 않는다. 대동사회론에 담긴 의의는 이러한 역사의 순환과 단절을 넘어선 정치의 본질에 대한 보편적 메시지에 있다. 국가와 권력은 무엇을 위해 존재하는가. 그것은 무엇보다 국민을 위해 존재해야 한다는 정치철학이 대동사회론에 담겨 있으며, 바로 여기에 이이 사상의 현재적 의미가 있다.

개혁에 대한 간절한 열망을 이루지 못한 채 이이가 이승을 떠난 후 붕당정치가 더욱 강화됐고, 그 와중에 임진왜란이 일어났다. 임진왜란에서 병자호란에 이르는 일련의 시기는 조선왕조가 직면한 첫 번째 구조적 위기였다. 돌아보면 이이의 시대인식은 더없이 날카로웠고, 비록 좌절됐다 하더라도 그의 대안 제시 역시 근본적이면서도 현실적이었다. 그는 정도전 이후 조선시대 최고의 지식인 정치가라고 부를 수 있을 것이다.

이이의 학문은 기호학파로 계승됐다. 사계 김장생, 신독재 김집, 우암 송시열, 동춘당 송준길 등으로 대표되는 기호학파는 서인 세력의 중추를 이뤘으며, 인조반정 이후 조선 후기까지 정치를 주도했다. 이이의 영향이 물론 서인 세력에게만 국한된 것은 아니었다. 학문의 현실성을 강조한 그의 실학정신은 반계 유형원과 성호 이익 등의 실학파에게도 중요한 통찰을 제공했다.

지식인의 정치 참여

이황과 이이는 조선시대 선비정신의 표본이었다. 이황이 무게중심을 학문에 둔 반면 이이는 학문과 정치를 병행했지만, 두 사람 모두 자아의 윤리적 완성을 치열하게 모색한 동시에 시대적 대의를 일관되게 추구했다. 이황과 이이가 활동했던 시기가 500년 전이었음에도 두 사람은 우리 학문의 역사에서 가장 탁월했던 지식인들로 손꼽을 수 있을 것이다.

이황과 이이의 삶과 사상을 돌아보면서 새삼 내가 주목한 것의 하나는 지식인의 정치 참여 문제다. 우리 역사에서 지식인의 정치 참여가 새로운 것은 아니다. 앞서 살펴봤듯이 조선사회에서 정치가와 지식인은 별개의 존재가 아니었다. 출사라는 말에서 볼 수 있듯이 지식인의 정치 참여는 오히려 당연한 것으로 받아들여졌다. 일부 지식인이 현실정치에 참여하는 '관료적 지식인'과 거리를 두기 시작한 것은 대체로 조선 중기 당쟁이 격화된 이후였으며, 이들은 사림에 기반을 두고 학문에 정진하면서 '재야적 지식인'의 한국적 전형을 이뤘다.

관료적 지식인과 재야적 지식인의 이러한 대립구도는 해방 이후 근대화 과정에서도 그대로 유지됐다. 특히 권위주의 정권 아래에서 권력에 직접 저항하지 않더라도 타협하지 않는 것은 지식인이 가져야 할 최소한의 윤리적 조건으로 암암리에 강조됐다. 물론 당시에도 관료의 길을 선택한 지식인들이 없지는 않았지만, 권력에 진입하는 순간 지식인으로서의 이들에 대한 시선은 결코 곱지 않았다. 결코 불의와 타협하지 않으려는 선비정신이 지식사회와 시민사회에 모두 중대한 영향을 미쳤기 때문이다.

지식인의 정치 참여를 둘러싼 온당한 토론은 민주화시대의 개막과 함께 시작됐다. 여기서 온당하다는 것은 김영삼 정부 이후 등장한 정부들이 민주정부라는 점에서 지식인의 정치 참여가 도덕적 판단의 문제를 넘어선다는 것을 뜻한다.

오늘날 그 유형을 나눠보면 지식인 집단은 크게 '보편적 지식인'과

'특수적 지식인'으로 구분할 수 있다. 이 가운데 진리 탐구와 권력 비판에 주력하는 보편적 지식인은 정치 참여가 자신의 학문적 활동을 제한할 수 있다는 점을 유의할 필요가 있다. 왜냐하면 권력 비판은 무엇보다 권력의 외부에서 그 권력과 일정한 거리를 유지할 때에만 자유롭게 이뤄질 수 있기 때문이다. 과거 권위주의 시대에 일부 보편적 지식인이 정권을 합리화하는 담론 생산의 주체가 된 것은 권력의 시녀로 전락한 지식인의 초라한 초상을 단적으로 보여준다.

하지만 특수적 지식인의 경우는 이와 다르다. 이들의 정치 참여는 자신들의 연구가 정책과 밀접히 연관돼 있다는 점에서 정책 개발과 추진에 나름대로 기여할 수 있다. 물론 그동안 특수적 지식인들의 제언과 참여가 과연 정책에 얼마나 적용되고 현실을 변화시켰는가에 대해서는 다양한 평가들이 있을 수 있지만, 참여 자체를 부정하거나 불온시하는 것은 지식인의 사회적 의무를 방기하는 것으로 볼 수 있다. 오히려 중요한 것은 정책을 개발하고 추진하는 데 지식사회와 정치사회 간의 생산적 상호협력과 견제 체계를 어떻게 구축할 것인가에 놓여 있다.

이런 맥락에서 지식인의 정치 참여를 일방적으로 평가하는 것은 그리 온당한 게 아니다. 과거와 달리 지식사회도 이제 다른 분야와 마찬가지로 고도로 분화돼 있으며, 지식인의 역할과 기능 또한 다양하다는 점을 주목해야 한다. 오늘날 아카데미즘과 앙가주망(참여)의 고전적인 상호독립성은 그 의의를 완전히 상실한 게 아니지만 그것은 역사적·현실적 상황이라는 시대적 콘텍스트 속에서 달리 해석될 수 있다. 더욱이 지식인의 유형에 따라 현실 참여는 긍정적인 것으로 볼 수 있기도 하다.

이러한 지식인의 현실 참여 문제에서 이황과 이이는 시대를 초월한 함

경기도 파주시 파평면 율곡리에 있는 화석정(경기도 유형문화재 61호). 선조의 몽진과 한국전쟁으로 두 번이나 소실되었으나 1966년 경기도 유림들에 의해 복원되었다.

의를 안겨준다. 지식인이란 무엇인가. 진리를 탐구하는 이들이 지식인이다. 한 가지 분명한 사실은 인문·사회과학의 영역에서 자기 사회와 무관한 지식과 진리는 존재하지 않는다는 점이다. 다시 말해, 진리를 탐구한다는 말에는 이미 현실 참여의 의미가 담겨 있으며, 그 참여의 방식을 어떻게 할 것인가에 대한 방법의 차이가 존재할 수 있다. 시대가 어지러워 물러나 학문에 전념한 이황의 선택과 시대가 요구해 경세를 치열하게 모색했던 이이의 선택은, 그 차이를 떠나 현재에도 여전히 그 울림이 크다고 하지 않을 수 없다.

화석정에서 생각하는 우국충정

아직 봄을 느끼기에는 이른 2월 말, 나는 임진강변에 있는 화석정을 찾았다. 경기도 양주 태생인 내게 이웃 파주는 익숙한 고장이다. 특히 화석정은 학교에서 자유로를 타고 바람을 쐬러 갈 수 있는 곳들 가운데 하나다. 왼편으로는 한강과 임진강이 펼쳐져 있고, 오른편으로는 마음을 편안하게 하는 낮은 구릉과 높지 않은 산이 이어져 있다.

화석정은 이이의 5대 조부인 이명신이 지었는데, 성종 9년(1478) 증조부 이숙함이 화석정이라는 이름을 붙였다고 한다. 이곳은 바로 이이가 자주 들러 시를 짓고 사색하던, 이이의 흔적을 찾아볼 수 있는 유적 가운데 하나다. 이 화석정은 임진왜란과 연관된 이야기로도 유명하다.

널리 알려진 이 이야기는 이렇다. 이이는 화석정을 고치면서 관솔을 쓰고 기둥과 바닥을 기름걸레로 닦게 했다고 한다. 임진왜란이 일어난 바로 그해 서울을 버리고 떠나는 선조의 몽진蒙塵 행렬이 임진강에 도착했지만, 비바람에 등불을 밝힐 수 없었다. 바로 그때 이항복이 화석정에 불을 놓아 주위를 밝혀 선조 일행이 임진강을 무사히 건널 수 있었다고 한다. 이이가 앞날을 예견하고 관솔에 기름을 먹여둔 덕이라는 것이다.

이이가 품었던 우국충정의 일단을 엿볼 수 있는 이야기다. 『석담일기』를 보면 이이는 경연에서 선조의 질문에 대해 "나라를 이롭게 하고 백성을 살릴 새 정책이 있으면 강구하시고 실행하셔서 이같이 바로잡을 방책을 부지런히 구하시어 날마다 하는 일이 있으시면, 인심을 점점 고칠 수 있고 세도를 점점 돌이킬 수 있으며 하늘의 노여움을 풀 수 있을 것"이라고 답변한다. 이이는 인심의 도, 세상의 도, 그리고 하늘의 도를 중시했다.

이이가 화석정을 자주 찾았을 때 난간에 기대면 남쪽으로 저 멀리 삼각산(북한산)이 눈에 들어왔다고 한다. 이이는 삼각산을 바라보며 나라의 앞날을 걱정했던 것으로 보인다. 고개를 남쪽으로 돌려 북한산을 찾아보니, 저 멀리 희뿌연 대기 속에 그 자태가 보이는 듯도 했다. 북한산을 바라보고 임진강을 내려다보며 이이가 품었던 우국충정을 새삼 생각해보는 사이, 저 북한산이 있는 서울로, 다시 현실의 세계로 돌아가야 할 시간이 어느새 가까워오고 있었다.

모더니티와
새로운 시대정신의 모색

병상에서 일어나자 봄바람도 가버리고
수심이 가득하니 여름밤이 길구나
잠깐 동안 대자리에 누워 있는 사이에도
문득 문득 고향집이 그리워지네

― 정약용의 「밤」 일부

제5장

박지원과 박제가

북벌론에서
북학론으로

박지원   1737년 서울에서 태어나 1805년 사망했다. 조선 후기의 대표적인 문장가이자 학자다. 북학파로 알려진 이용후생의 실학파를 이끌었으며, 사회개혁을 모색하고 문체혁신을 주도했다. 주요 저작으로 『열하일기』, 『연암집』이 있다.

박제가   1750년 서울에서 태어나 1805년 사망했다. 박지원과 더불어 북학파의 대표적인 지식인이다. 조선 후기 한문학 4대가 중 한 사람이며, 청나라 문물을 수용해 사회개혁을 모색한 급진적인 사상가였다. 주요 저작으로 『북학의』, 『정유각집』이 있다.

역사를 구분하는 기준은 여럿이다.
고대, 중세, 근대, 현대로 구분할 수도 있고,
원시공산제, 노예제, 봉건제, 자본주의로 구분할 수도 있다.
이 책은 역사를 사회학에서 흔히 취하는 구분법인 전통사회와 모더니티사회로 나눠보고자 한다.
모더니티의 도래 속에 우리 지식인들은 어떻게 대응해왔는가.
이제 네 번에 걸쳐 전통과 모더니티의 경계에 서 있었던 지식인의 삶과 사상을 살펴보려고 한다.
박지원과 그의 제자 박제가가 그 첫 번째로 주목하려는 지식인들이다.

18세기, 새로운 시대정신의 요구

우리 역사의 시대정신과 지식인을 다루는 이 책에서 가장 고심한 부분 중 하나는 어떤 지식인을 선택할 것인가의 문제였다. 조선 중기를 대표하는 지식인으로 이황과 이이를 다룬 다음에 누구를 다룰 것인가를 놓고 여러 생각을 했다. 예송 논쟁을 중심으로 우암 송시열과 미수 허목을 다뤄볼까도 고민했지만, 곧바로 조선 후기로 넘어오기로 했다.

송시열과 허목이 활동했던 시기는 17세기다. 이 시기는 임진왜란 이후 인조반정, 병자호란, 북벌 추진으로 이어진 시대다. 이 시기에는 송시열과 허목 외에도 김육, 윤휴, 이현일, 김창협, 유형원 등의 지식인 정치가들이 개성 있는 지적 활동을 벌이고 치열하게 현실에 참여했다.

17세기는 임진왜란과 병자호란 이후 체제를 정비하고 소중화 국가로서의 조선을 자리매김하는 동시에 실학이라는 새로운 사상을 암중모색한 시기라는 점에서 주목할 만한 충분한 가치를 갖고 있다. 하지만 이 시기를 뛰어넘어 조선 후기로 그대로 넘어오기로 했는데, 그 이유는 이 책의 핵심 주제가 시대정신의 관점에서 본 지식인이라는 데 있다.

시대정신의 시각에서 가장 중요한 것은 시대적 변화와 그 변화를 판독하는 새로운 철학과 사상이다. 여기서 시대적 변화란 고대사회에서 중세사회로, 그리고 다시 근대사회로의 거시적인 변동을 뜻한다. 물론 17세기를 중세사회가 쇠잔해가고 근대사회로의 단초가 나타나기 시작한 시대였다고 볼 수도 있다. 하지만 송시열과 허목으로 대표되던 당시 지식사회의 주요 흐름은 유교적 이상사회의 구현에 있었지 새로운 모더니티의 모색은 아니었던 것으로 보인다.

17세기와 비교해 18세기는 새로운 전환을 모색하려는 흐름이 세계적으로 나타났던 시기다. 서구사회에서는 정치·경제적으로 모더니티가 본격화됐으며, 동아시아에도 새로운 변화를 추구하려는 흐름이 형성되고 있었다. 바로 이 시기에 등장한 지식인들이 실학파다. 이 실학파가 등장한 데에는 내·외적 조건을 모두 주목할 필요가 있다.

먼저 내적 조건으로는 시대정신으로서의 성리학이 한계를 보였다는 점을 들 수 있다. 임진왜란과 병자호란 이후 조선 성리학은 철학적으로 내적 발전을 이뤘을지는 몰라도 현실문제를 해결하는 데는 한계를 드러냈다. 한편 외적 조건으로는 청나라를 통해 새로운 서양 문물이 조선에 소개되면서 서구사회에 대한 관심이 높아졌다는 점을 꼽을 수 있다. 서양의 과학과 기술은 물론 천주교를 포함한 서양 문화와의 본격적인 접촉이 조선사회에서도 서서히 증가하고 있었다.

실학파의 조류

실학에 대한 우리 학계의 관심은 일제시대부터 최근까지 계속 이어져왔는데, 이 책과 연관해 주목할 만한 한 심포지엄이 2005년 10월에 열렸다. 한국실학학회·한국한문학학회·경기문화재단이 주최한 '박지원·박제가 서거 200주년 기념 국제학술대회'가 그것이다. 이 학술회의는 그 주제를 '18세기 조선, 새로운 문명 기획'으로 삼고 18세기 조선을 새로운 문명국가로 개조하기 위한 치열한 지적 고투로서의 박지원과 박제가의 사상을 집중적으로 조명했다.

이 학술회의를 주도한 국문학자 송재소는 실학 연구의 선구자 중 한 사람인 역사학자 이우성을 따라 실학을 경세치용經世致用 학파, 이용후생 利用厚生 학파, 실사구시實事求是 학파의 세 흐름으로 나눴다('18세기 동아시아 문명의 새로운 전환', 『박지원·박제가 새로운 길을 찾다』, 경기문화재단). 경세치용 학 파가 주로 제도개혁과 농민문제에 관심을 갖고 있던 성호 이익, 순암 안 정복, 다산 정약용으로 대표된다면, 이용후생 학파는 도시 상공업의 발전 과 연관된 기술개혁을 주창한 담헌 홍대용, 연암 박지원, 초정 박제가 등 으로 대표된다. 한편 실사구시 학파로는 청나라 고증학의 영향을 받아 학 문을 근대적으로 발전시키고자 한 추사 김정희를 꼽을 수 있다.

이 가운데 이용후생 학파의 다른 이름이 북학파北學派다. 북학파라는 이름의 기원은 그 의미가 북쪽에 있는 청나라에서 배우자는 데서 비롯됐 다. 당시 조선보다 문물이 발전한 청나라로부터 배움으로써 부국강병을 이룩하자는 것이 북학파의 핵심 아이디어이자 기획이었다.

우리 역사에서 북학파의 사상은 일종의 선구적인 근대화론이다. 근대 화론의 기본 발상은 더 발전된 국가의 문물과 제도를 수용함으로써 사회 발전을 이룩할 수 있다는 데 있다. 현재적 관점에서는 이 논리가 새로운 것이라고 보기 어렵지만, 당대적 관점에서는 대단히 혁신적인 것이었다.

그 이유는 당시 조선과 중국과의 관계에 있다. 병자호란에서 청나라 에 굴복한 조선은 형식적으로는 청과 수직적인 외교관계를 맺었지만, 다 른 한편으로는 청나라에 대한 적개심이 매우 컸다. 송시열을 중심으로 한 지식인들이 제안하고 효종이 절치부심으로 추진한 북벌론은 이러한 분위기를 반영한 당시 조선사회의 지배이념 가운데 하나였다. 청나라에 치욕을 당한 만큼 무력으로 청을 정벌하고 명나라에 대한 의리를 지키자는 북벌론은 그 실현가능성의 여부를 떠나 대내적 사회통합을 제고하기 위한 일종의 지배 헤게모니로서의 효과를 발휘하고 있었다.

박지원과 그의 동료 및 제자들은 이러한 북벌론을 정공법으로 비판했다. 특히 박지원과 박제가는 비록 오랑캐라 하더라도 법과 제도가 우수하면 적극적으로 수용해야 한다고 주장함으로써 북벌론에 맞서는 북학론을 제시했다. 기존 지배이념과 정책에 대응해 새로운 비전과 전략을 제시하는 게 시대정신 탐구의 본질을 이룬다면, 박지원과 박제가는 북학론을 통해 새로운 시대정신을 적극적으로 모색한 지식인들이었다.

박지원의 생애와 모더니티와의 조우

박지원은 전통사회에서 근대사회로 가는 우리 역사의 길목에서 정약용과 함께 가장 주목할 만한 지식인으로 꼽혀왔다. 그는 북학론을 제시해 상공업의 장려를 촉구한 개혁적인 정치가이자 문체를 혁신해 한국적 산문의 새로운 지평을 연 문필가였다. 홍대용, 형암 이덕무, 영재 유득공, 척재 이서구, 그리고 박제가가 동료이자 제자였으며, 개화파의 선구자 박규수는 그의 손자였다.

박지원朴趾源은 1737년(영조 13년) 서울에서 태어났다. 자는 중미仲美이고 호는 연암燕巖이다. 아버지는 반남박씨 사유였으며, 어머니는 함평이씨 창원의 딸이었다. 1752년 이보천의 딸과 혼인했으며, 보천의 아우 양천에게 『사기』 등을 배웠다. 박지원에게는 처가가 중요했는데, 특히 처남 이재성과는 평생 학문적으로, 인간적으로 매우 가까웠다.

박지원은 1765년 과거에 응시했으나 낙방했다. 1768년 백탑 근처로 이사를 했으며, 친구인 홍대용, 이웃인 이덕무, 유득공, 이서구, 그리고 박제가 등과 교유했다. 이때는 영조 말년과 정조 초기에 해당하는 시기였는데, 박지원은 본격적으로 소개되기 시작한 서양 문물에 큰 관심을 보였다. 과거에 낙방한 이후 박지원은 오직 연구와 글쓰기에 주력하면서 새로운 학문과 정책을 모색하고 있었다.

박지원 삶의 전환은 정조의 등극과 함께 이뤄졌다. 정조 초기 정치적 이유로 박지원은 황해도 금천 연암협으로 은거해 있었는데, 1780년 삼종형 박명원이 공식사절로 연경(북경)에 갈 때 수행원으로 따라갔다. 그해 6월 말에 출발해 10월 말에 돌아온 박지원은 자신이 체험한 여행을 『열하일기』熱河日記라는 제목으로 펴냈다. 『열하일기』는 폭발적인 관심을 불러 모았다. 젊은 세대는 열광한 반면, 기성세대로부터는 상당한 비판을 받았다.

박지원은 뒤늦게 관료사회에 진출하기도 했다. 1786년 선공감 감역에 제수된 이후 한성부판관, 안의현감, 양양부사 등을 지냈다. 여러 기록을 볼 때 박지원은 훌륭한 지방 행정관이었으며, 이 시기에 『과농소초』 등을 포함한 저술을 남겼다. 그는 정조가 죽고 순조가 등극해 개혁파의 입지가 줄어들던 1805년(순조 5년)에 세상을 떠났다. 그의 아들 종채는 아버지에 대한 기록인 『과정록』을 썼으며, 종채의 아들인 박규수는 고종 때 개화파로 활약했다.

시대정신과 지식인을 다루는 이 책에서 박지원과 박제가의 시대에 와서 던질 수 있는 질문의 핵심은 모더니티란 무엇인가다. 현재적 관점에서 세계사회는 여전히 모더니티의 시대가 계속되고 있다. 일각에서는 모더니티를 넘어서는 포스트모더니티post-modernity를 이야기하고 있지만, 문화현상으로서의 포스트모더니즘post-modernism은 존재한다고 볼 수 있을지 몰라도 여전히 세계사회를 이끌고 있는 것은 제도적 조건으로서의 모더니티다.

모더니티란 대략 17세기부터 서유럽에서 시작하여 전 세계적으로 확산되어온 일련의 제도와 의식을 지칭한다. 영국의 사회학자 앤서니 기든스Anthony Giddens는 제도적 측면에서 모더니티를 네 가지 제도와 그 관계성으로 개념화하기도 했는데, 자본주의·산업주의·감시체제·군사적 힘이 그것이다. 또한 모더니티를 이루는 의식과 문화로는 개인주의·자유주의·민주주의·평등주의 등을 지적할 수 있다.

주목할 것은 이 모더니티의 역사적 과정으로서의 근대화modernization 가 단일 유형으로 존재하지 않는다는 점이다. 근대화는 서유럽에서 시작된 것이지만, 스웨덴의 사회학자 예란 테르보른Göran Therborn에 따르면 지구적 수준에서 근대화의 역사적 경로에는 혁명 혹은 개혁의 유럽 근대화, 아메리카 신세계의 근대화, 외부적으로 주어진 근대화, 식민지 근대화의 여러 하위 유형들이 존재한다. 이런 경로들은 세계체제 내의 구조적 위치와 국내의 개인적·집합적 행위 간의 상호복합적인 관계에 의해 더욱 다층화될 수 있다.

문제는 우리 역사다. 과연 우리 역사는 이러한 근대화 기획에 어떻게 대응해왔는가. 먼저 지적할 수 있는 것은 우리 모더니티의 기원을 어디서부터 볼 것인가의 문제다. 여기에는 그동안 여러 담론들이 경쟁해왔다.

어떤 이는 영·정조 시대까지 기원을 소급하는가 하면, 다른 이는 개항 (1876) 또는 갑오개혁(1894)을 주목하고, 또 다른 이는 식민지 시대를 제시하기도 한다.

최근 역사학계에서 논의되는 모더니티의 기점에 대한 유력한 견해로는 '1876년'과 '1894년'이 맞서고 있다. 전자가 외부로부터의 충격인 '개항'을 중시한다면, 후자는 내부로부터의 대응인 '갑오개혁'을 강조한다. 하지만 나는 모더니티의 기점에 대한 논의는 결론을 서둘러 이끌어낼 것이 아니라 다양한 경험적 연구가 축적돼야 한다고 생각한다. 특히 개혁을 적극적으로 모색했던 영·정조 시대는 여러 함의를 안겨주는 것으로 보인다.

『열하일기』, 새로운 사상을 향한 여행

박지원이 남긴 대표적인 글로는 『열하일기』와 『연암집』을 들 수 있다. 모더니티의 관점에서 『열하일기』는 문제적 저작이다. 흔히 이 책은 연경 기행문학의 정수로 평가된다. 하지만 여러 사람들이 지적하듯이 이 책은 기행문학을 넘어서 일종의 사회개혁 프로그램을 담고 있다.

여기에는 특히 두 가지 점이 주목된다. 당시로서는 선진 문물이라 할 수 있는 청나라의 경제·사회·문화·건축·토목·천문·의학 등 다양한 분야를 상세히 소개하고 있다는 점이 하나라면, 이들에 대한 이용후생을 적극적으로 강조함으로써 사회 전반의 변화를 촉구하고 있다는 점이 다른 하나다.

한마디로 박지원이 품었던 정치적 기획은 앞선 청나라의 문물을 수용해 뒤떨어진 조선사회를 개혁하자는 데 있다. 앞서 말했듯이 이러한 기획이 현재적 관점에서는 서구 기술과 과학을 적극적으로 수용하자는 근대화론과 매우 유사하지만, 당시로서는 매우 혁신적인 사상이었다. 당대 주류 지식사회에서는 반청친명反淸親明의 경향, 다시 말해 청나라를 거부하고 명나라에 대한 의리를 지키려는 경향이 두드러졌다.

송시열을 위시한 서인들이 제시한 북벌론은 이러한 논리를 대표하는 정치적 기획이었으며, 『열하일기』는 이런 북벌론에 맞서서 새로운 북학론을 제시하고자 했다. 『열하일기』의 10권 '옥갑야화'에 실린 소설 「허생전」은 북벌론의 허구성을 날카롭게 풍자하고 부국이민富國利民의 경제철학을 강조한다.

정치, 다시 말해 국가 경영의 일차적 과제는 무엇인가. 그것은 다름 아닌 국민 다수의 물질적·정신적 생활을 풍요롭게 하는 데 있다. 문제는 그 방법이다. 박지원은 당시 지배계층의 '성리학적 원칙주의'에 맞서 '실학적 실용주의'를 적극적으로 제시하고 이를 정책으로 구체화하고자 했다. 지배계층이 갖는 허위의식에 대한 박지원의 비판은 젊은 시절에 쓴 소설 「양반전」에도 이미 나타났지만, 『열하일기』 4권 '관내정사'에 나오는 「호질」에서도 잘 드러난다. 양반을 꾸짖는 호랑이를 통해 박지원은 지배계층의 이중적 도덕성을 풍자하고 질타한다.

박지원 사상의 핵심은 '이용이 있은 후에 후생이 되고, 후생이 된 후에 정덕正德이 될 것'이라는 주장에 압축돼 있다. 다시 말해, 정덕을 이룬 다음에 이용후생을 할 것이 아니라 그 반대로 이용후생 이후에 정덕을 이루자는 주장이 박지원이 품었던 실학사상의 근간을 이룬다. 나는 스콜라적인 주자학에 대한 근본적 비판을 겨냥하는 이러한 발상에는 과학과 기술을 주목하고 특권화하려는 근대적 사유의 일단이 담겨 있다고 생각한다.

이러한 연암의 사상은 조선 후기 우리 문학의 정점을 이룬 그의 일련의 작품에도 잘 나타나 있다. "아! 소위 법고法古한다는 사람은 옛 자취에만 얽매이는 것이 병통이고, 창신刱新한다는 사람은 상도에서 벗어나는 게 걱정거리다. 진실로 법고하면서도 변통할 줄 알고 창신하면서도 능히 전아하다면, 요즘의 글이 바로 옛글인 것이다." 박제가의 『초정집』서문으로 박지원이 쓴 글에 나오는 내용이다. 옛것을 본받아 새롭게 창조하자는 '법고창신'의 정신 아래 박지원은 우리 문학사에서 빛나는 작품들을 여럿 남겼다.

박제가의 생애와 박지원과의 만남

개인적인 일을 잠시 말하면, 내가 시내라 할 수 있는 종로에 진출한 것은 고등학교 시절이었다. 1970년대 중반 학교 수업이 끝나면 학원에 다니면서 종로와 그 인근 지역을 익히기 시작했다. 재수생 시절에는 아침부터 저녁까지 종로에서 시간을 보냈다. 그래서인지 그때 무던히도 돌아다녔던 종로 구석구석에는 내 젊은 날의 기억과 추억이 깃들어 있다.

그 가운데 한 곳이 탑골공원 주변이었다. 재수생 시절 학원을 마치면 종로3가에 있는 다른 학원에 다니는 친구를 더러 찾아갔는데, 우리는 뜨거운 여름인데도 뜨거운 라면을 먹은 다음 가까운 탑골공원으로 바람을 쐬러 가곤 했다. 탑골공원 안에는 그 이름이 이미 알려주고 있듯이 원각사지 10층 석탑이 있다. 바로 이 탑을 조선시대에는 그 색깔이 흰색에 가까워 백탑이라 불렀다고 한다.

> 빙 둘러 있는 성 한가운데에 백탑이 있다. (……) 여기가 바로 원각사의 옛터. 지난 무자년(1768)과 기축년(1769) 사이에 내 나이는 열여덟, 열아홉이었다. 미중 박지원 선생이 문장에 조예가 깊어 당대에 으뜸이라는 말을 듣고, 마침내 백탑의 북쪽으로 가서 찾아뵈었다. 선생께서는 내가 왔단 말을 들으시더니 옷을 걸치며 나와 맞이하시는데, 마치 오랜 친구처럼 손을 잡아 주셨다. 마침내 당신이 지은 글을 모두 꺼내 와 읽게 하셨다. 몸소 쌀을 씻어 차솥에 안치시고, 흰 주발에 밥을 담아 옥소반에 받쳐 내오셔서는 잔을 나에게 축수해 주셨다. 나는 지나친 환대에 놀라고 기뻐하며 천고의 성대한 일로 여겨 글을 지어 화답하였다. 서로에게 경도되던 모습과 마음을 알아주던 느낌이 대개 이와 같았다.

박제가가 쓴 『백탑청연집』의 서문이다. 『백탑청연집』은 박지원 일파의 시문과 척독(편지)을 모은 책이다. 위의 인용은 박제가가 기억하는 박지원과의 첫 만남을 담고 있는데, 30대 초반의 박지원과 10대 후반의 박제가의 만남이 마치 드라마를 보듯 생생히 묘사되고 있다. 내친김에 앞의 글을 좀더 인용해보자.

> 당시 형암 이덕무의 집이 북쪽으로 마주보고 있었고, 낙서 이서구의 사랑은 그 서편에 솟아 있었다. 수십 걸음 떨어진 곳은 서상수의 서루였고, 거기서 다시 꺾어져 북동쪽으로 가면 유금과 유득공이 사는 집이었다.

나는 한번 갔다 하면 돌아오는 것도 잊고 열흘이고 한 달이고 연거푸 머물곤 했다. 시문이나 척독을 썼다 하면 권질을 이루었고, 술과 음식을 찾아다니며 밤으로 낮을 잇곤 했다.

백탑 근처에 살던 이들은 우리 지성사에서 매우 이례적인 커뮤니티였다. 박지원을 선생으로 하고 이덕무, 박제가, 유득공, 이서구 등이 함께 어울린 이 커뮤니티는 북학파를 태동시켰고, 이 가운데 서얼 출신인 이덕무, 박제가, 유득공은 정조 시절 규장각의 검서관으로 함께 임용되기도 했다. 당시 규장각은 창덕궁 안에 있었는데, 규장각이었던 주합루를 요즘도 찾아가게 되면 더없이 자유롭고 치열했던 백탑파 지식인들을 떠올리게 된다.

박제가朴齊家는 1750년(영조 26년) 서울에서 태어났다. 박평의 서자인 그의 자는 재선在先이고 호는 초정楚亭이다. 박제가는 소년 시절부터 문명을 떨쳤다. 10대 후반에 박지원을 만났으며 이덕무, 유득공, 이서구 등과 교유했다. 여러 기록을 보면 박제가의 성격은 호방하고 격정적이었던 것으로 보인다. 하지만 시·서·화에 모두 뛰어났던 것으로 보아 감수성 또한 예민한 지식인이기도 했다.

1776년 이덕무, 유득공, 이서구와 함께 『건연집』이라는 사가시집四家詩集을 내어 그 이름이 청나라에까지 알려졌다. 박제가는 서얼을 관직에 진출시키려는 정조의 정책에 따라 1779년 규장각 검서관으로 이덕무, 유득공, 서이수 등과 함께 임명됐다. 이후 그는 규장각에 근무하면서 많은 책을 교정하고 간행했다. 그는 지방 행정을 맡기도 했는데 부여현감, 영평현감 등을 지냈다.

박제가의 삶에서 특히 중요했던 것은 네 차례에 걸친 연행길이었다. 그는 1778년 사은사 채제공을 따라 청나라로 갔고, 1801년 사은사 윤행임을 따라 연경을 방문한 것에 이르기까지 네 번 연행길에 올랐다. 이 여행에서 박제가는 이조원, 반정균 등의 청나라 학자들과 교유했으며, 이런 교유의 전통은 그의 제자 김정희에게로 이어졌다. 네 번째 연행에서 돌아오자마자 박제가는 흉서凶書 사건에 연루돼 종성에 유배됐다가 풀려났지만 1805년(순조 5년) 세상을 떠났다.

이 책을 쓰기로 생각했을 때 제일 먼저 머릿속에 떠오른 지식인을 꼽으라면 그는 바로 박제가다. 개인적으로 나는 박제가야말로 조선시대 최고의 문제적 지식인이라고 생각한다. 여기서 문제적이란 두 가지 의미를 갖는다. 이른바 모더니티에 정공법으로 대결했던 것이 그 하나라면, 다른 하나는 평생 그를 따라다녔던 서자 출신이라는 사회적 구속에도 불구하고 그가 보였던 담대한 태도다. 박제가의 글들은 『정유각집』에 집약돼 있다. 『북학의』北學議를 제외하고 박제가가 남긴 글들을 담고 있는 이 책은 다양한 각도에서 그의 삶과 사상을 이해하는 데 적지 않은 도움을 준다.

너는 시집간 지 10년이 넘도록 자식을 낳지 못하고 죽었으니 (……) 뒷날로 보면 후손이 끊어지고 말았구나! (……) 나는 가고 싶었지만, 직책상 함부로 도의 경계를 넘을 수 없어, 묘지명을 지어 광중에 넣는다. 후세 사람들은 이를 보고 네가 정유 박제가의 딸임을 알 것이다. 명을 짓는다.

박제가가 더없이 사랑하던 둘째 딸 윤씨 부인이 죽었을 때 쓴 글이다. 이 비감한 글을 읽고 나는 두 가지를 생각했다. 하나는 자식을 먼저 보내야만 하는 부모의 애끊는 마음이고, 다른 하나는 박제가의 한없이 드높은 자존심이다.

서세동점西勢東漸이 시작되던, 새로운 사회변동이 꿈틀거리던 조선 후기의 한가운데를 거침없이 걸어갔던 지식인, 그 자신의 표현을 빌리면 '천년 뒤에도 천만 명의 이들과는 다른' 사람으로 남고 싶다는 자기정체성을 당당히 드러냈던 지식인이 바로 박제가다. 조선 전기의 율곡 이이에 필적할 천재였건만, 적서 차별이라는 신분적 구속 아래 좌절을 겪어야만 했던 박제가의 비애와 그것을 초극하려는 의지가 곳곳에 담겨 있어 이따금 『정유각집』을 펼치게 되면 마음 한구석이 시려오기도 한다.

『북학의』, 급진적 개혁노선

『북학의』는 박제가의 대표 저술이다. 이 책은 박제가가 첫 번째 연행에서 돌아와 자신의 견문을 기록한 책으로 『열하일기』와 함께 북학파의 이론과 전략을 대변한다. 박제가는 섬세하면서도 호쾌한 자신의 성품에 걸맞게 청나라 문물을 치밀하게 소개하고 이를 과감하게 수용할 것을 제안한다.

이 책은 '내편'과 '외편'으로 이뤄져 있다. 구체적인 항목을 보면 박제가의 문제의식을 엿볼 수 있다. 먼저, 내편은 수레·배·성·벽돌·수고·기와·자기·삿자리·주택·창호·뜰·도로·교량·목축·소·말·나귀·안장·구유통·시장과 우물·장사·은·화폐·목재·여자의 의복·연극·중국어·통역·약·장·인장·담요·저보·종이·활·총과 화살·자·문방구·골동품과 서화의 항목들로 돼 있다. 여기서 박제가는 실생활에 연관된 다양한 기구와 시설을 살펴보고 이에 대한 개혁을 제시한다.

한편 외편은 밭·거름·뽕과 과일·농업과 잠업에 대한 총론·농기도서·용미차에 관한 논의·과거론 I·과거론 II·정유년 증광시에서 제출한 시사책·관직과 녹봉·재부론·강남 절강 상선과 통상하는 문제에 대한 논의·풍수설과 장지·군사를 논한다·존주론·북학변 I·북학변 II·북학변 III·병오년 정월에 올린 소회의 항목들로 돼 있다. 여기서 박제가는 상공업과 농업 문제를 다루고, 상공업의 발전과 농업 기술의 개선을 적극적으로 제안한다.

『북학의』는 일종의 국부론이다. 부국의 방법으로 박제가는 청나라 문물의 즉각적이고도 대대적인 수입과 응용을 강조함으로써 새로운 국가 비전을 제시한다. 박제가의 제안이 얼마나 급진적이었는가는 중국 문화에 뒤처지지 않기 위해서는 중국어(漢語)를 써야 한다는 그의 주장에 드러나 있다. 한때 논란이 일었던 영어 공용화론에 앞서 200년 전에 박제가는 중국어 공용화론을 제안한 셈인데, 그 논란에 대한 평가를 떠나서 이러한 견해는 급진적 개혁주의자로서의 박제가의 면모를 잘 보여준다.

박제가는 뛰어난 시인이자 문장가이기도 했다. 그는 이덕무, 유득공, 이서구와 함께 조선 후기 한문학 4대가로 꼽혔으며, 앞서 말했듯이 그의 시는 청나라에도 널리 알려졌다. 더불어 내가 주목하고 싶은 것은 박제가의 국제 감각이다. 네 차례나 연행을 갔다 올 정도로 박제가는 중국을 제대로 이해하고 있었고 그 나름대로 풍부한 네트워크를 갖고 있기도 했다. 현재적 관점에서 보면 그는 세계화주의자, 그것도 진보적 세계화주의자였다. 이런 박제가의 사상은 그의 제자 김정희에게로 이어졌다.

북학파의 모더니티 인식

무릇 어떤 사상이라 하더라도 시대적 구속을 초월하는 것은 없다. 북학파의 사상이 지배적인 성리학적 질서를 비판하고 있다고 하더라도 그것이 전통적인 유교사상의 범위를 완전히 넘어섰다고 보기는 어려울 것이다. 박지원과 박제가로 대표되는 북학파 지식인들은 주자학에 대응해 고증학을 선호하고 이용후생을 강조한 것이지 포괄적 의미의 전통사상과 완전히 단절한 것은 아니다.

다시 말해, 새로운 문물의 도입을 적극적으로 강조한 동시에, 가족을 중심으로 한 공동체주의, 우주의 질서와 연관된 도덕과 윤리, 배움을 바탕으로 정치를 하는 엘리트 등을 강조하는 전통적 유교사상의 자장 안에 여전히 박지원과 박제가는 놓여 있었다. 그들이 남긴 여러 글들을 보면 박지원과 박제가는 전통적 지식인이기도 했다. 전통과 모더니티 사이에 경계가 존재한다면 박지원과 박제가는 그 경계에 서 있었던 지식인들이었다고 볼 수 있다.

내가 주목하려는 것은 모더니티를 이루는 양축인 제도와 정신에서 박지원과 박제가가 보여준 선구적인 문제의식이다. 제도로서의 모더니티가 자본주의·산업주의·감시체제·군사적 힘으로 이뤄져 있다면, 박지원과 박제가는 비록 근대적 자본주의와 산업주의에 대한 이해가 깊지 않았고 그 응용 모델이 청나라이기는 했지만, 동시에 두 사람은 분명 생산도구 개선과 유통구조 혁신 등 근대적 사회·경제 변화에 대한 강한 열망을 갖고 있었다.

정신으로서의 모더니티 역시 마찬가지다. 이를 가장 잘 보여주는 것이 박지원의 소설들이다. 「양반전」, 「호질」, 「예덕선생전」, 「열녀함양박씨전」 등 일련의 작품들을 통해 박지원은 봉건적 신분제를 비판하고 평등주의에 기반을 둔 새로운 사회윤리를 모색했을 뿐만 아니라 합리적 이성과 자연스러운 감정을 가진 보편적 존재로서의 인간에 대한 이해를 추구했다. 그가 남긴 작품들에 담긴 모더니티를 생각할 때 문화사적 측면에서 박지원은 참으로 이채로운 지식인이었다.

문제는 모더니티를 향한 이러한 새로운 흐름의 운명이었다. 박지원과 박제가가 새로운 사상을 펼칠 수 있었던 조건 가운데 하나는 '계몽 군주' 정조의 존재였다. 그러나 시대사적 변화에 적극적으로 대응하려는 정조의 개혁정치는 1800년 그의 죽음과 더불어 종결됐고, 이후에는 오히려 전통적 질서를 강화하려는 세도정치가 득세했다. 전진과 후퇴가 역사의 본질이기는 하지만, 당시 세계사적 변화를 지켜볼 때 조선사회의 대응은 참으로 안타까운 것이었다.

지식인의 기품

2009년 나는 한 주간지 기획을 맡아 민통선과 비무장지대를 기행한 적이 있다. 서쪽 강화에서 동쪽 고성까지 휴전선을 둘러보면서 분단시대의 과거와 현재, 미래를 생각해보는 것이었다. 이 기행에서 네 번째로 찾은 곳이 강원도 양구와 인제였는데, 휴전선에 붙어 있는 양구 펀치볼에서 인제 서화면으로 넘어와 원통으로 내려오던 길이 내게는 아주 인상적이었다. 설악산 서쪽 사면에 위치한, 산은 높고 계곡도 깊은 인제의 풍경이 아직도 눈에 선하다.

그때 문득 떠올랐던 것이 박지원과 박제가가 남긴 글이었다. 두 사람이 교유하던 이들 가운데 한 사람이 백동수다. 무인 집안에서 태어난 백동수는 이덕무의 처남이다. 그는 이덕무, 박제가와 함께 『무예도보통지』를 지었으며, 북학파 지식인들과 매우 가깝게 교유했다. 자가 영숙이었던 백동수가 서울 생활을 청산하고 인제현 기린골로 들어가게 되자 박지원과 박제가는 이에 대해 글을 썼다.

개인적 소회를 말하면, 『연암집』과 『정유각집』에 실려 있는 이 두 편의 글은 조선시대 지식인들이 썼던 글들 가운데 내가 가장 좋아하는 소품들이다. 먼저 박지원의 '기린협으로 들어가는 백영숙에게 증정한 서문'을 보면 다음과 같은 구절이 나온다.

이제 영숙이 기린협에 살겠다며 송아지를 등에 업고 들어가 그걸 키워 밭을 갈 작정이고 된장도 없어 아가위나 담가서 장을 만들어 먹겠다고 한다. 그 험색하고 궁벽함이 연암협에 비길 때 어찌 똑같이 여길 수 있겠는가. 그런데도 나 자신은 지금 갈림길에서 방황하면서 거취를 선뜻 정하지 못하고 있는 형편이니, 하물며 영숙의 떠남을 말릴 수 있겠는가. 나는 오히려 그의 뜻을 장하게 여길망정 그의 궁함을 슬피 여기지 않는 바이다.

한편 박제가는 '강원도 인제현 기린산골로 떠나는 백영숙을 보내며'에서 이렇게 말한다.

탑골공원 내 원각사지 10층 석탑의 모습(국보 2호). 1467년(세조 13년)에 만들어졌으며 고려시대 경천사지 10층 석탑과 매우 유사하다. 조선 전기의 대표적인 석탑으로 손꼽힌다.

낮에 나가면 오직 손가락 끝이 무지러진 나무꾼과 쑥대머리를 한 숯쟁이들이 서로 더불어 화롯가에 빙 둘러앉아 있을 뿐이리라. 밤이면 솔바람 소리가 쏴아 하며 일어나 집 둘레를 흔들며 지나가고, 궁한 산새와 슬픈 짐승들은 울부짖으며 그 소리에 응답할 것이다. (……) 영숙이여! 떠날지어다. 나는 지난날 곤궁 속에서 벗의 도리를 얻었소. 비록 그러나 영숙에게 있어 내가 어찌 다만 가난한 때의 사귐일 뿐이겠는가?

우국충정을 품었으나 시대와의 불화 속에서 은둔을 선택할 수밖에 없는 친구의 삶에 대한 안타까움을 박지원과 박제가는 이렇게 표현하고 있다. 『연암집』과 『정유각집』에서 이 글들을 다시 찾아 읽으며, 새삼 지식인의 정체성을 생각하지 않을 수 없었다. 앞서 말한 바 있지만 지식인의 현실 참여를 부정적으로만 볼 필요는 없다. 그러나 현실 참여와 현실 비판이라는 지식인의 이중적 과제 사이에는 분명한 경계가 존재한다.

혹시 현재 우리 사회 지식인들은 자신의 개인적 이익을 위한 활동을 사회 참여와 혼동하고 있는 것은 아닌지, 참여는 참여이고 비판은 비판인데도 그 비판의 엄정성이 참여의 현실논리로 인해 무뎌지고 있는 것은 아닌지, 나 자신을 포함해 이 땅의 지식인들은 정치권력이든 경제권력이든 권력으로부터 과연 얼마나 초연할 수 있는지의 질문들을 인제현 기린협으로 떠나는 백영숙에게 주는 박지원과 박제가의 글을 읽으면서 다시 한 번 던지게 된다.

지식인에게 기품이란 무엇인가. 지식에 대한 탐구를 통해 진리를 밝히는 이로서의 지식인은 경우에 따라 시대와 불화할 수도 있고 권력에 맞설 수도 있어야 한다. 굳이 사회이론가 미셸 푸코Michel Foucault를 떠올리지 않더라도 인간의 자유에 대한 치열한 열망과 평등에 대한 간절한 소망은 지식인이 가져야 할 덕목이며, 이 덕목을 내면화하고 사회적으로 실천하는 것이야말로 지식인이라면 마땅히 갖고 있어야 할 위엄이자 기품이다.

시내에서 저녁 약속이 있어 모처럼 인사동으로 나갔다. 저녁을 먹은 후 아는 이들과 헤어져 혼자 종로3가 쪽으로 걸었다. 가까이 백탑이 보였다. 부지불식간에 박지원과 박제가가 떠올랐다. 한 젊은이가 대문을 열고 들어가 인사를 드리니 다른 한 중년 사내가 서둘러 나와 반갑게 손을 잡아 끌고 들어간다. 밤을 새워 끝없이 이어지는 그들의 이야기가 서울 하늘 아래 조용히 울려 퍼진다. 벌써 200년 전의 일이건만 그들의 첫 만남이 내게도 눈에 선하다. 터벅터벅 걷고 있는데 거리를 가득 메운 인파 저 뒤편 어디선가 두 사람 역시 이야기를 나누며 걸어오고 있는 것 같았다. 3호선을 타기 위해 종로3가역으로 걸어가면서 이따금 나는 탑골공원 쪽을 돌아보곤 했다.

제6장

정약전과 정약용

실학파의
시대정신

정약전 1758년 경기도 광주에서 태어나 1816년 사망했다. 정약용의 둘째 형님으로 흑산도에 유배됐을 때『자산어보』등을 저술했다.『자산어보』는 당시 수산생물을 연구한 독보적인 자연과학 저술로 평가된다.

정약용 1762년 경기도 광주에서 태어나 1836년 사망했다. 성호 이익을 사숙했으며 실학파를 집대성한 조선 후기 최고의 학자다. 주요 저작으로『경세유표』,『목민심서』,『흠흠신서』의 '1표 2서'를 비롯한 경세학 연구와 경학 저술이 있다.

글을 쓸 때 더러 가족 이야기를 할 때가 있다.
2010년 한 주간지에 지난 20세기 우리 역사에 대한 글을 연재할 때는
부모님 이야기를 잠시 꺼내기도 했다.
나이가 들어갈수록 지금 내 나이의 아버지와 어머니를 떠올리고,
오래전 이해하지 못했던 부모님의 심사를 생각해보곤 한다.

넷째 형님에 대한 기억

가족이란 무엇인가. 정직하게 말하면, 20대 중반 독일로 유학을 떠나기 전에는 가족의 의미를 그다지 깊게 생각하지 않았다. 하지만 부재가 존재를 증명한다고, 정작 가족과 떨어져 살아보니 그들이 내 삶에서 어떤 의미를 갖고 있는지를 실감할 수 있었다. 이메일이 없던 시절이라 직접 손으로 쓴 편지들을 주고받던 그 시간을 생각하면 아직도 마음 한구석이 애틋해진다.

1980년대 후반 어느 해 겨울이 막 오기 직전 어느 날, 넷째 형님으로부터 정태춘 노래가 담긴 테이프와 함께 편지를 받았다. 편지에는 정태춘이 처연히 부른 〈서울의 달〉을 들으면서 밤하늘에 걸린 달을 바라보며 하나밖에 없는 동생인 너 역시 저 달을 보고 있을지도 모르겠다는 생각을 떠올린다는 내용이 적혀 있었다. 저녁 세미나를 들으러 학교로 가면서 나는 이 편지를 읽었다. 그리고 늦은 밤 기숙사로 돌아오는 길, 겨울을 부르는 황량한 밤바람이 거세게 몰아치는 북독일 저지대의 빈 하늘에 덩그러니 떠 있는 달을 바라보면서 워크맨으로 정태춘의 〈서울의 달〉을 들었다.

저무는 이 거리에 바람이 불고 돌아가는 발길마다 무거운데
화사한 가로등 불빛 넘어 뿌연 하늘에 초라한 작은 달
오늘밤도 그 누구의 밤길 지키려 어둔 골목골목까지 따라와
취한 발길 무겁게 막아서는 아~ 차가운 서울의 달

지금 내가 보고 있는 저 달을 어쩌면 형님도 잠들지 못하고 바라보고 있을지 모른다는 데 생각이 미치자 마음 한구석이 젖어오던 기억이 여전히 새롭다. 형님의 편지가 언제나 큰 힘이 됐음에도 정작 직접 만나게 되면 그저 무뚝뚝하게 몇 마디 말만 주고받는 관계가 다름 아닌 형제 관계다.

가족에 대한 사랑은 언표적이라기보다 비언표적 영역에 속한다. 진정한 진리는 투명한 언어로 전달될 수 없다는 포스트모더니즘의 주장에 선뜻 동의하는 것은 아니지만, 가족에 대한 사랑에는 언어로 표현할 수 있는 것 이상의 영역이 분명 존재한다. 가족에 대한 사랑은 너무 직접적인 것이어서, 시인 김수영이 일찍이 간파했듯이, 정면으로 응시할 수 없어 비켜서서만 바라봐야 하는 것일지도 모른다.

사회학적으로 가족과 가족주의는 모더니티의 세계라기보다 전통사회에서 더욱 두드러지는 가치이자 조직원리다. 삼강오륜을 보더라도 그 출발은 가족 간 관계의 윤리다. 이 점에서 가족주의로 대표되는 권위주의와 개인주의로 대표되는 자유주의는 흔히 전통과 모더니티를 특징짓는 이분법적 기준으로 간주된다.

주목할 것은 모더니티로의 사회변동이 급격하게 진행될 경우 가족은 거친 세상의 바람을 막아주는 일종의 바람벽과도 같은 역할을 담당한다는 점이다. 우리 사회의 경우 가족주의에 내재한 공동체주의적 요소는 합리성·계산성·효율성으로 특징지어지는 자본주의의 비인간화를 제어하는 데 일정한 기여를 해왔는데, 국가와 시장의 폭력을 약화시키는 스펀지와 같은 역할을 맡아왔다고 볼 수 있다.

가족주의를 일방적으로 옹호하려는 게 아니다. 한 걸음 물러서서 볼 때 가족주의는 긍정적인 기여보다 부정적인 폐해가 더 두드러진다. 유사

가족주의인 학벌주의와 지역주의를 생각하면 '한국적 가족주의'는 극복의 대상이지 장려의 문화는 아니다. 내가 가족주의를 이야기하는 것은 전통에서 모더니티로 가는 시간 속에서 가족의 의미를 돌아보고 싶기 때문이다. 그리고 우리 역사에서 내 마음을 더없이 처연하게 했던 한 지식인 가족을 이야기하고 싶기 때문이기도 하다.

정약용과 그의 가족

조선 후기 최고의 지식인이라 할 수 있는 정약용과 그 형제들의 삶은 전통과 모더니티 사이에 서서 고뇌하고 새로운 방향을 치열하게 모색해간 개인사, 가족사, 사회사를 생생히 보여준다. 결코 범상치 않은 이 가족의 복잡다단하고 파란만장한 삶에는 언어로 전달하기 어려운 우리 역사의 한 시대가 있는 그대로 살아 숨 쉬고 있다.

정약용의 삶과 사상을 다룬 책들이나 그 형제의 삶과 사상을 다룬 책들은 이미 적잖이 나와 있다. 특히 역사학자 이덕일의 『정약용과 그의 형제들 1·2』는 이 가족이 겪어야 했던 더없이 무거운, 그러나 치열했던 역사를 소설 못지않은 감동으로 전달하고 있다. 비록 각주가 많이 달린 전문 연구서는 아니더라도 이덕일이 재구성한 정약용 일가의 삶은 200년이 지난 현재에도 주목할 만한 메시지를 던져준다.

내가 정약용과 그의 가족을 알게 되고 관심을 갖게 된 것은 학부 시절이었다. 1980년대 초반 역사학을 공부하는 선배로부터 시간이 날 때 한번 읽어보라고 정약용의 책 두 권을 추천받았다. 송재소가 펴낸 『다산 시선』과 역사학자 박석무가 펴낸 『유배지에서 보낸 편지』가 그것이다.

> 쓸쓸한 석우촌
> 앞에는 세 갈랫길
> 두 말 서로 희롱하며
> 저 갈 곳 모르는 듯
> 한 말은 남으로 가고
> 또 한 말은 동으로 가야 하네 (……)
> 조금만 조금만 하는 사이에
> 해는 이미 서산에 기울어졌네
> 앞만 보고 가야지 뒤돌아보지 말고
> 앞으로 다시 만날 기약이나 새기면서

송재소가 우리말로 옮긴 정약용의 시 「석우촌의 이별」이다. 『다산 시선』에 실린 원주를 보면 다음과 같은 이야기가 나온다. "가경嘉慶 신유년[1801] 정월 28일, 나는 소내에 있다가 화가 일어날 것을 알고 서울에 들어가 명례방에 있었다. 2월 8일에 조정에서 의논을 발하여 그 다음날 새벽종이 칠 때 투옥되었다가 27일 밤 이고二鼓에 은혜를 입고 출옥하여 장기에 유배되었다. 그 다음날 길을 떠남에 숙부님들과 형님들이 석우촌에 와서 서로 이별했다. 석우촌은 숭례문에서 남으로 3리에 있다."

내가 이 시를 처음 읽은 것은 1981년 대학교 3학년 때였다. 당시 시대적 상황 탓인지 이 시에 담긴 그 어떤 비장함, 안타까움, 서러움에 마음이 더없이 착잡하고 처연했다. 그래서인지 요즘도 남대문이나 서울역 주변으로 갈 때 부지불식간에 이 시를 떠올리고, 비극적인 삶을 견뎌야 했던 정약용과 그의 가족을 떠올리곤 한다. 내친김에 하나 더 인용하자면, 정약용이 같은 해에 쓴 「아들에게」라는 시는 다음과 같다.

> 두시杜詩가 내 마음 먼저 알아서
> 네 편지 받아 보니 너도 사람 되었구나
> 세상 밖 강산은 이리도 고요한데
> 어지러운 속에서도 모자간母子間은 친하구나
> 의심받고 놀란 몸 병을 어찌 면하겠나
> 살림살이 가난한 것 걱정치 말고
> 부지런히 힘써서 남새밭 가꾸어
> 맑고 밝은 세상에 일민逸民이나 되어라

일민이란 벼슬을 하지 않고 숨어 사는 사람을 말한다. 부모라면 누구나 자기 자식이 잘되기를 바란다. 더욱이 전통사회에서는 입신양명立身揚名이 최상의 가치였다. 그런데 정약용은 아들에게 정작 일민이나 되라고 이야기하고 있다. 이 시가 쓰인 1801년은 그의 기나긴 유배가 시작된 해다. 이런 내용의 시를 쓸 수밖에 없었던 정약용의 처지가 충분히 이해되지만, 다른 한편으로는 이런 상황으로 지식인을 내몰았던 당시 사회구조에 대해 그 어떤 안타까움과 분노를 느끼지 않을 수 없다.

정약용은 막내였다. 큰 형님은 약현, 둘째 형님은 약전, 셋째 형님은 약종이었으며, 누님이 한 분 계셨는데 남편이 이승훈이었다. 또 큰 형님의 처남은 이벽이었고, 그 사위는 황사영이었으며, 이승훈의 외삼촌은 이익의 종손이자 당시 기호 남인을 이끌었던 이가환이었다.

이들은 18세기 후반과 19세기 초반 우리 역사의 한가운데를 걸어갔던 지식인들이었다. 이가환과 정약용은 채제공의 뒤를 이어 기호 남인을 대표하는 지식인들이자 정조 개혁정치의 한 구심을 이뤘다. 이들의 비극은 1800년 정조의 돌연한 죽음 직후 시작됐다. 1801년 신유박해 당시 정약종, 이승훈, 이가환은 처형됐으며, 곧이어 일어난 황사영 백서 사건에서는 황사영이 처형됐다. 그리고 정약전과 정약용은 모진 고문을 받은 후 기나긴 유배의 길을 떠나게 됐다.

박지원과 박제가에 이어 이 장에서 다루고자 하는 지식인들은 바로 정약전과 정약용 형제다. 조선 후기라는 시대적 구속을 고려할 때 두 사람은 이례적인 지식인이다. 그 이례성은 이들이 누구보다도 서학을 잘 알고 있었다는 사실에 있다. 기록에 따르면 이들은 이벽으로부터 서학과 천주교를 배웠으며, 결국엔 천주교를 떠났지만 당대 지식인으로서는 서구의 모더니티에 상당히 정통했다고 볼 수 있다.

귀양이라는 더없이 고단한 나날 속에서도 정약전과 정약용은 이에 굴하지 않고 의연하게 지식인의 본분인 연구와 저술을 계속해나갔다. 특히 정약용은 위기로 치닫는 조선사회를 객관적으로 바라보고 그 위기를 극복할 수 있는 새로운 개혁 담론을 치열하게 탐구해나갔다. 정약용이 이룬 업적은 전통사회 시대정신의 근본적 성찰을 요청한 것이자 실학과 시대정신을 집대성한 것이었다.

정약전, 자연과학의 선구자

정약전丁若銓은 1758년(영조 34년)에 경기도 광주(현 남양주군 조안면 능내리)에서 태어났다. 자는 천전天全이며 호는 손암巽庵이다. 아버지는 재원이며 어머니는 윤씨 부인이다. 정약전은 어린 시절부터 기호 남인의 대표적 지식인인 이익의 학설을 익혔으며, 이익의 제자인 권철신 문하에서 학문을 더욱 연마했다. 1783년 사마시에 합격해 진사가 되고 1790년 문과에 급제함으로써 전적·병조좌랑 등의 관직을 역임했다.

정약전은 친척인 이벽, 이승훈 등과 긴밀히 교유했는데, 이들을 통해 서양의 자연과학을 배우고 천주교 교리를 익혔다. 1801년 신유박해가 일어나자 정약전은 전라남도 신지도에 유배됐으며, 곧이어 일어난 황사영 백서 사건으로 다시 흑산도로 유배지를 옮겼다. 섬의 청소년들을 가르치면서 연구를 계속해온 정약전은 끝내 고향으로 돌아가지 못한 채 1816년(순조 16년) 흑산도에서 숨을 거뒀다.

정약전이 우리 지성사에서 주목할 지식인으로 기억되는 것은 바로 이 유배 시절에 『자산어보』玆山魚譜를 저술했다는 데 있다(연구자들에 따라서 이 책은 『현산어보』라고도 불린다. '玆'를 '자'가 아니라 '현'으로 읽을 수 있다는 주장인데, 여기서는 『자산어보』라는 견해를 따른다). 정약전은 흑산도 근해의 생물을 조사하고 연구해 이를 책으로 기록했는데, 『자산어보』가 바로 그것이다. 이 책은 당시 수산생물 155종에 대한 이름·분포·형태·습성·이용 등의 매우 귀중한 내용을 담고 있는 이채로운 자연과학 저작이다.

우리 전통사회에서 자연과학에 대한 저작이 없었던 것은 아니다. 하지만 철학과 윤리와 비교해 상대적으로 과학과 기술을 경시하는 유교 문화의 영향으로 우리 전통사회에서 뛰어난 자연과학 저작들이 그다지 많이 쓰인 것은 아니다. 자연과학의 기본적 방법론은 관찰이다. 정약전은 세밀한 관찰을 통해 『자산어보』에서 우리에게 익숙한 수산생물들에 대한 다양한 지식과 정보를 전달한다. 비슷한 시기에 저술된 김려의 『우해이어보』牛海異魚譜와 함께 『자산어보』는 전통사회의 어류 연구에 대한 더없이 소중한 자료로서의 가치를 갖고 있다.

『자산어보』, 수산학의 고전

『자산어보』가 시선을 끈 이유는 네 가지다. 먼저, 이 책은 특유의 분류법을 보여준다. 이 책에서 정약전은 당시 수산생물을 크게 인류鱗類, 무린류無鱗類, 개류介類, 잡류雜類로 나눈다. 인류가 비늘이 있는 것이라면, 무린류는 비늘이 없는 것이다. 개류는 껍질이 단단한 것이며, 잡류는 그 어디에도 속하지 않는 것들이다. 정약전은 다시 비늘이 있는 인류 아래 석수어, 숭어, 농어, 강항어 등 여러 종류를 구분한다. 현재적 관점에서 보면 이러한 분류법이 낯설고 거칠더라도 그 나름대로 수산생물들의 독특한 특성을 잘 포착하고 있다.

둘째, 이 책은 당시 수산생물의 방언과 특징을 기록하고 있는데, 이 역시 매우 소중한 자료다. 예를 들어 '짱뚱어'의 경우, 정약전은 자신이 지은 이름인 '철목어'凸目魚 옆에 '장동어'長同魚라는 당시 방언을 함께 덧붙이고 있다. 또 청어와 고등어의 경우 그 회유와 분포에 대한 정보를 적어놓고 있는데, 이는 현재의 실태와 비교할 수 있는 소중한 자료이기도 하다.

셋째, 이 책은 실사구시의 정신이 반영돼 있다. 정약전은 개별 생물의 말미에 의약상의 기능을 기술하고 있는데, 예를 들어 홍어의 경우 배가 아플 때 효능이 있으며, 주기酒氣를 없애는 데도 효과가 있다고 적고 있다.

『자산어보』는 어류학자 정문기에 의해 우리말로 옮겨졌으며, 시인 손택수에 의해 주요 어류들의 소개와 해제를 담은 책으로 발표되기도 했다. 특히 손택수의 『바다를 품은 책, 자산어보』는 그림을 덧붙이고 현대 생물의 이름을 함께 소개하여 읽는 재미를 더해준다. 주목할 것은 『자산어보』에는 당시 흑산도에 사는 사람들이 나온다는 점이다. 서문을 보면 다음과 같은 구절이 있다.

> 나는 섬사람들을 널리 만나보았다. 그 목적은 어보를 만들고 싶어서였다. 그러나 사람마다 그 말이 다르므로 어느 말을 믿어야 할지 알 수 없었다. 섬 안에 장덕순, 즉 창대라는 사람이 있었다. (……) 성격이 조용하고 정밀하여, 대체로 초목과 어조 가운데 들리는 것과 보이는 것을 모두 세밀하게 관찰하고 깊이 생각하여 그 성질을 이해하고 있었다. 그러므로 그의 말은 믿을 만했다. 나는 드디어 이 분을 맞아 함께 묵으면서 물고기의 연구를 계속했다.

이러한 진술은 당시 어업에 종사한 민중들에 대한 정약전의 생각을 엿볼 수 있게 한다. 손택수가 지적하듯이 『자산어보』는 정약전 개인의 책인 동시에 장창대를 포함한 섬사람들이 공동의 저자로 참여한 책이라고 볼 수 있다.

『자산어보』는 유배라는 비극을 초극하려는 지식인 정약전의 의지가 담겨 있다. 앞서 말했듯이 그는 살아서 고향에 돌아오지 못하고 흑산도에서 이승을 달리했다. 이 책을 읽어본 사람은 누구나 느끼는 것이겠지만, 다음과 같은 서문의 첫 문장은 마음을 더없이 시리게 한다. "자산은 흑산黑山이다. 나는 흑산에 유배되어 있어서 흑산이란 이름이 무서웠다. 집안 사람들의 편지에는 [흑산을] 번번이 자산이라 쓰고 있었다. 자茲는 흑黑자와 같다."

동생 정약용은 흑산이란 말에 담긴 의미를 고려해 '흑'자 대신 '자'자를 썼다고 한다. '자'에도 검다는 뜻이 담겨 있으나 형님의 불우한 처지를 고려할 때 '흑산'보다는 '자산'이 섬세한 배려가 담긴 말일 것이다. 나는 아직까지 흑산도에 가보지 못했다. 목포에서 100킬로미터 정도 떨어져 있는 이 섬은 산과 바다가 푸르다 못해 검게 보인다 하여 흑산도라 했다고 한다. 왜 『흑산어보』가 아니라 『자산어보』라 했는가를 생각하면 마음이 처연해지고, 개인적 비극에 의연히 맞서서 연구를 게을리 하지 않았던 정약전의 의지적 낙관에 새삼 숙연해지게 된다.

정약용, 시대정신 탐구의 전형

한 지식인의 위상을 다른 지식인과 비교하는 것은 학문세계에서 그다지 바람직한 것은 아니다. 지식인들에게는 누구나 자신만의 고유한 연구 영역이 있으며, 그 연구 성과를 다른 이들의 업적과 객관적으로 비교할 수 있는 잣대란 사실 부재한다. 이 점에서 최근 우리 사회에서 연구 업적을 수량화해 과도하게 비교하는 풍토에는 문제가 없지 않다. 이러한 경향은 오히려 상당한 숙고를 요구하는 창의적 연구를 제한할 수도 있기 때문이다. 지식인들에 대한 평가가 이런 특성을 갖는 것임에도 우리 지성사에는 누구나 인정할 수밖에 없는 우뚝 솟은 거인들이 존재한다.

나는 정약용이야말로 바로 그런 거인의 한 사람이라고 생각한다. 방대한 저작들도 저작이려니와 더없이 치열했던 그의 삶과 연구는 시대정신 탐구의 한 전형을 보여준다. 더욱이 그 지적 고투가 기나긴 유배생활을 통해 이뤄졌다는 점을 생각하면, 지식인 정약용이야말로 우리 역사에서 만날 수 있는 진정한 지적 거인일 것이다.

박석무의 『정약용 유배지에서 만나다』를 보면, 긴 유배에서 돌아온 후 몇 년이 지난 1822년에 당대 최고의 문장가였던 노론계 학자 김매순이 『매씨서평』을 읽어본 소감을 정약용에게 편지로 보내왔다. "유림의 대업이 이보다 더 클 수가 없다. 아득하게 먼 천 년 뒤에 온갖 잡초가 우거진 동쪽 오랑캐 나라에서 이처럼 뛰어나고 기이한 일이 일어났다고 말하지 않으랴."

정약용이 답신을 썼다. "박복한 목숨 죽지 않고 살아서 돌아왔습니다. 이제 죽을 날도 멀지 않은 때에 이러한 편지를 받고 보니 처음으로 더 살아보고 싶은 생각이 듭니다." 당대 최고의 지식인으로부터 찬사를 받은 정약용의 솔직한 심사가 잘 드러나 있는 편지다. 한편에서는 그래도 죽기 전에 이러한 평가를 받은 것이 정약용 자신에게는 다행이었고 보람을 느끼게 했을 것이다. 하지만 다른 한편 현재적 관점에서 보면, 김매순이 정약용을 유배지로 내몬 사람은 아니었지만, 노론과 남인의 권력투쟁과 이로 인해 정약용이 겪어야 했던 고난을 생각할 때 논리로만 설명하기 어려운 착잡한 마음을 금할 길이 없다.

정약용丁若鏞은 1762년(영조 38년) 경기도 광주에서 태어났다. 정약전의 둘째 아우로 자는 미용美庸이고 호는 다산茶山, 사암俟菴이며, 당호는 여유당與猶堂이다. 그의 삶은 세 시기로 구분할 수 있다. 첫 번째는 득의의 시기다. 1783년 진사시에 합격하고 1789년 문과에 급제한 다음 벼슬길로 나아갔다. 두 번째 시기는 유배의 시기다. 정조 사후 1801년 신유박해 때 그는 경상북도 장기를 거쳐 황사영 백서 사건 이후 전라남도 강진으로 유배됐다. 1818년 귀양이 풀릴 때까지 실의를 딛고 고독 속에서 빛나는 연구를 진행시켰다. 세 번째는 마무리의 시기다. 18년의 유배생활을 마치고 돌아온 그는 신작, 김매순, 홍석주, 김정희 등과 교유하면서 자신의 저작들을 정리했다. 그 후 1836년(헌종 2년) 고향 광주에서 세상을 떠났다.

『목민심서』, 정치·행정 개혁론의 교과서

제한된 지면에서 정약용의 고단한 삶과 탁월한 업적을 간략히 정리한다는 것은 사실 불가능하다. 흔히 정약용은 실학의 집대성자로 알려지고 있다. 그의 저술은 500권이 넘는다. 오랫동안 정약용의 사상을 연구해온 철학자 금장태에 따르면, 정약용의 학문세계는 유교 경전을 새롭게 해석한 '경학'과 국가 경영을 위한 정치·경제·법률 분야의 '경세학'이 두 축을 이룬다(『다산 정약용: 유학과 서학의 창조적 종합자』, 살림). 그리고 여기에 문학·역사학·지리학·언어학·풍속학·의학 등이 덧붙여질 수 있다. 『목민심서』牧民心書, 『경세유표』, 『흠흠신서』, 『아언각비』, 『마과회통』, 『아방강역고』 등 그의 대표 저술들은 이 땅에서 중·고등학교를 다닌 이들에게는 이미 익숙한 제목들이다.

시대정신의 관점에서 정약용의 사상을 선명히 보여주는 것은 '1표 2서'(『경세유표』, 『목민심서』, 『흠흠심서』)로 알려진 경세학이다. 유학자답게 정약용은 경학에 심혈을 기울였고 앞서 김매순의 평가에서 볼 수 있듯이 중요한 기여를 했다. 하지만 현재적 관점에서는 경학보다 아무래도 경세학에 더 큰 관심을 가지게 된다. 경학이 실학파의 관점에서 본 유학의 재구성이라면, 경세학은 현실개혁을 목표로 한 실학파의 본격적인 사회과학이라 할 수 있기 때문이다. 실학파의 집대성이라는 그의 평가가 오롯이 반영돼 있는 영역 또한 다름 아닌 경세학이기도 하다.

정약용이 '1표 2서'를 저술한 것은 유배 말년과 해배 직후다. 1817년 『경세유표』를, 1818년 『목민심서』를 저술했고, 고향에 돌아온 직후인 1819년 『흠흠신서』를 완성했다. '1표 2서'에 담긴 정약용의 문제의식은 부국강병을 위한 포괄적인 사회개혁에 있었다. 그 자신의 말을 빌리면, 『경세유표』에는 '조선이라는 오래된 나라를 통째로 바꾸어버리자'는 문제의식이, 『목민심서』에는 '현재의 법 테두리 안에서라도 우리 백성들을 살려내보자'라는 문제의식이 담겨 있다. 그리고 『흠흠심서』는 형사사건을 다루는 관리들을 계몽하기 위해 저술한 형법서다.

이 가운데 『목민심서』는 정약용의 대표작들 가운데 으뜸으로 꼽힌다. 서문에서 그는 다음과 같이 말한다.

백성을 다스림은 학문의 반이라 하여, 이에 23사史와 우리나라 여러 역사 및 자집子集 등 여러 서적을 가져다가 옛날 사목이 목민한 유적을 골라, 세밀히 고찰하여 이를 분류한 다음, 차례로 편집하였다. 이곳 남쪽

지방은 전답의 조세가 나오는 곳이라, 간악하고 교활한 아전들이 농단하여 그에 따른 여러 가지 폐단이 어지럽게 일어났는데, 내 처지가 비천하므로 들은 것이 매우 상세하였다. 이것 또한 그대로 분류하여 대강 기록하고 나의 천박한 소견을 붙였다.

한마디로 『목민심서』는 지방 관리의 폐해를 해결하고 그 해법을 제시하기 위한 정치·행정 개혁론이다. 구체적으로 이 책은 총 12편(부임, 율기, 봉공, 애민, 이전, 호전, 예전, 병전, 형전, 공전, 진황, 해관)과 각 편을 6조로 나눈 총 72조로 돼 있다. 각 조는 다시 강목을 두고 있는데, 강에는 의견의 대강을 제시하고, 목에는 우리나라와 중국의 구체적인 사례를 통해 분석하고 그 해법을 강구한다.

유배 후반기에 경학에 대한 연구를 마친 이후 정약용은 국가의 제도 개혁론을 다루는 『경세유표』를 저술하다가 이를 중단하고 『목민심서』를 쓴 것으로 알려져 있다. 이는 당시 더없이 곤궁했던 백성들의 삶을 더 이상 그대로 놓아둘 수 없다는 그의 문제의식을 반영하고 있으며, 실제로 이 책에는 당시 아전과 토호의 부정부패, 농민들의 처참한 실태가 있는 그대로 담겨 있다. 지방 행정은 국가 경영의 기초인데, 올바른 목민관이 되기 위한 지침을 다룬 『목민심서』는 정약용 사회개혁론의 출발점을 이룬다고 볼 수 있다. 우리나라 정치가들이 이 책을 여전히 중시하고 가장 많이 읽는다고 말하는 이유도 바로 여기에 있다.

정약용의 연구가 우리에게 널리 알려지게 된 것은 1930년대다. 그의 사후 100년을 기념하기 위해 1936년 전국적 헌금을 통해 그의 저술을 출간하는 사업이 추진됐다. 1935년부터 5년간 『여유당전서』 76책이 신

조선사에서 간행됐으며, 동시에 강연회를 포함해 그의 사상이 새롭게 재평가됐다. 이러한 재평가는 해방 이후 더욱 활성화됐는데, 홍이섭, 이을호, 금장태 등의 연구들이 잇달아 발표되면서 정약용은 실학파는 물론 조선 후기를 대표하는 학자이자 지식인으로 자리매김됐다.

정약용의 모더니티 인식

정약용은 앞서 다룬 박지원, 박제가와 동시대 지식인이다. 북학파 그룹의 연구와 정약용의 연구는 실학파로 통칭되고 있지만 일정한 차이가 존재한다. 첫째, 북학파의 주요 활동이 정조 연간에 이뤄진 반면, 정약용의 주요 연구는 순조 연간에 진행됐다. 북학파가 상대적으로 여건이 좋은 개혁 정치 시대에 활동했다면, 정약용은 세도정치 시대의 고난 속에서 연구에 몰두한 셈이었다.

둘째, 북학파가 상공업의 발전을 강조했다면, 정약용은 이익의 문제의식을 계승하여 전제田制를 포함한 농업의 개혁을 중시했다. 북학파가 중상학파로 불리고, 정약용이 중농학파로 불린 연유도 여기에 있다. 하지만 앞서 말했듯이 정약용의 관심은 인문학에서 사회과학, 자연과학에 이르기까지 일종의 종합과학을 지향하고 있었다.

내가 주목하고 싶은 것은 모더니티에 대해 정약용이 가졌던 시대감각과 시대정신이다. 모더니티에 대한 정약용의 역량은 1789년 한강 배다리의 준공과 1793년 수원성의 설계에서 잘 나타난다. 특히 수원성 축성에서 무거운 것을 들어 올리는 기중의 방법을 다룬 『기중가도설』을 저술하고, 소규모 기중기를 만들어 공사 기간과 비용을 줄인 것은 뛰어난 자연과학적 업적이었다. 이뿐만 아니라 그는 홍역에 대한 치료를 다룬 『마과회통』을 저술하기도 했다.

미국의 사회학자 이매뉴얼 월러스틴에 따르면, 모더니티란 '기술의 모더니티'와 '해방의 모더니티'로 이뤄져 있다. 과학적 진보와 혁신이라는 기술의 모더니티의 관점에서 볼 때 정약용은 분명 모더니티의 선각자였다. 역사의 발전은 비약보다는 끝없는 누적을 통해 이뤄지는 것이며, 이 점에서 18세기 후반 정조 연간에 정약용 등에 의해 진행된 일련의 기술적 진보를 과소평가하기는 어렵다. 기실 서구사회에서도 모더니티를 향한 변화는 긴 시간에 걸쳐 진행돼왔음을 주목할 필요가 있다.

해방의 모더니티의 관점에서 볼 때 정약용의 사상은 문제적이다. 여기에는 서구와 동아시아의 차이를 먼저 생각해볼 필요가 있다. 서구의 경우 모더니티의 전개는 중세의 기독교적 질서에 대한 비판에서 시작된 반면, 동아시아의 경우는 바로 이 서구 모더니티의 정신이 기독교 문화와 혼재되어 전래됐다. 개인주의와 자유주의, 평등주의가 모더니티의 핵심 가치라면, 동아시아에 전파된 천주교는 하느님이라는 유일사상과 함께 이러한 모더니티의 정신을 담고 있기도 했다.

정약용은 그의 세례명 안드레아가 보여주듯이 한때 천주교 신도였다. 그의 나이 60세 때 쓴 자찬묘지명을 보면 다음과 같은 구절이 나온다.

진사로서 성균관에 들어간 후 이벽을 따라 놀며 서교에 대하여 듣고 서교의 책을 보았다. 정미년(1787) 이후로 4, 5년 동안은 매우 열심히 서교에 마음을 기울였다. 하지만 신해년(1791) 이후부터 나라에서 천주교를 금지함이 엄중했으므로 마침내 천주교에 대한 마음을 끊었다. 을묘년 (1795) 여름에 소주蘇州 사람 주문모가 들어와 나라 안의 분위기가 흉흉하자 외직으로 나가 금정 찰방에 보임되어서는 왕명의 뜻을 받아서 천주교도들을 유인해 교화시키고 제거했다.

천주교에서 떠났음을 이렇게 분명히 기록한 것은 천주교가 자신과 가족의 삶에 미친 영향이 그만큼 컸다는 사실을 암시한다. 내가 주목하고 싶은 것은 정약용이 종교로서의 천주교는 결국 포기했다 하더라도 정신으로서의 서구를 과연 어떻게 생각해왔는가의 문제다. 유배 이후에 쓰인 저작들과 특히 편지들을 보면 정약용은 기본적으로 '전통인'으로서의 전형적인 특성을 보여준다. 경학에 대한 일련의 연구 성과들은 그 직접적인 증거라 할 수 있다.

문제는 경세학에서 나타난 그의 애민사상이다. 백성에 대한, 다시 말해 민중에 대한 진정한 사랑의 의미를 담고 있는 애민이 통치의 근본이라는 생각은 앞선 유학자인 정도전과 이이의 사상에도 중심을 이뤘던 것이며, 정약용 역시 이익을 포함한 이러한 사상적 전통의 연장선상에서 애민사상을 펼쳐 보이고 있다. 바로 이런 점에서 정약용의 애민사상과 토지개혁론으로부터 모더니티의 단초, '근대인'의 특성을 찾으려고 하는 것은 일종의 '소망의 과잉'일 수 있다.

하지만 문제가 간단치 않은 것은 위와 같은 판단이 서도서기西道西器적 관점에서 역사를 이해하려는 발상에 기초하고 있다는 데 있다. 모더니티의 정신적 기초를 이루는 자유주의, 민주주의, 평등주의가 반드시 '서도' 여야 하는가에 대한 질문이 유효하다면, 소망의 과잉이라는 평가 역시 서

경기도 남양주시 능내리에 있는 다산 생가 여유당의 모습. 다산이 머물던 여유당은 1925년 대홍수 때 떠내려갔으며 현재의 건물은 1975년에 복원한 것이다.

구적 시각의 판단일 수 있다. 동아시아의 모더니티에서 서도서기와 동도서기東道西器 중 어떤 것이 더 바람직한 것인가는 결코 간단한 해답을 요구하는 문제가 아니며, 이는 우리 모더니티의 벽두에서부터 지식인들이 대면한 문제였던 것으로 보인다.

서구의 모더니티를 과연 어떻게 수용할 것인가. 정약용 형제들은 이에 대해 주목할 만한 삶과 사상을 보여줬다. 정약전과 정약용이 동도서기적 사유의 한 출발을 보여준 반면, 정약종과 이승훈은 서도서기적 관점을 적극적으로 수용했다. 동도서기와 서도서기 가운데 어떤 것이 더 바람직한 것인가의 문제는 여전히 우리 지식사회의 숙제이기도 하지만, 이 두 가지 선택 모두가 200년 전 한 가족의 삶과 사상에 나타났다는 것 자체가 대단히 경이로운 일이라 하지 않을 수 없다. 나는 정약용과 그 가족에 대한 연구가 더욱 활성화돼야 할 이유가 바로 여기에 있다고 생각한다.

서쪽 담을 비추는 달빛

정약용 형제에 대한 글을 쓰기 직전 신록이 아름다운 4월 어느 날, 정약용 생가와 묘소가 있는 능내리를 찾았다. 유학을 마치고 돌아온 이후 마음이 쓸쓸할 때면 이곳을 더러 찾아왔다. 이번에는 글을 준비하는 와중에 들른 탓인지 마음이 더욱 각별했다. 생가인 여유당, 묘소, 기념관 등 이곳저곳을 돌아보면서 정약용이 만들었던 거중기와 녹로 모형, 그가 저술했던 『목민심서』 등 여러 유품 등을 지켜보니 더없이 고단하고 파란만장했던 그의 삶에 자못 처연해지지 않을 수 없었다.

돌아오는 길, 생가 인근에 있는 한 카페에 들렀다. 서울에서 가까운 탓인지 카페는 사람들로 가득 찼다. 외식을 하러 나온 가족도 있었고, 바람을 쐬러 온 부부도 있었고, 다른 이들에게는 전혀 관심도 없이 자기들끼리 이야기에 열중하는 연인도 있었다. 저녁을 먹고 나오니 어느새 어둠이 내려 있었다. 저 멀리 보이는 팔당호 위에는 덩그러니 달이 빛나고 있었다.

> 병상에서 일어나자 봄바람도 가버리고
> 수심이 가득하니 여름밤이 길구나
> 잠깐 동안 대자리에 누워 있는 사이에도
> 문득 문득 고향집이 그리워지네
> 등잔불 그을음이 매캐하기에
> 문을 여니 대[竹] 기운이 서늘하구나
> 저 멀리 소내에 떠 있는 달은
> 우리 집 서쪽 담을 비추고 있겠지

1801년 정약용이 유배지 강진에서 쓴 시 「밤」이다. 낮이 빛이라면 밤은 어둠이다. 삶의 어둠을 비추는 달, 고향 하늘에 떠 있을 달과 가족을 떠올리는 정약용의 쓸쓸한 모습을 생각하게 하는 작품이다. 지금 내가 보고 있는 저 달은 정약용이 살았던 200년 전에도 저렇게 빛나고 있었을까. 두고 온 고향집 서쪽 담을 비추고 있었을까. 고향을 떠난 지 18년이 지난 다음에야 정약용은 그곳으로 돌아갈 수 있었다. 고향이란, 가족이란 과연 무엇이고 또 어떤 존재일까. 나는 주머니에서 휴대전화를 꺼내 넷째 형님 전화번호를 천천히 누르기 시작했다.

제7장

이건창과 서재필

개혁과 개방의
두 태도

이건창 1852년 경기도 개성에서 태어나 강화에서 성장했으며 1898년 사망했다. 강화학이라 불리는 양명학을 가학으로 전수받았으며, 조선 말기를 장식한 최고의 문장가로 꼽힌다. 주요 저작으로 『당의통략』, 『명미당문집』이 있다.

서재필 1864년 전남 보성에서 태어나 1951년 미국 필라델피아 근교에서 사망했다. 『독립신문』을 창간하고 독립협회를 주도했다. 주요 저작으로 『서재필이 꿈꾼 나라』(최기영 엮음), 『My Days in Korea and Other Essays』(홍선표 엮음)가 있다.

원효와 최치원으로 시작한 우리 지식인들의 시대정신 모험은
이제 조선사회의 막바지에 도달했다.
영·정조 시대부터 우리 지식인들의 최대 화두는 근대화였을 것이다.
근대화는 다름 아닌 근대성, 다시 말해 모더니티를 이루는 것이다.
모더니티란 바로 정치적 민주주의와 경제적 자본주의,
그리고 개인주의·자유주의·민족주의 등을 포괄하는 근대적 가치와 정신을 뜻한다.

모더니티로 가는 길

모더니티로 가는 길에서 1876년 개항은 중대한 분수령을 이룬다. 그것은 나라의 문호를 열어 서양 문물을 받아들인다는 것을 의미한다. 낯선 존재였던 서양인과 서양 문물을 적극적으로 수용함으로써 새로운 방향의 발전을 모색하겠다는 것에 개항의 의미가 담겨 있다. 물론 우리에게 개항은 자발적인 게 아니라 타율적으로 이뤄진 것이었다. 그리고 이러한 타율성을 우리 민족은 결국 극복하지 못하고 식민화의 길로 나아갔다.

개항이 이뤄진 1876년부터 일제 식민통치가 시작된 1910년에 이르는 30여 년은 우리 근·현대사에서 가장 극적인 시간대의 하나다. 임오군란(1882), 갑신정변(1884), 동학농민운동(1894), 갑오개혁(1894), 대한제국 선포(1897), 그리고 일련의 의병항쟁 등은 전통과 모더니티의 경계에서 우리 사회가 모더니티 속으로 성큼성큼 들어서온 것을 상징하는 사건들이다.

오호라, 작년(1905) 10월에 저들이 한 행위는 만고에 일찍이 없던 일로서, 억압으로 한 조각의 종이에 조인하여 500년 전해오던 종묘사직이 드디어 하룻밤 사이에 망하였으니, 임금이 없으면 신하가 어찌 홀로 있을 수 있으며, 나라가 망하면 백성이 어찌 홀로 보존될 수 있겠는가. 나라가 이와 같이 망해갈진대 어찌 한번 싸우지 않을 수 있는가. 또 살아서 원수의 노예가 되기보다는 죽어서 충의의 혼이 되는 것이 나을 것이다.

면암 최익현이 1906년에 쓴 의병 격문이다. 모더니티로 가는 길은 망국으로 가는 길이기도 했고, 새로운 시대로 나아가는 길이기도 했다. 새롭게 열리는 모더니티의 세계 속에서 이제 살펴보려는 두 지식인은 이건창과 서재필이다. 이건창은 고종 시대에 활약한 양명학자이며, 서재필은 고종 시대부터 해방공간까지 활약한 독립운동가다.

두 사람의 삶과 사상을 주목하는 이유는 그 상징성에 있다. 이건창이 전통을 존중하면서도 변화를 모색하던 지식인이었다면, 서재필은 『독립신문』과 독립협회에서 볼 수 있듯이 당대를 대표하던 독립운동가였다.

이건창, 강화학자로서의 삶

이건창李建昌은 1852년(철종 3년) 경기도 개성에서 태어났다. 이조판서를 지낸 이시원이 할아버지이고, 아버지는 상학이며, 어머니는 윤자구의 딸이다. 자는 봉조鳳朝·鳳藻이고 호는 영재寧齋이며, 당호는 명미당明美堂이다. 개성에서 출생했지만 그가 성장한 곳은 강화도다. 선대부터 살아온 강화도에서 이건창은 할아버지 이시원으로부터 문학과 사상에 대한 가르침을 받았다.

이건창은 5세에 이미 문장을 구사할 정도로 신동이라 불렸으며 1866년 15세의 나이로 문과에 급제했다. 너무 일찍 과거에 합격해 19세가 되어서야 홍문관직 벼슬을 받았으며, 이후 서장관으로 중국을 방문하고 충청우도와 경기도에 암행어사로 나가기도 했다. 임오군란, 갑신정변 등을 겪고 난 후 1890년 한성소윤이 됐고, 이후 승지, 공조참판, 해주관찰사 등에 임명됐으나 취임하지는 않았다. 국운이 기울어진 1898년 안타깝게도 마흔일곱의 나이로 세상을 떠났다.

이건창은 당대를 대표하는 문장가였다. 창강 김택영, 매천 황현과 더불어 한말 3대 문장가로 꼽혔던 그는 이들 가운데서도 두드러진 인물이었다. 그의 절친한 벗인 김택영은 우리나라 역대 문장가 아홉 명을 선정한 '여한구대가'麗韓九大家에서 이건창을 그 마지막으로 다루고 있다. 김부식에서 이건창에 이르는 구대가의 선정에 이견이 없지는 않지만, 조선 말기 이건창의 문장이 독보적이었음에 대해서는 논란이 없는 듯하다. 그러기에 그는 '조선의 마지막 문장'이라는 별칭을 갖고 있기도 하다.

그동안 이건창의 유적지는 여러 번 가보았다. 강화도 초지진에서 해안도로를 따라가다 선두포구를 지나 쪽실수로에서 동막 해수욕장 쪽으로 조금 더 가면 화도면 사기리가 나오는데, 이 마을에 이건창이 태어난 생가가 있다. 소박한 초가집이지만, 집 앞에는 서해 바다가 펼쳐져 있고 뒤편에는 마니산 줄기가 이어져 있다. 그리고 양도면 건평리에 가면 바다가 보이는 곳에 그의 묘지가 쓸쓸히 놓여 있기도 하다.

개인적으로 이건창을 알게 된 것은 역사학자 민영규의 『강화학 최후의 광경』을 통해서다. 조선 후기와 일제시대의 강화학자들, 다시 말해 양명학자들을 다루는 이 책은 그동안 내가 제대로 알고 있지 못했던 역사적 사실에 대한 새로운 인식을 안겨줬다. 하곡 정제두로 대표되는 조선시대의 양명학은 이른바 '이단의 사상'이었다. 주자학만을 철저히 숭상한 조선사회에서 지행합일을 강조한 양명학은 일종의 '변방의 사상'이었다. 가학으로 양명학을 배운 이건창은 바로 이 점에서 '비주류의 사상가'라고 볼 수 있다.

개인적인 이야기를 조금 더 하면, 내 연구실이 있는 건물의 이름이 위당관이다. 위당 정인보를 기리기 위해 지은 이름이다. 연희전문학교에서 가르친 정인보는 강화학파의 양명학을 계승하신 분이기도 하다. 건물 앞 한구석에는 선생의 흉상이 있고, 거기에는 제자 민영규가 쓴 다음과 같은 글귀가 새겨져 있다.

다산이 그렇고, 성호가 그렇고, 그리고 하곡·원교·초원·담헌·석천 등이 역시 모두 그래서, 수삼세기 동안 지하를 복류해야만 했던 선학들의 슬픈 사연을 몸으로 감당하시고 지표로 광복하신 이가 바로 선생 당신이시다.

선학들의 슬픈 사연이란 주자학의 나라에서 양명학을 연구해온 이들의 서글프지만 의연했던 삶을 뜻한다. 연구실을 오가면서 이 구절을 읽을 때마다 마음이 자연 숙연해지게 된다. 밀린 원고 때문에 밤늦게까지 연구실에 머무는 날이면 흉상 앞 본관으로 내려가는 계단에 앉아 더러 휴식을 취하는데, 그럴 때마다 이 말의 의미를 음미해보곤 한다.

진리란 무엇이며, 지식인은 진리에 대해 어떤 태도를 가져야 하는가. 당시 강화학자들이 소론계 양명학자들이었다는 사실이 현재적 관점에서 그렇게 중요한 것은 아닐지 모른다. 진리 탐구의 학문적 관점에서 당파라는 분류는 기실 지식인의 삶과 사상이 갖는 어느 한 측면만을 보여주기 때문이다. 내가 주목하고 싶은 것은 자신이 속한 시대적 한계 속에서, 자신의 시대와 당당히 맞서서 진리 탐구에 고투한 강화학자들의 용기다.

『당의통략』, 당쟁의 대표 연구서

시대정신의 관점에서 볼 때 개항 이후 조선사회에서는 세 가지 흐름이 존재했다. 서구의 물결이 빠른 속도로 밀려오는데 전통은 여지없이 무너지는 풍전등화의 현실 속에서 위정척사를 주도한 정통 주자학의 길, 갑신정변을 주도한 문명개화의 길, 그리고 그 둘을 절충하려는 동도서기론이 경합했다.

이건창이 선택한 길은 이러한 노선들과는 사뭇 달랐다. 사상가라기보다 문장가였던 그가 선택한 길은 강화학, 즉 양명학에 기반을 둔 일종의 개혁노선이었다. 이 노선은 전통을 쇄신하려 했다는 점에서 전통의 개혁노선이자, 서구 열강 세력을 거부하고자 했다는 점에서 민족주의의 선구적 노선이기도 했다. 이건창과 양명학자들이 이러한 노선을 선택한 이유는 현실인식에서 출발한다.

민영규도 주목한 이건창의 시 「농삿집의 추석」田家秋夕은 그의 현실인식을 엿보게 한다.

> 남쪽 마을에선 소주를 거르고
> 북쪽 마을에선 송아지 잡네
> 오직 서쪽 이웃집에서만은
> 밤새껏 통곡하네
> 묻노니 그 통곡하는 사람 누구뇨
> 유복자 안은 과부라네 (……)
> 매양 굶다보니

그녀가 어찌 나무같이 완강하랴

남편이 세상 뜨니

앞산 기슭에 묻었다오

당대 농민들의 삶에 대한 생생한 증언이다. 서너 번의 암행어사와 유배 경험은 이건창으로 하여금 농민들의 구체적인 삶과 마주할 수 있는 기회를 제공했다. 정약용이 오랜 유배생활에서 당대 현실을 새롭게 발견했듯이 이건창도 몰락해가는 조선사회의 민생 현실을 있는 그대로 목도하고 또 비판했다.

이건창이 남긴 저작으로는 『명미당집』과 『당의통략』黨議通略이 손꼽힌다. 『명미당집』이 그가 남긴 작품들을 모은 시문집이라면, 『당의통략』은 조선시대 당쟁에 대한 연구서다. 『당의통략』은 조부 이시원이 지은 『국조문헌』을 바탕으로 저술한 책으로, 방대한 내용을 담고 있는 『국조문헌』을 간결하게 정리하고 자신의 생각을 덧붙였다.

자신이 소론계 양명학자였음에도 이건창은 가능한 한 객관적인 시각에서 선조 때부터 영조 때까지의 당쟁을 검토한다. 이 책에서 특히 주목되는 것은 책의 마지막 '원론'에서 당쟁의 원인에 대해 분석하고 있다는 점이다. 당쟁의 원인으로 이건창은 여덟 가지 이유를 들고 있다.

첫째는 도학이 지나치게 중한 것이고, 둘째는 명분과 의리가 지나치게 엄한 것이며, 셋째는 문사文詞가 지나치게 번잡한 까닭이고, 넷째는 옥사와 형벌이 지나친 것이며, 다섯째는 대각臺閣이 너무 높은 것이고, 여섯째는 관직이 너무 맑은 것이며, 일곱째는 문벌이 너무 성대한 것이고, 여

둘째는 나라가 태평한 것이 너무 오래되었기 때문이다.

『당의통략』이 갖는 함의는 당쟁에 대한 이러한 분석이 조선시대 정치에 대한 이건창의 평가와 비판을 엿볼 수 있게 해준다는 점에 있다. 정치의 본질 가운데 하나는 독일의 법학자 카를 슈미트Carl Schmitt도 강조하듯이 '적과 동지의 이분법'이다. 문제는 이러한 정치적 적대가 사회적 통합과 함께할 때 의미를 갖는 것이지, 적대만이 일방적으로 강조될 때 그것은 '사회를 위한 정치'가 아니라 '정치를 위한 정치', 곧 소모적 정쟁으로 귀결될 수밖에 없다는 데 있다. 『당의통략』을 통해 이건창이 전달하고자한 메시지도 백성과 사회를 위한 정치의 구현이었다.

문자를 안다는 사람의 본분

이건창과 강화학자들의 삶은 비록 큰 주목을 받지 못했지만 전통과 모더니티의 경계에서 지식인의 존재가 무엇인가를 새삼 돌아보게 한다. 전통에서 모더니티로의 전환이라는 역사변동 속에서 선비로서의 지조와 절개를 지키며 전통의 쇄신을 통해 부국강병을 모색하려는 강화학자들의 정치적 기획은 결국 좌절될 수밖에 없었다.

역사의 물줄기는 이미 모더니티로 넘어가고 있다는 것, 과거는 지나간 과거일 뿐이라는 것, 연속보다는 단절이 시대적 흐름이라는 것을 포함해 역사의 도도한 흐름 앞에 선 강화학자들은 서구화라는 근대화의 물결에 합류하기를 주체적으로 거부했던 것으로 보인다. 강화학을 이끌던 이건창이 세상을 떠난 후 동료와 후학들 가운데 어떤 이들은 이 땅에서, 어떤 이들은 만주와 블라디보스토크에서 선비로서의 기품 있는 고투를 이어갔다.

민영규에 따르면, 일의 성패 문제가 아니라 동기의 순수성 여부가 문제일 따름이라는 게 양명학의 가르침이다. 결과의 대소고하大小高下를 물을 것이 아니라 질質의 참됨만이 지식인의 갈 길이라는 것이다. 이건창은 양명학의 이러한 가르침을 할아버지 이시원으로부터 어릴 때부터 아침저녁으로 들었다고 한다.

사회학적으로 동기의 순수성과 질의 참됨이라는 메시지는 지식인이 가져야 할 신념윤리를 함축한다. 학문과 정치를 오가던 조선시대 지식인의 관점에서 이러한 양명학의 주장은 결과를 중시해야 할 책임윤리를 과소평가한다고 비판할 수도 있다. 하지만 권력 비판을 소홀히 한 당시 지식사회의 현실을 생각할 때 양명학의 가르침은 치열한 진리에 대한 열망으로 볼 수도 있다. 어둠을 밝힐 수 있는 것은 오직 진리의 빛이며, 그것은 지식인에게 존재의 마지막 거점이기도 하다.

이러한 강화학자들의 용기는 이건창과 평생 교유한 황현에게도 그대로 엿볼 수 있다. 이건창이 세상을 떠난 후 황현은 고향에 은거해 저술에 몰두했다. 널리 알려진 그의 『매천야록』梅泉野錄은 말 그대로 '들에서 쓴 기록'이다. 들에서 썼다는 이 표현이야말로 역사의 한가운데서 역사에 맞서온 황현의 삶을 상징적으로 압축한다.

1910년 나라가 결국 일제에 패망하자 황현은 "나는 죽을 마음이 없다. 그러나 (……) 나라가 망하는 날에 한 사람도 순국하는 자가 없으니 어찌 애통하지 않겠느냐"고 말하고 절명시 네 편을 남긴 채 자결을 감행했다.

새도 짐승도 슬피 울고 강산도 찡그리니

무궁화 나라는 이미 사라졌구나

가을 등불 아래 책 덮고 옛일을 돌이켜보니

문자 안다는 사람 인간되기 어렵구나

절명시 가운데 한 부분이다. 나는 우리 역사에서 이보다 비장한 시를 아직까지 읽어보지 못했다. 어떤 이는 황현 역시 봉건시대 지식인의 한계에 갇혀 있다고 말할 수 있을지 모른다. 하지만 역사를 모두 현재로 환원할 수 있는 것은 아니다. 당대 속에서 황현이 선택한 길은 적어도 자신에게는 최선의 길, 다름 아닌 진리의 길이었음이 분명하다.

문자를 안다는 사람, 다시 말해 지식인의 본분이란 과연 무엇인가. 나라의 패망을 죽음으로 맞설 수 있는 용기는 결과에 연연하지 않는 동기의 순수성과 질의 참됨, 바로 그것이었다. 지식인은 과연 무엇에 목숨을 걸어야 하는가. 이는 국면사적 역사나 구조사적 역사를 넘어선 초시간적 역사 속에서 던질 수 있는 질문이다. 스스로 죽음을 선택함으로써 황현은 지식인이라는 존재의 위엄을 드높였다. 황현마저 세상을 떠난 후 일제 식민통치는 더욱 강화됐고, 36년이 지난 다음에야 무궁화의 나라는 해방을 맞이했다.

이건창은 세상을 떠나기 2년 전에 '명미당시문집서전'이라는 제목으로 자신의 일대기를 정리한 바 있다. 마치 행장과도 같은 이 글은 이건창의 일생을 알려주는 귀중한 자료다. 이 글을 보면 당대에 같이 활동했던 개화파와 동도서기파에 대한 이건창의 직·간접적인 평가가 나온다. 주목할 것은 이건창이 개항 이후 『조선책략』을 포함해 대외 정세를 상당히 숙지하고 있었음에도 불구하고 개화파, 동도서기파와 언제나 일정한 거리를 유지했다는 점이다.

개항 이전과 이후의 두드러진 차이 가운데 하나는 대외관계에 대한 인식이다. 당시 조선이 놓인 지정학적 특징을 다뤘던 대표적인 책이 주일 청나라 공사였던 황준헌이 쓴 『조선책략』이다. 1880년 수신사로 일본에 다녀온 김홍집이 가져온 이 책에서 황준헌은 남하하는 러시아를 방어하기 위한 전략을 다뤘다. 그 외교 전략으로 그는 조선이 '친親중국, 결結일본, 연聯미국'에 기초하여 자강을 도모해야 한다고 강조했다.

그다지 길지 않은 이 책자는 당시 조선을 뒤흔들어놓았다. 한편에서는 유림으로부터 척사 상소가 이어졌으며, 다른 한편에서는 개화파와 동도서기파의 외교 전략 구상에 상당한 영향을 미쳤다. 주목할 것은 한반도를 둘러싼 미국, 중국, 일본, 러시아 등에 대해 어떤 외교 전략을 구사할 것인가는 여전히 현재적 의미를 갖고 있다는 점이다. 한 걸음 물러서서 볼 때 우리 사회의 지정학이 이미 100여 년 전부터 구조화되어온 셈이다.

이 나라들 가운데 특히 주목해야 할 국가는 미국이다. 지리적으로는 멀리 떨어져 있지만 1882년 조미수호통상조약을 맺은 이래로 미국은 지난 100여 년을 통틀어 볼 때 우리 사회에 가장 중대한 영향을 미쳐온 나라다. 미국이란 우리에게 과연 무엇인가. 이건창에 이어 다루고자 하는 지식인은 한국인이면서도 미국인이었던, 독립협회 활동으로 널리 알려진 서재필이다.

서재필, 독립운동가로서의 삶

먼저 그의 말년부터 이야기해보자. 해방 이후 미군정청의 요청으로 서재 필은 1947년 7월 49년 만에 한국에 돌아왔다. 당시 『동아일보』는 다음과 같이 보도했다.

> 갑신정변 당시 미주로 망명하여 해외에서 반생을 보내고 백발로 돌아온 그를 맞이하기 위하여 김규식, 김성수, 여운형, 조병옥 경무부장 등 각계 대표와 관계 요인들과 친척, 국내외 신문기자단 등 환영군중에 싸여 인 천 부두에 상륙하자 수만 군중의 박수와 만세소리는 해륙을 흔들었다. 그는 귀국의 제일성을 다음과 같이 말하였다.
> 나의 귀국은 실로 49년 만의 일이다. 이번 오게 된 것은 미국 시민의 자격 으로 왔으나 개인으로서 의정을 돕기 위하여 오게 된 것이다. (……) 짧 은 시일이나마 젊은이들에게도 많은 관심을 돌려서 지도에 노력하겠다.

해방공간에서 서재필이 귀국해 머문 시간은 1년 2개월이다. 그는 미 군정 최고의정관이 되어 김규식 등과 함께 정치적 활동을 벌였지만, 이미 연로한 데다 이승만 세력이 견제하게 되면서 그 영향력은 그렇게 크지 않 았던 것으로 보인다. 서재필의 삶과 사상에 대한 책을 출간한 정치학자 이정식은 1948년 9월 서재필이 한국을 떠나 미국으로 가는 것을 사실상 세 번째 망명이라고 쓰고 있다. 한국인이면서도 미국인이었던, 여든이 넘 은 노구를 이끌고 세 번째 망명길에 올라야 했던 서재필의 삶과 사상이 우 리에게 주는 의미는 무엇인가.

서재필徐載弼은 1864년(고종 1년) 전라남도 보성에서 태어났다. 아버지는 서광언이고, 어머니는 이기대의 딸이었다. 호는 송재松齋이며, 영어 이름은 필립 제이슨Philip Jaisohn이다. 7세에 서울로 올라와 외삼촌인 김성근에게 한학을 배우고(서재필은 어린 시절 친척 서광하의 양자로 들어갔다), 18세이던 1882년 과거에 급제했다. 당시 그는 김옥균, 홍영식, 서광범, 박영효 등과 교류하면서 개화사상에 관심을 갖게 됐고, 1883년에 김옥균의 권고로 일본 도야마육군학교에 입학해 근대식 군대교육을 받았다.

1884년에 귀국한 서재필은 김옥균이 주도한 갑신정변에 참여했다. 그는 병조참판에 임명됐지만, 정변이 '3일 천하'로 끝나자 일본으로 망명하고 4개월 뒤에는 다시 미국으로 망명했는데, 그의 첫 번째 미국 망명이었다. 서재필은 1889년 콜럼비아 의과대학(현 조지워싱턴 대학교)에 입학했고, 1890년 한국인으로는 최초로 미국 시민권을 취득했다. 1893년에는 대학을 졸업하고 의사면허를 획득했으며, 1894년에는 미국 철도우편사업자의 딸인 뮤리얼 암스트롱Muriel Amstrong과 결혼했다.

서재필이 미국에 머물렀을 때 동학농민운동과 갑오개혁이 일어났다. 그는 갑신정변 세력이 복권되자 1895년 귀국했다. 곧 중추원 고문에 임명됐고, 1896년에는 정부예산의 도움을 받아『독립신문』을 창간했다. 그의 독립운동이 빛을 발하던 시기는 바로 이때였다.『독립신문』에 이어 그는 이상재 등과 독립협회를 출범시켰으며, 독립문을 건립하고 토론회를 개최하며 정치개혁운동을 벌여나갔다. 이러한 왕성한 활동은 보수 세력의 견제를 받게 되어 결국 1898년 두 번째 미국 망명길에 올라야 했다.

미국으로 망명한 서재필은 펜실베이니아에서 의학을 포함한 생업에 종사하면서 독립운동을 후원했다. 3·1운동을 전해 듣고 언론을 통해 한국 문제를 세계에 알렸으며, 상해 임시정부와 긴밀한 연락을 취하면서 외교 활동을 벌이기도 했다. 해방이 이뤄지고 미군정이 실시되자 앞서 말했듯이 그는 미군정청의 초청으로 한국에 돌아왔지만, 1948년 미국으로 다시 돌아갔고, 1951년 필라델피아 근교에서 여든여섯의 기나긴 삶을 마감했다. 1994년에는 그의 유해가 봉환되어 서울 국립묘지에 안장됐다.

『서재필이 꿈꾼 나라』, 자주독립에 대한 열망

서재필은 정치운동가였기 때문에 체계적인 저작을 남기지 않았다. 연세대 현대한국학연구소는 1999년 서재필이 영어로 집필한 글들을 역사학자 홍선표가 정리한 『My Days in Korea and Other Essays』를 출간했으며, 2009년에는 역사학자 최기영이 편집한 국문자료집 『서재필이 꿈꾼 나라』를 간행했다. 『서재필이 꿈꾼 나라』는 한말, 일제시기, 해방 이후의 세 시기로 나눠 서재필이 집필한 논설·연설·서간 등을 담고 있다.

　우리 근·현대사에서 서재필이 남긴 가장 중요한 업적은 『독립신문』 창간과 독립협회 결성이다. 1896년 미국에서 귀국한 뒤 서재필이 최초의 민간 신문인 『독립신문』을 창간한 것은 널리 알려진 사실이다. 『독립신문』에서 내가 주목하려는 것은 공론장public sphere에 관한 것이다. 사회이론가 위르겐 하버마스Jürgen Habermas가 강조하듯이, 공론장은 근대 시민사회의 핵심 구성 요소이자 근대 민주주의의 중요한 사회적 기초다.

　우리 전통사회에서 공론장이 없었던 것은 아니다. 이른바 언로言路라는 게 그것이다. 사대부들은 언로를 통해 군주의 권력을 제한하고자 했는

데, 여기에는 3사(사헌부·사간원·홍문관)라는 제도적 장치와 상소라는 비제
도적 장치가 중요한 역할을 담당했다. 특히 전국에 산재한 서원들과 연계
된 상소는 전통사회 공론장에서 이채로우면서도 상당한 영향을 미쳐온
제도였다.

하지만 개항 이후 빠르게 진행돼온 사회변동 속에서 국가와 사회를 이
을 수 있는 새로운 공론장에 대한 요구가 커져왔다. 『독립신문』은 바로
이러한 요구에 부응하는 근대적 공론장의 효시다. 신문학자 정진석은
『독립신문』이 갖는 언론사적 의의를 정부와 백성의 가교, 권력과 외세에
대한 비판, 신문을 통한 여론 형성, 한글 전용과 영문판(The Independent)
발행 등으로 정리하고 있는데, 『독립신문』 발간은 바로 우리 근대사에서
시민사회의 본격적인 등장을 알리는 것이었다('서재필의 신문 경영과 언론사
상', 『서재필과 그 시대』, 서재필기념회).

> 우리가 독립신문을 오늘 처음 출판하는데, 조선 속에 있는 내외국 인민
> 에게 우리 주의를 미리 말씀하여 아시게 하노라. (……) 정부에서 하시
> 는 일을 백성에게 전할 터이요, 백성의 정세를 정부에 권할 터이니, 만일
> 백성이 정부의 일을 자세히 알고 정부에서 백성의 올바른 일을 자세히
> 아시면 피차에 유익한 일만이 있을 터이요, 불평한 마음과 의심하는 생
> 각이 없어질 터이옴.

1896년 4월 7일 『독립신문』 창간호에 서재필이 쓴 논설이다. 이미 당
시 관보인 『한성순보』가 있었지만, 『독립신문』이야말로 정부와 백성 사
이에 존재하는 진정한 의미의 근대적 공론장이었다. 『독립신문』과 함께

독립협회 결성 또한 서재필의 주요한 기여다. 서재필을 포함한 범개화 세력은 1896년 7월 독립협회를 창립하여 조선사회의 정치·시민사회 개혁을 모색했다.

독립협회에 대한 탁월한 연구 성과를 발표한 사회학자 신용하는 독립협회가 전개한 민족운동을 독립문 건립운동기(1896년 7월~1897년 8월), 토론회 계몽운동기(1897년 8월~1898년 2월), 정치개혁 운동기(1898년 2월~1898년 12월)의 세 단계로 구분한 바 있다('서재필의 독립협회 운동과 사상', 『서재필과 그 시대』, 서재필기념회). 여기서 마지막 정치개혁 운동기에 독립협회는 조선의 자주독립 공고화와 민주주의의 제도적 실현을 위한 자주·민권·자강운동을 활발히 전개했다.

서재필, 서구적 근대인의 초상

신용하에 따르면, 당시 서재필의 사상은 자주독립과 자주국권, 민주주의, 남녀평등과 여성해방, 자주근대화, 과학적 위생론 등으로 특징지어진다. 현재적 관점에서 보면 1896년 조선에 다시 돌아온 서재필은 앞선 선배 세대인 김옥균, 박영효와는 다른, 오늘날 우리가 목도할 수 있는 서구적 '근대인'이었다. 망명 시절에 미국에서 고등학교와 대학교 교육을 받은 서재필은 서양, 서구화, 무엇보다 모더니티가 무엇인지를 정확히 이해하고 공감하고 있었던 것으로 보인다.

흥미로운 것은 서재필의 태도에 대한 전통적 지식사회의 반응이었다. 황현은 『매천야록』에 "그(서재필)가 갑오년에 환국했을 적에 왕을 알현하면서 외신外臣이라고 칭했고, 안경을 쓰고 담배나 꼬나물고 뒷짐을 지고 나타나니 조정이 온통 분노했다. 일이 이쯤 되면 사람으로서 어찌 천도를 안다 할 수 있으랴"는 기록을 남겼다. 서재필의 태도에 대한 과도한 비판이기는 하지만, 당시 서재필의 태도를 둘러싼 논란에는 일종의 '문화 충돌'이 담겨 있었다고 볼 수 있다.

문화사회학적으로 볼 때 이러한 태도는 태도 그 자체 못지않게 세계관의 차이를 반영하고 있는 것이기도 하다. 과거시험을 보고 갑신정변에 참여했지만 서재필은 한 개인의 일생에서 가장 예민했을 20대에 미국식 근대교육을 받았고, 이 과정에서 개인주의, 민주주의, 평등주의를 자연스레 내면화한 것으로 보인다. 서재필의 관점에서 당시 조선사회에 일차적으로 요구된 것은 근대적 민족주의에 기반을 둔 독립국가의 건설과 근대적 개인주의에 기반을 둔 민주주의의 확립이었을 것이다.

신용하도 강조하듯이, 『독립신문』을 통해 서재필이 강조한 사상 가운데 조선사회에 큰 충격을 준 것은 국민이 나라의 주인이고 관리는 국민의 종복에 불과하다는 국민주권사상이었다. 전통사회와 모더니티를 나누는 기준인 '왕이냐 국민이냐'king or people에서 그는 국민의 우선성을 열렬히 옹호했고, 나아가 기존의 전제군주제를 입헌대의군주제로 개혁하고자 했다. 이러한 서재필의 사상에서 조선사회는 적어도 이념의 영역에서는 서구의 모더니티에 가까이 다가갔던 것으로 보인다.

현재적 관점에서 서재필이 추구한 근대화는 서구화와 동일한 의미를 갖는 것이었다. 그는 철저한 서도서기의 관점에서 조선의 개화와 독립을 추구했다. 당시는 물론 최근까지 이러한 서도서기의 전략이 세계사의 도도한 흐름을 이뤄왔음을 부정하기 어렵더라도, 서재필의 태도는 당대의 관점에서 친미파라는 오해 아닌 오해를 불러일으킬 소지가 없지 않았던 것으로 보인다.

내가 주목하려는 것은, 비서구사회의 관점에서 서도서기가 과연 최선의 선택인가에 대해서는 여전히 논란이 될 수 있다는 점이다. 서구적 물질문명의 수용이 불가피하더라도 그 정신적 가치를 어디까지, 그리고 어떻게 수용할 것인가는 결코 간단한 문제가 아니기 때문이다. 더욱이 이 문제는 서구 중심적 세계관이 한계에 도달한 현재, 문명의 새로운 미래에 대한 포괄적이면서 심층적인 토론을 요청하고 있다.

서재필의 일생에서 다시 해방공간으로 돌아오면, 그가 1948년 미국으로 돌아가기 직전 우리 국민에게 마지막으로 남긴 말은 다음과 같다.

> 우리 역사상 처음 얻은 인민의 권리를 남에게 약탈당하지 마라. 정부에 맹종하지 말고 인민이 정부의 주인이라는 것이요, 정부는 인민의 종복이라는 것을 잊어서는 안 된다. 그러므로 이 권리를 외국인이나 타인이 빼앗으려거든 생명을 바쳐 싸워라. 이것만이 평생 소원이다.

모더니티란 우리에게 과연 무엇인가. 경제적 자본주의를, 정치적 민주주의를, 문화적 개인주의와 자유주의를 우리 사회는 어떻게 수용해야 하며, 어떻게 재구성해야 하는가. 태평양을 오가면서 서재필은 과연 무엇을 꿈꿨고 또 무엇을 고뇌했는가. 비록 그가 한국인으로서 살아온 시간이 미국인으로서 살아온 시간보다 짧았더라도 뒤늦게나마 서재필의 유해가 독립을 그토록 갈망했던 나라로 돌아와 국립묘지에 안장된 것은 다행이라고 나는 생각한다.

서울 종로구 견지동에 있는 체신기념관의 모습(사적 213호). 1884년 고종의 명에 따라 설치된 우정총국이 그 전
신이며 한국 우편사업의 발상지다.

이건창의 길, 서재필의 길

내가 초·중·고교와 대학교를 다닐 때 서울의 중심은 종로였다. 종로2가 사거리에서 안국동 로터리까지의 우정국로에 가면 조계사 옆에 우정총국 건물(현 체신기념관)이 있다. 고등학교 시절 이곳을 처음 찾아와본 이래 무던히도 이 주변 길을 돌아다녔다. 여름으로 가는 6월 초 어느 날, 집으로 돌아오는 길에 잠시 체신기념관을 찾았다. 바로 여기가 1884년 갑신정변이 일어났던 곳이기 때문이다.

갑신정변에 대해 이건창과 서재필은 다음과 같은 기록을 남겼다. "나라 선 지 500년 / 선비를 기르고 양반을 중히 여겨 / (……) / 고관과 두터운 녹 받는 이들은 / 부귀영화로 편안히 지냈는데 / 외적에 붙기를 기꺼이 여겨 / 매국을 별로 어려워 않았네." 1886년 이건창이 쓴 시 「한구편」韓狗篇의 한 구절이다. 이건창이 보기에 그 의도가 어떻든지 개화파는 외세를 끌어들여 정권을 장악하려고 한 비주체적 정치 세력일 따름이었다.

"갑신년 조선의 개혁운동자들은 의심할 것도 없이 이상 두 전례(영국의 마그나 카르타 서명, 일본의 메이지유신)에서 영감을 받았던 것이다. (……) 조선 귀족 실패의 근본적 원인은 둘이니 하나는 일반 민중의 성원이 박약한 것이었고, 또 하나는 너무도 남에게 의뢰하려 했던 것이다." 1935년 『동아일보』에 실린 서재필의 글 '회고 갑신정변'의 한 구절이다. 서재필은 갑신정변의 한계를 인정하면서도 위로부터의 개혁임을 강조했다.

갑신정변을 어떻게 볼 것인가에 대해서는 그동안 꾸준히 토론돼왔다. 내가 주목하려는 것은 동시대를 살아갔던 두 지식인의 서로 다른 태도다. 조선사회를 어떤 방향으로 이끌 것인가에 대한 이건창의 길과 서재필의 길은 달랐다. 이건창은 서양을 거부하는 주체적인 개혁을 꿈꿨고, 서재필은 서양을 수용하는 서구적인 개혁을 모색했다. 두 지식인이 선택했던 길 가운데 어느 것이 더 나았는가를 판단하기란 결코 쉬운 일은 아니다. 역사에서 결과의 책임윤리도 중요하지만, 적어도 지식인에게는 그 동기의 신념윤리 또한 소중한 것이다.

문제는 과거가 아니라 현재일 것이다. 1870년대의 개항과 1960년대의 산업화에 이어 최근 우리 사회는 세계화라는 제3의 개방의 문턱 위에 위태롭게 서 있다. 세계화가 불가피하다면 우리 사회는 그것을 주체적으로, 그리고 적극적으로 추진해야 한다. 경쟁력 강화와 불평등 감소, 사회적 다원성과 국민적 합의, 평화 공존과 국가 이익 등 세계화가 강제하는 상호모순적인 과제를 어떻게 생산적으로 결합해야 할 것인가의 중차대한 과제를 지금 우리 사회는 안고 있다.

체신기념관을 둘러보고 나오니 길가에 서 있는 빨간 우체통이 내 눈을 끌었다. 갑신정변이 일어났던 바로 그 자리에서, 빨간 우체통 앞에서 나는 이건창과 서재필이 선택했던 서로 다른 길을 다시 한번 곰곰이 반추해 보고 있었다. 초여름 늦은 어둠이 서서히 내리는 종로의 한구석, 집으로 가기 위해서는 안국동 로터리 쪽으로 가야 하는데 정작 그 반대편인 보신각 쪽으로 나는 터벅터벅 걸어갔다.

제8장

최제우와 경허

전통의 재발견과
모더니티

최제우 1824년 경북 경주에서 태어나 1864년 사망했다. 민족사상이자 종교인 동학을 창도
했다. 동학은 동학농민운동에 이념적 기반을 제공했으며, 이후 천도교로 발전되었
다. 주요 저작으로 『동경대전』, 『용담유사』가 있다.

경허 1846년 전북 전주에서 태어나 1912년 사망했다. 쇠락해 있던 조선 선불교를 중흥시
켰다. 조계종에 큰 영향을 미친 혜월, 만공, 한암 등의 뛰어난 제자들을 키워냈으며,
주요 저작으로 『경허집』이 있다.

제5장에서 제7장까지 나는 모더니티의 기원을 중심으로
조선 후기 우리 지식인들의 시대정신 탐구를 다뤘다.
어느 사회건 모더니티로 가는 길은 전진과 후퇴를 되풀이하기 마련이다.
역사라는 것은 참 묘한 것이어서
때로는 앞으로 가기도 하고 때로는 뒤로 가기도 한다.
그러다 어느 시점에서 바라보면
느린 속도로 진행된 역사가 한 시대를 마감하고
어느새 새로운 시대 안에 성큼 들어와 있음을 깨닫게 된다.

전통의 옹호로서의 위정척사와 동학

모더니티론은 기본적으로 진화론적 발상에 기반을 두고 있다. 전통에서 모더니티로의 변화가 그 기본 가정을 이룬다. 물론 최근 모더니티론에서는 진화론적 발상과 서구 중심주의적 발상에 대한 비판적 성찰이 이뤄져 왔지만, 그럼에도 이 이론이 진화론이나 서구 중심주의와 완전히 단절한 것은 아니다. 모더니티의 중핵을 이루는 자본주의라는 물질문명은 본디 서구 근대의 산물이며, 비서구사회에서는 이 물질문명을 수용해왔다.

모더니티가 이러한 특징을 갖고 있기 때문에 그 수용과정은 전통과의 격렬한 갈등을 내재하게 된다. 전통이란 다름 아닌 모더니티의 대척점에 놓여 있는 것을 말한다. 나라에 따라 차이가 있지만 특히 동아시아 사회에서 전통이란 모더니티 이전의 민족문화 또는 민족사회를 지칭한다.

문제는 모더니티론에 내재된 진화론적 발상이 전통을 모더니티보다는 열등한 것이라고 생각하게 만드는 경향이 있다는 점이다. 과연 전통은 모더니티에 비해 열등한, 다시 말해 낡고 덜 발전된 것일까. 이와 연관해 먼저 떠오른 것은 시인 김수영의 「거대한 뿌리」다.

> 전통은 아무리 더러운 전통이라도 좋다 나는 광화문
> 네거리에서 시구문의 진창을 연상하고 인환寅煥네
> 처갓집 옆의 지금은 매립한 개울에서 아낙네들이
> 양잿물 솥에 불을 지피며 빨래하던 시절을 생각하고

이 우울한 시대를 파라다이스처럼 생각한다 (……)

역사는 아무리

더러운 역사라도 좋다

진창은 아무리 더러운 진창이라도 좋다

나에게 놋주발보다도 더 쨍쨍 울리는 추억이

있는 한 인간은 영원하고 사랑도 그렇다

해방 이후 우리 사회를 대표하는 모더니스트 시인 김수영은 1964년 우리 삶의 거대한 뿌리로서의 전통을 이렇게 노래한다. 서구의 계몽주의는 진화와 발전의 당위성을 특권화하지만, 기실 우리 인간이 갖는 인식의 지평은 우리 삶의 역사가 켜켜이 쌓여 있는 전통의 구속으로부터 결코 자유롭지 못하다. 철학자 한스 게오르그 가다머Hans-Georg Gadamer와 포스트모더니스트들이 강조하듯이 전통과 모더니티는 잘못된 이분법일 수도 있다. 전통과 모더니티의 관계를 어떻게 볼 것인가의 문제는 이 장의 후반부에서 다시 살펴보기로 하겠다.

모더니티를 향한 시대정신의 탐구에서 전통에 대한 이야기를 꺼내는 것은 두 명의 지식인의 삶과 사상을 돌아보기 위해서다. 최제우와 경허가 바로 그들이다. 최제우는 토착적 사상이자 한국적 종교라 할 수 있는 동학을 창시했으며, 경허는 기존 선불교를 혁신하고 한국 선종의 새로운 지평을 열었다.

주목할 것은 두 사람이 걸어간 길이 당대 지식인들과 사뭇 다르다는 데 있다. 전통을 중시하는 당대의 지식인들로는 위정척사파를 꼽을 수 있다. 위정척사파는 전통의 주자학적 질서를 옹호하고 외세에 맞서서 이를 지켜내고자 했다. 위정척사라는 말에는 바른 것을 지키고(衛正) 사악한 것을 물리치자(斥邪)는 의미가 담겨 있는데, 여기서 바른 것은 성리학적 질서이며 사악한 것은 일본을 포함한 서양 문물이다. 이러한 위정척사파를 어떻게 평가할 것인가는 간단한 문제가 아니다.

먼저 위정척사운동은 제국주의 침략에 대항하고자 했다는 점에서 긍정적인 의미를 갖는다. 16세기 이래로 전 지구로 확장되기 시작한 서구의 식민주의는 19세기에 그 마지막 지역인 동아시아에 진출했다. 서구의 압박 아래 중국과 일본은 문호를 개방했고, 조선사회 역시 1878년 개항을 하지 않을 수 없게 됐다. 성리학을 숭상하던 당시 재야 지식사회는 이러한 흐름에 부정적인 인식을 갖게 됐으며, 그것은 통상 수교 요구를 거부하고 서구의 침략에 적극적으로 대항하자는 위정척사파의 척화주전론으로 구체화됐다.

그러나 제국주의에 맞서는 민족주의적 저항으로서의 위정척사운동은 다른 한편에서 주자학적 질서와 전제적 정치체제를 지지한다는 점에서 그 한계 또한 뚜렷한 것이었다. 역사 발전이 전진과 후퇴로 특징지어지는 것이라 하더라도 근대적 민주주의와 시장경제에 대한 요구는 거역할 수 없는 흐름이며, 특히 민주주의는 규범적 시각에서 볼 때 정당한 것이다. 따라서 전통을 수호하려는 위정척사운동은 근본적인 한계를 내포한 흐름이었다고 볼 수 있다.

전통을 보존하려 했다는 점에서 동학은 위정척사운동과 유사하다. 하지만 동학은 유교만을 배타적으로 지지한 사상이 아니다. 동학은 유교 이외에도 불교와 전래사상으로부터 큰 영향을 받았으며, 이러한 사상들을 종합적이고 생산적으로 통합하고자 했다. 무엇보다 동학사상은 전통사상과 더불어 평등사상을 전면에 내걺으로써 모더니티를 향한 흐름을 거역하지 않았다. 시대정신의 관점에서 보면, 동학은 모더니티를 지지하거나 거부하는 이분법을 넘어선 '제3의 위치'를, 모더니티에 대한 시대정신 탐색에서 매우 이채로운 거점을 차지한다. 동학의 역사적 기원은 개항 이전의 세도정치 시대로 되돌아간다.

최제우, 동학의 창시자

최제우崔濟愚는 1824년(순조 24년) 경상북도 경주에서 태어났다. 아버지는 최옥이며, 어머니는 곡산 한씨다. 초명은 제선濟宣이고, 자는 성묵性默, 호는 수운水雲이다. 어린 나이에 어머니를 잃었고, 아버지로부터 한학을 배우다 열여섯 살 때 아버지마저 세상을 떠났다. 울산의 박씨 부인과 결혼했으며, 스무 살 무렵 화재로 집을 잃은 후 1844년 세상을 구할 도道를 찾고자 길을 나섰다.

1854년 10년 만에 고향에 돌아온 그는 처가가 있는 울산으로 거처를 옮겼다. 이곳에서 그는 이인異人으로부터 천서를 받는 신비체험을 하고 수행을 연마했으며, 1856년 경주 용담으로 돌아와 이름을 제선에서 제우로 고치고 수련을 이어갔다. 1860년 그는 종교체험을 통해 한울님으로부터 무극대도를 받았고, 가사 「용담가」와 「안심가」, 그리고 단가 「검결」 등을 지었다.

최제우의 본격적인 포교 활동은 이 시기부터 시작됐다. 1861년 「포덕문」을 짓고 용담을 찾아오는 사람들에게 포덕 활동을 벌였으며, 11월에는 관官의 눈을 피해 남원 은적암에서 은거 생활을 시작했다. 은적암에 머물며 그는 「논학문」을 지어 동학사상을 더욱 풍성하게 했다.

1862년 그는 경주로 돌아왔는데, 이 시기에 동학의 입도자가 크게 증가했다. 9월에 체포됐으나 이내 풀려났고, 이후 거처를 흥해로 옮겼다. 이해 12월에 동학의 조직으로 접을 구성하고 접주를 임명했다. 1863년에는 용담으로 다시 돌아와 더욱 왕성한 포덕 활동을 벌였으며, 8월에는 수제자 해월 최시형에게 도통을 전수했다. 바로 이해 12월 최제우는 제자들과 함께 체포돼 서울로 압송되는 도중 철종의 승하로 대구 감영으로 이송됐다. 1864년 1월부터 심문을 받았으며, 조정의 명에 의해 대구 관덕당에서 결국 참형을 당했다. 고종 1년 3월의 일이었다.

최제우의 삶과 사상이 우리 역사에서 주목받은 것은 그의 사상인 동학이 동학농민운동에 크게 기여했기 때문이다. 개항 이전 쇠락해가는 조선 사회에서는 농민운동이 계속 이어졌는데, 1894년에 일어난 동학농민운동은 그 절정을 이뤘다. 동학농민운동은 호남을 중심으로 지역적 규모가 대단히 컸으며, 무엇보다 왕조를 대상으로 한 전면적인 사회운동이라는 점에서 이전의 농민운동과 성격을 달리했다.

무릇 어떤 사회운동이라도 그 운동을 이끌어가는 이념적 토대와 조직적 기반을 필요로 한다. 동학농민운동의 이념적 기초는 다름 아닌 최제우가 펼친 민중지향적 평등사상이었으며, 그 조직적 기반은 동학의 교단 조직이었다. 동학농민운동이 내건 제폭구민除暴救民(폭정을 없애고 백성을 구한다)과 보국안민保國安民(나라를 돕고 백성을 편안하게 한다)의 사상은 동학이 농민운동에 미친 영향을 직접적으로 보여준다. 그렇다면 사상으로서의 동학의 핵심 내용은 무엇인가.

『동경대전』, 동방의 도로서의 동학

서세동점의 물결 속에서 새로운 변화를 모색하고자 했던 정조 시대가 막을 내린 후 세도정치의 등장과 함께 조선사회는 그 변화의 기회를 상실해 가고 있었다. 삼정의 문란으로 농민의 경제생활은 악화됐고, 관료들의 부정부패는 전국적으로 기승을 부렸다. 더욱이 이양선들이 출몰하면서 사회의 분위기는 혼돈이 가중되고 있었다. 모더니티의 도전 앞에 조선사회는 '정권의 위기'를 넘어서 '국가의 위기'로 나아가고 있었다.

바로 이러한 사회적 상황 아래서 동학이 배태됐다. 『동경대전』東經大全의 「논학문」을 보면 다음과 같은 내용이 나온다.

> 묻기를, "서양의 도와 [선생님의: 인용자] 도가 같다고 말씀하셨으니 그렇다면 선생님의 도를 서학西學이라 불러도 되겠습니까?" 대답하기를 "그렇지 않느니라. 나 또한 동쪽 나라 조선에서 태어나 동쪽에서 도를 받았으니 도는 비록 하늘의 도라 할 수 있지만 학문으로 말하면 동학東學이라 해야 하느니라.

동방의 도, 만유의 근원이 되는 천도, 그 천도에 이른 학이 다름 아닌 동학이다. 최제우가 참형을 당한 16년 후인 1880년 최시형을 포함한 제자들은 강원도 인제에서 한문으로 된 유저인 『동경대전』을, 1881년 충청도 단양에서 한글로 된 유저인 『용담유사』를 간행했다. 『동경대전』과 『용담유사』는 동학의 양대 경전이다. 『용담유사』가 일반 민중을 위해 쓰인 것이라면, 『동경대전』은 지식인을 위해 저술한 것으로 보인다.

『동경대전』은 「포덕문」布德文, 「논학문」論學文, 「수덕문」修德文, 「불연기연」不然其然의 경전과 축문, 주문, 입춘시, 기타 작품들로 구성돼 있다. 이 가운데 특히 앞의 네 경전은 사상으로서의 동학의 핵심 내용을 보여준다. 「포덕문」이 동학의 창도 이유를 밝히고 있다면, 「논학문」은 동학의 핵심 사상을 이론적으로 설명한다. 「수덕문」은 수도 자세를 제시하고 있으며, 「불연기연」은 동학의 인식론과 존재론을 다룬다.

우리 사회에서 동학에 대한 연구는 그동안 제법 활발히 이뤄져왔다. 한편에서는 유·불·선 사상과 전래사상을 통합하고 있다는 견해가 제시되었고, 다른 한편에서는 융합을 넘어선 독창적인 사상이자 종교라는 견해가 제시되기도 했다. 어떻게 평가하든 동학이 전통사상과 외래사상, 엘리트사상과 민중사상을 융합함으로써 위기에 빠진 세계를 구원하고자 했던 통섭統攝의 사상임은 분명한 것으로 보인다.

시대정신의 관점에서 동학이 갖는 의미는 앞서 말했듯이 위정척사파와 개화파와는 다른 제3의 사상적 거점을 갖고 있다는 점이다. 시천주侍天主 사상은 이러한 거점을 잘 보여준다.

최제우는 동학의 도를 익히는 방법과 순서를 21자 주문으로 요약하는데, '지기금지 원위대강 시천주 조화정 영세불망 만사지'至氣今至 願爲大降 侍天主 造化定 永世不忘 萬事知가 그것이다. 이 가운데 '천주를 모셔 조화가 정해지는 것을 영세토록 잊지 않으면 온갖 일을 알게 된다'라는 의미의 '시천주 조화정 영세불망 만사지', 특히 '시천주'는 동학사상의 핵심을 이룬다.

『동경대전』의 「논학문」을 보면, "모심[侍]이란 안으로 신령함이 있고 밖으로 기화가 있으며 온 세상 사람들이 각각 자신의 본성으로부터 옮기지 못할 것임을 안다는 뜻"이며, 주主란 한울님을 "부모처럼 섬긴다는 뜻"

이다. 자신의 마음속에 한울님을 진심으로 모시고자 하는 이 시천주 사상은 최시형의 사인여천事人如天 사상과 의암 손병희의 인내천人乃天 사상으로 발전했으며, 사람이 곧 하늘이라는 천도교 사상의 출발점을 이뤘다.

　동학사상에는 민족주의와 민중주의가 숨 쉬고 있다. 동방의 학을 자처했듯이 동학은 서학을 포함한 서양의 물질적·정신적 팽창에 맞서려는 민족주의적 성향을 갖고 있었다. 또한 시천주에서 인내천으로 이어지는 흐름에서 볼 수 있듯이 동학은 평등에 대한 강렬한 열망을 보여주는데, 이 평등주의는 토착적 민중사상의 한 전형을 이뤘다. 이러한 민족주의와 민중주의가 사회운동으로 외화된 것이 1894년 동학농민운동이었다.

　　우리들은 하늘을 봤다.
　　1960년 4월
　　역사를 짓눌던, 검은 구름장을 찢고
　　영원의 얼굴을 보았다. (……)
　　하늘 물 한아름 떠다,
　　1919년 우리는
　　우리 얼굴 닦아 놓았다.
　　1894년쯤엔,
　　돌에도 나무등걸에도
　　당신의 얼굴은 전체가 하늘이었다.

　시인 신동엽의 「금강」이다. 신동엽이 말한 하늘, 즉 1894년 동학농민운동, 1919년 3·1운동, 1960년 4월 혁명에서 본 하늘은 『용담유사』의

'몽중노소문답가'夢中老少問答歌에 나오는 하원갑下元甲의 시대가 가고 상원갑上元甲의 시대를 맞이하는 후천개벽後天開闢의 그 하늘이다. 이렇듯 동학사상에는 인간해방에 대한 강렬한 메시지가 담겨 있다고 볼 수 있다.

현재적 시점에서 『동경대전』과 『용담유사』의 내용이 너무 소박하다고 볼 수 있을지 모른다. 하지만 뛰어난 사회사상의 의미는 그 복합성이 아니라 인간과 사회에 대한 통찰성에 있는데, 최제우가 추구한 민족주의·민중주의·생명주의는 모더니티 문명의 한 순환에 도달한 현재 신선한 울림을 안겨준다. 최제우의 후천개벽 사상은 이후 강일순의 증산교, 박중빈의 원불교 사상에 상당한 영향을 미쳤으며, 20세기 전반에 이뤄진 이러한 일련의 사상운동은 서구적 모더니티를 어떻게 볼 것인가에 대해 결코 작지 않은 성찰의 계기를 제공해온 것으로 보인다.

두 일화를 통해 본 경허

제1장과 제2장에서 나는 두 명의 승려를 다뤘다. 신라시대 원효와 고려시대 일연이 그들이다. 물론 일연은 승려라기보다는 역사가로서 접근했지만, 불교가 일연의 사상에 큰 영향을 미쳤음은 두말할 필요가 없다. 이제 그 세 번째 승려로 경허를 다루고자 한다. 경허는 지난 200년간 우리 역사에서 만날 수 있는 가장 탁월한 승려이자 문제적인 지식인이었다고 나는 생각한다.

두 가지 점에서 그러하다. 첫째, 경허는 쇠락해 있던 조선 선불교를 중흥시킨 승려였다. 원효, 지눌, 휴정의 반열에 당당히 오를 정도로 경허의 업적은 탁월했고, 그 영향은 심원했다. 둘째, 경허는 시대정신 탐구에서 매우 이례적인 인물이었다. 그가 활동해온 곳은 역사적 지평을 초월한 영역이었는데, 초시간적 삶과 존재의 본질에 대한 질문에 주목할 만한 답변을 제시했다.

경허는 사건사·국면사·구조사를 벗어나 일찍이 페르낭 브로델이 말한 '현명한 사람들의 시간'의 지평 속에 놓여 있던 지식인이다. 하지만 존재의 본질에 대한 경허의 탐구는 현실로부터 완전히 벗어난 관념의 영역에서 이뤄진 게 아니며, 언제나 현실 속에서 살아 움직였던 것으로 보인다.

먼저 한 일화를 통해 경허에 대한 이야기를 시작하고 싶다. 경허가 팔만대장경이 봉안돼 있던 해인사에서 조실로 있었을 때의 일이다. 어느 추운 겨울날, 경허는 눈 속에 쓰러져 얼어 죽어가는 여인을 발견해 업고 절로 들어와 조실방에서 숙식을 함께했다. 당시 경허를 모시던 수제자 만공은 경허의 이러한 행동에 걱정이 되어 다른 이들에게는 알리지도 못한 채 혼자 속으로 끙끙 앓았다.

어느 날 만공은 몰래 조실방에 들어가서야 이 여인이 나병 환자임을 알게 됐다. 경허는 나병에 걸린 여인의 언 몸을 체온으로 녹여주며 밥을 먹여주고 피고름을 닦아줬다. 만공은 비로소 인간에 대한 스승 경허의 더없는 자비에 한없는 무서움과 심원한 깨달음을 동시에 얻게 됐다. 널리 알려진 이 일화는 경허가 어떤 사람이었는가를 생생히 보여준다.

내친김에 일화를 하나 더 이야기하자면, 1904년 2월 경허는 북녘 땅으로 화광동진和光同塵을 떠나기 전 마지막으로 서산 천장암으로 가서 만공을 만났다. 경허는 그동안의 공부를 점검하고 전법게와 만공이라는 시호를 줬다. 불교학자 한중광의 『경허: 길 위의 큰 스님』을 보면, 이때 만공은 며칠 전 장터에서 사온 담뱃대와 쌈지를 경허에게 마지막 선물로 건넸다고 한다. 젊은 제자에게 후래불법을 부촉한 스승과 그 스승에게 담뱃대와 쌈지를 선물하는 제자의 모습은 더없이 암울했던 1904년이라는 시대적 상황을 생각할 때 말로 전달하기 어려운 애틋한 울림을 안겨준다.

경허는 그로부터 8년 후 평안도 갑산 웅이방에서 세상을 떠났다. 이듬해 스승의 열반 소식을 들은 수제자 혜월과 만공은 충청도에서 멀리 웅이방까지 찾아가 묘지에서 시신을 꺼내 다비식을 거행했다. 이때 경허의 시신임을 입증한 것이 바로 경허가 함께 묻어달라고 유언한 담뱃대와 쌈지였다고 한다. 우리 선불교를 일대 중흥시킨 경허와 스승의 뒤를 이어 덕숭문중을 확립한 만공이 남긴 이 더없이 인간적인 이야기에는 일상과 영원을 연결시키는 그 어떤 진정한 사랑과 심원한 깨달음이 담겨 있다.

경허, 선불교의 중흥자

경허鏡虛는 1846년(헌종 12년) 전라북도 전주에서 태어났다. 아버지는 송두옥, 어머니는 밀양 박씨이며, 초명은 동욱이다. 1854년 의왕시 청계사에서 계허선사를 은사로 출가했다. 1859년 계룡산 동학사로 와 당시 대강백이던 만화보선에게 소승·대승 경전을 배우고 유가 및 도가사상 또한 익혔으며, 이후 강사로 전국적인 명성을 떨쳤다.

경허의 삶에서 첫 번째 전환은 1879년에서 1881년 사이에 이뤄졌다. 1879년 여름 어느 날 은사인 계허선사를 찾아가던 그는 천안 근처 콜레라가 창궐한 한 마을에서 비참한 현장을 목격하고 큰 충격을 받았다. 곧바로 동학사로 돌아온 그는 강원을 폐쇄한 다음 백척간두의 수행에 들어갔다. 이해 11월 '소가 되어도 고삐 뚫을 구멍이 없다'는 말을 듣고 깨달음을 얻었다. 이어 그는 서산 연암산에 있는 천장암으로 가서 수행을 계속 이어갔으며, 1881년 6월 다음과 같은 '오도가'를 불렀다.

> 홀연히 콧구멍 없다는 말을 듣고
> 몰록 삼천대천 세계가 내 집임을 깨달았네
> 유월 연암산 아랫길에
> 들사람 일없이 태평가를 부르는구나

이후 경허는 호서 지방에서 선풍을 일으켰고, 1898년에는 부산 금정산에 있는 범어사로 가서 영남 최초의 선원을 열었다. 이후 가야산 해인사, 조계산 송광사 등을 포함해 영남과 호남의 선풍을 크게 진작함으로써 선불교의 중흥을 이끌었다.

경허의 삶에서 두 번째 전환은 1904년에 주어졌다. 이해에 해인사 인경불사를 매듭지은 다음 천장암으로 돌아와 앞서 말했듯이 만공에게 전법게를 주고 후래불법을 부촉했다. 그가 새롭게 향한 곳은 북녘 땅이었다. 안변 석왕사를 거쳐 평안도로 들어간 그는 박난주朴蘭洲라고 이름을 바꾸고 머리를 기르며 선비의 옷차림으로 서당을 여는 등 중생교화의 세계로 들어갔다. 원효를 떠올리게 하는 이러한 무애행을 경허는 1912년 4월 평안도 갑산군 웅이방에서 입적하기 전까지 계속했다. 그는 중국 당나라의 선사 반산보적盤山寶積의 게송을 자신의 열반송으로 삼았다.

마음달이 외로이 둥그니

빛이 만상을 삼켰도다

빛과 경계를 함께 잊으니

다시 이것이 무슨 물건인고

경허가 남긴 글들은 만공을 포함한 그의 제자들에 의해 1943년 『경허집』으로 간행됐는데, 당시 생존해 있던 만해 한용운이 서문을 썼다. 『경허집』은 1990년에 명정 스님에 의해 우리말로 옮겨졌으며, 이후 명정 스님은 경허의 글들을 편집해 출간하기도 했다. 인물 경허를 다룬 대표적인 글 또는 책으로는 1931년 제자 한암이 쓴 「선사 경허화상 행장」과 한중광이 저술한 『경허: 길 위의 큰 스님』, 소설가 최인호가 발표한 『길 없는 길』 등이 있다.

진정한 자유를 찾아서

이 짧은 지면에서 경허의 사상을 상세히 다루기는 어렵다. 게다가 그동안 불교에 관한 책을 더러 읽어왔지만 제대로 알고 있지도 못하다. 다만 인식·존재론의 철학적 관점과 사회심리학적 관점에서 불교, 특히 동아시아 선종이 갖는 의미를 이따금 생각해본 적은 있었다. 이 가운데 나를 특히 매료시킨 것은 우리 불교를 중흥시킨 경허의 삶과 사상이었다.

태진 스님의 『경허와 만공의 선사상』에 따르면, 경허의 선 수행은 간화선看話禪의 수행이며, 그 사상의 핵심은 자기의 참된 본래심을 되찾는 견성대오見性大悟에 있다. 경허의 사상은 오悟와 수修로 요약되는데, '오'가 자기 자신에게 본래 구족돼 있는 본래면목을 깨닫는 것이라면, '수'는 치열한 공안참구 간화선이라고 볼 수 있다. 경허는 자신의 깨달음을 개인적인 차원에 머무르지 않고 대승적인 중생교화로 연결시켰다. 삶의 후반부에 그가 보여준 일련의 무애행은 그 구체적인 증거다.

오대산 월정사를 이끌었던 제자 한암은 스승 경허의 행장에서 다음과 같이 말한다. "그러한 편안히 지냄에 밥은 겨우 기운 차릴 수 있을 정도로 먹고 하루 종일 문을 걸어 잠그고 침묵하고 말이 적으며 사람 만나기를 좋아하지 않으며, 누가 큰 도시로 나가서 교화하기를 권하면 이르기를 '나에게 서원誓願이 있는데 경성 땅을 밟지 않는 것이다' 하니 그 탁월하고 특출함이 대개 이러하였다." 그 어느 것에도 걸림 없는 진정한 자유를 얻었지만, 경허의 자유가 향한 곳은 언제나 저 낮은 곳, 민중들이 울고 웃는 저 잣거리의 세계였음을 알리는 이야기다.

경허의 삶과 사상은 시대정신의 시각에서 볼 때 시간의 구속을 초월한다는 점에서 반反시간적이다. 시간의 누적은 역사를 이루지만 동시에 속도를 강제하기도 한다. 오늘날 현대사회 문제 중 하나는 속도의 과잉경쟁에 있는데, 그것은 우리 삶의 의미를 결과적으로 황량하게 만들고 있다. 종교로서의 불교의 진정한 메시지는 속도의 과잉경쟁을 강제하는 삶의 무의미를 넘어서 진정한 자아와 존재의 의미를 찾아가는 '부정 속의 긍정'에 있으며, 경허의 삶과 사상은 이러한 삶과 존재의 본질적 의미를 성찰적으로 계몽하고 있다고 나는 생각한다.

역사는 결코 단일한 지층으로 이뤄져 있지 않다. 앞서 다뤘던 이건창과 서재필이 살아간 공간과 경허가 살아간 공간은 사뭇 다른 지층들이다.

나라가 무너지고 패망해가는 과정 속에서, 전염병이 창궐하고 삶의 터전이 황폐해지는 과정 속에서 지식인이 선택할 수 있고 또 선택해야만 하는 길이 결코 하나만 있는 게 아닐 것이다. 『유마경』에서 겨자씨 속에 수미산이 들어 있다고 말하듯이 인간의 삶은 실로 복잡다단한 것이며, 이러한 삶에 대한 근원적 해명을 모색하는 것은 지식인의 또 다른 사명이다. 경허는 바로 이러한 해명에 자신의 모든 것을 걸었던 지식인이었다.

경허의 3대 제자로는 흔히 수월水月, 혜월慧月, 월면月面(만공)의 세 '달'이 꼽힌다. 수월은 북녘 하늘(만주 지방)에 뜬 상현달이, 혜월은 남녘 하늘(영남 지방)에 뜬 하현달이 되고, 만공은 그 가운데(호서 지방) 뜬 보름달이 됐다고 한다.

이들 중 만공이 가장 널리 알려져 있지만, 수월과 혜월의 삶 또한 주목할 만하다. 수월은 20여 년 동안 북간도에서 나라를 잃고 그곳을 찾은 우리 민중들에게 짚신을 만들어주고 주먹밥을 해먹였다고 한다. 혜월은 영남지방에서 선풍을 일으켰는데, 가는 절마다 개간사업을 벌일 만큼 이론과 실천을 모두 중시했다고 한다. 특히 1937년 당시 땔감으로 쓰이던 솔방울이 가득한 자루를 어깨에 메고 선 채 그대로 열반에 든 혜월의 마지막은 내가 아는 한 우리 역사에서 가장 아름답고 감동적인 지상과의 이별이라 하지 않을 수 없다.

전통과 모더니티를 어떻게 볼 것인가

최제우와 경허의 사상을 돌아볼 때 시대정신 탐구에서 전통이란 과연 무엇인가에 대한 질문을 자연스럽게 던지게 된다. 일반적으로 전통이란 앞선 시대로부터 계승되는 사상·관습·행동 등을 포괄한다. 사회학적으로 전통은 모더니티에 맞서는 말이다.

근대사회의 형성이라는 것은 이러한 전통에서 모더니티로 진행되는 일련의 사회변동을 지칭한다. 주목할 것은 전통에서 모더니티로의 변동과정에서 전통과 모더니티가 공존하는 시기가 결코 짧지 않으며, 상황과 국면에 따라서는 전통이 강화되기도 한다는 점이다.

그렇다면 이러한 전통을 어떻게 이해하고 평가해야 하는가. 사회학자 임희섭에 따르면, 전통에서 전통문화traditional culture와 문화전통cultural tradition은 구별되어야 한다('한국 문화의 변화와 전망', 『한국사회의 발전과 문화』, 나남). 전통문화가 과거 전통사회의 문화를 말한다면, 문화전통은 과거로부터 현대까지 축적된 문화양식으로서 현재의 사회환경 속에서도 유지되는 문화를 의미한다.

다시 말해, 전통문화는 과거에 속하는 우리의 고유문화이며, 문화전통은 현재에 속하는 우리의 고유문화라 할 수 있다. 사회학적으로 이러한 구분은 한 나라에서 발생하는 문화정체성의 변동을 이해하는 데 유용하다. 문화정체성이 위협받는 것은 문화전통이 단절될 때 일어나는데, 임희섭은 한 민족이 다른 민족에 의해 식민화됐을 때 자신의 문화전통과의 단절과 외래문화에의 동화가 초래된다는 점을 강조한다.

최제우와 경허의 사상이 주는 함의는 전통과 모더니티의 이분법에 대한 새로운 성찰에 있다. 일반적으로 전통은 지나간 것, 낡은 것, 열등한 것으로 치부된다. 하지만 이러한 생각의 저류에는 서구 중심주의가 작동한다. 한편에서 보면 집단주의·권위주의·가부장주의가 우리 전통문화를 특징짓고 있지만, 다른 한편에서 보면 인본주의·공동체주의·생명주의가 문화전통에는 살아 있기도 하다.

다른 이야기를 하려는 게 아니다. 성장주의·경쟁주의·물질주의가 모더니티의 그늘을 이루고 있다면, 우리 문화전통에 내재한 인본주의·공동체주의·생명주의는 이러한 그늘을 치유할 수 있는 사상적·실천적 단초를 제공한다. 오늘날 세계화 시대에 비서구사회에서 문화전통을 어떻게 생산적으로 계승할 것인가는 매우 중대한 과제 가운데 하나이며, 이러한 과제는 특히 문화정체성의 위기를 극복하는 데 매우 중요하다.

최제우와 경허의 사상은 전통을 그대로 답습한 게 아니라 기존의 전통을 생산적으로 재구성한 것이다. 전통을 단지 낡은 것으로 폐기한 게 아니라 그 속에서 인간주의·민주주의·평등주의의 의미를 새롭게 발견하고 창조하려 한 고투가 두 사람의 지적 모험을 이뤘다. '전통의 창조'를 통해 자기 사회에 걸맞은 새로운 모더니티의 전통을 만들어가는 게 오늘날 지식인에게 부여된 또 하나의 시대적 사명이라면, 최제우와 경허의 사상은 21세기를 살아가는 우리에게 여전히 중요한 함의를 안겨주고 있다고 나는 생각한다.

사람 사는 세상을 기다리며

햇볕이 점차 따가워지는 7월 어느 날, 한용운의 마지막 거처였던 성북동 심우장을 찾았다. 한용운은 최제우, 경허와 무관한 사람이 아니었다. 그는 출가하기 전 동학농민운동에 가담했으며, 『경허집』의 서문을 쓰기도

만해가 만년을 보낸 심우장尋牛莊. '심우장'이란 깨달음의 경지에 이르는 과정을 잃어버린 소에 비유한 선종의
열 가지 수행단계 중 하나인 '심우'(자기의 본성인 소를 찾는다)에서 유래했다.

한 승려였다. 무엇보다 그는 식민지 시대를 대표하는 시인이기도 했다.

성북동은 돈암동에 있는 용문중학교를 다닌 내게 익숙한 동네다. 차를 타고 삼선교 사거리에서 삼청터널로 가는 도중에 내려 좁은 골목길을 5분 정도 걸어 올라가니 심우장이 있었다. 열려 있는 대문으로 들어가 심우장을 둘러봤다. 방 두 개와 부엌 하나로 이뤄진 심우장은 특이하게도 동북향으로 지어진 집인데, 조선 총독부를 마주하지 않겠다는 한용운의 의지가 담겨 있다고 한다.

한용운의 사진과 작품들을 둘러보니 새삼 시집 『님의 침묵』(1926) 맨 앞에 실린 '군말'이 떠올랐다.

> 님만 님이 아니라 기룬 것은 다 님이다. 중생이 석가의 님이라면, 철학은 칸트의 님이다. 장미화의 님이 봄비라면 마시니의 님은 이태리다. 님은 내가 사랑할 뿐 아니라 나를 사랑하나니라. (……)
> 너에게도 님이 있느냐. 있다면 님이 아니라 너의 그림자니라.
> 나는 해 저문 벌판에서 돌아가는 길을 잃고 헤매는 어린 양¥이 기루어서 이 시를 쓴다.

만해가 말하는 님은 누구이고 무엇인가. 그것은 민족일 수도 있고, 해탈일 수도 있고, 아니면 특정한 개인일 수도 있다. 문학을 전공하지 않은 나로서는 뭐라 이야기하기 어렵지만, 님은 이 세계 속에 살아 있는, 아니 죽어 있는 것들까지를 포함한 삼라만상 그 자체다.

만해가 전달하려는 메시지는 그리운 모든 것이 님이고, 그 님이 바로 자기 자신(그림자)이며, 그리고 그것은 다시 삶이라는 우주 속을 헤매는 어린 양으로 외화되는, 다시 말해 타자에서 자아로, 그리고 다시 또 다른 타자로 전화轉化되는 주체와 객체의 통일로서의 존재에 대한 새로운 발견에 있을 것이다.

바로 이 점에서 만해의 정신은 마음 안에 한울님을 모시고자 하는 최제우의 사상과 마음 본래의 면목을 깨닫고자 하는 경허의 사상과 크게 다르지 않다. 타자와의 동일성을 모색하고 그 동일성을 바탕으로 민중과 중생의 세계로 나아가고자 했던 최제우와 경허의 사상은 우리 모더니티의 초창기에서 만날 수 있는 진정한 인간주의에 다름 아니며, 전통의 생산적인 창조라고 나는 생각한다.

심우장을 지키는 분과 이야기를 나눈 다음 골목길을 내려오다 조그만 공터에서 잠시 쉬었다. 건너편에는 상층계층의 거주지인 고급 주택들이, 이편에는 평범한 시민들의 거주지인 산동네가 펼쳐져 있었다. 두 주택단지의 묘한 대조를 지켜보니, 바로 이게 사람 사는 세상의 풍경이라는 생각이 들면서도, 동시에 사람 사는 세상이 아직 오지 않았다는 생각 또한 들었다.

우리 사회의 님은 누구인가. 그것은 다름 아닌 평범한 시민, 다시 말해 우리와 더불어 살아가는 이 땅의 사람들, 이 땅의 뭇생명들이지 않은가. 삼선교 사거리를 향해 걸어가면서 경허와 한용운이 꿈꾼 자유, 최제우가 기다린 세상을 다시 한번 곰곰이 생각해보게 됐다. 아직 장마가 끝나지 않았는데 어디선가 '일없이' 이른 매미 울음소리가 들렸다.

시대정신의 선 자리와
지식인의 갈 길

|

온 세상 다 나를 버려
마음이 외로울 때에도
'저 맘이야' 하고 믿어지는
그 사람을 그대는 가졌는가

— 함석헌의 「그 사람을 가졌는가」 일부

제9장

신채호와 이광수

식민지 시대와
근대적 민족주의

신채호 1880년 충남 대덕에서 태어나 1936년 사망했다. 민족주의 역사학을 체계화한 독립
운동가다. 절대독립을 강조한 그의 민족주의론은 해방 이후 큰 영향을 미쳐왔다. 주
요 저작으로 『조선상고사』, 『조선혁명선언』이 있다.

이광수 1892년 평북 정주에서 태어나 1950년 사망한 것으로 알려져 있다. 현대소설의 효시
인 『무정』을 쓴 소설가다. 독립운동에 참여했지만, 친일 경력을 갖고 있기도 하다.
주요 작품으로 『무정』, 『흙』, 「민족개조론」이 있다.

모더니티의 기원을 영·정조 시대, 개항 또는 갑오개혁 가운데 어디로 잡든,
전통사회에서 모더니티로 가는 길에 식민지 시대가 놓여 있었다는 것은
우리 역사에서 큰 비극의 하나였다.
우리 사회가 걸어온 길은 비서구적 모더니티였으며,
그것도 식민지 시대를 경험한 도정이었다.
식민지 시대에 민족주의는 다시 한번 강렬하게 분출했고 근대적인 형태로 발전했다.
신채호와 이광수는 지난 20세기 전반
식민지 시대를 살아온 지식인의 서로 다른 초상을 대표한다.

식민지 시대와 민족주의

이 책에서 내 마음을 가장 아프게 한, 그러나 굳은 의지를 생각하게 한 지식인은 신채호다. 신채호의 삶을 기린 시인 도종환의 「고두미 마을에서」로 이야기를 시작하고 싶다.

> 이 땅의 삼월 고두미 마을에 눈이 내린다.
> 오동나무함에 들려 국경선을 넘어 오던
> 한줌의 유골 같은 푸스스한 눈발이
> 동력골을 넘어 이곳에 내려온다.
> 꽃뫼 마을 고령 신씨도 이제는 아니 오고
> 금초하던 사당지기 귀래리 나무꾼
> 고무신 자국 한 줄 눈발에 지워진다.

이 시의 부제는 '단재 신채호 선생 사당을 다녀오며'다. 고두미 마을은 충청북도 청원군에 있다. 이 시가 부지불식간에 생각난 것은 2010년 8월 상하이를 방문했을 때였다. 상하이를 방문한 것은 한 주간지에 연재한 기획 때문이었는데, 한·일병합 100년을 맞이해 상하이 임시정부 청사와 윤봉길 의거가 있던 홍커우 공원을 직접 찾았다.

그동안 책에서만 봐오던 임시정부 청사를 직접 둘러보니 이곳을 무대로 활동한 여러 독립지사들이 자연스레 생각났다. 이승만, 김구, 안창호,

김규식, 여운형, 그리고 신채호가 떠올랐으며, 신채호를 생각하니 다시 도종환의 「고두미 마을에서」가 떠올랐다. 상하이의 뜨거운 여름 날씨에 멈출 줄 모르는 땀을 손으로 씻으며 푸스스한 3월의 눈발 속 고두미 마을을 그린 이 시를 떠올리던 기억이 마음 한구석에 생생히 살아 있다.

이 책에서 나는 앞서 고려시대 김부식과 일연을 다룰 때 민족주의에 대해 살펴본 바 있다. 민족주의는 모더니티의 한 요소지만, 우리 사회에서 그 역사적 기원은 전통사회로 거슬러 올라간다. 학계 내에서는 민족주의의 기원에 대한 토론이 제법 활발히 진행됐는데, 우리 민족의 형성이 근대 이전에 이뤄진 만큼 그 이념적 지반인 민족주의의 역사적 기원을 모더니티의 시간 안에 가두기는 어려운 것으로 보인다.

사전적 의미에서 민족이란 한 지역에서 장기간에 걸쳐 언어·풍습·종교·정치·경제 등 다양한 사회 및 문화생활을 공유해온 공동체를 뜻한다. 민족주의란 바로 이 민족이 갖는 정치적·의식적 기획, 즉 민족의 자율성을 최고의 가치로 모색하고 추구하는 이념을 뜻한다.

우리 역사와 사회에서 이러한 민족주의가 갖는 중요성은 실로 지대하다. 민족주의는 어릴 적부터 자연스럽게 내면화하는 가치이자, 나이가 들어 보수와 진보로 나뉜다 해도 대다수 사람들이 공유하는 가치이기도 하다. 우리 현대사에서 가장 존경받는 인물 중 하나로 손꼽히는 이가 백범 김구인데, 김구의 정체성을 이루고 있는 것도 다름 아닌 민족주의다.

이러한 우리 민족주의가 뜨겁게 분출하고 새롭게 재구성된 시기가 바로 식민지 시대다. 식민지 시대는 우리 민족의 주권이 상실된 시대다. 민족의 주권을 되찾으려는 독립운동에서 민족주의가 부상한 것은 지극히 자연스러운 일이다. 이 장에서는 식민지 시대의 가장 강렬한 시대정신을 이룬 민족주의의 과거와 현재를 살펴보고자 한다.

식민지 시대에 대해서는 학교 수업을 통해 배우기도 하지만, 필자 세대는 부모님으로부터 직접 이야기를 듣기도 했다. 내 경우 평생을 초등학교 교사로 일하셨던 아버지로부터 들었던 이야기가 식민지 시대에 대한 개인적인 인식에 상당한 영향을 미쳤다. 식민지 모더니티는 제도와 일상생활로 이뤄지는데, 부모님으로부터 들은 당시 경성, 일본, 만주에 대한 이야기는 식민지 일상생활을 이해하는 데 나름대로 소중한 자료였다.

그 가운데 아직도 기억에 생생한 것은 식민지 시대 경성의 풍경이다. 1930년대 후반 중·고등학교를 다니고, 해방 직전 혜화동 주변에서 신혼살림을 차리셨던 부모님의 경성 생활에 대한 이야기는 박태원의 『소설가 구보씨의 일일』보다 더 실감나는 것이었다. 전차, 다방, 축음기가 만들어낸 모더니티 풍경에 대해 부모님이 느끼셨던 놀라움과 두려움이라는 양가감정은 모더니티를 바라보는 내 무의식에 적잖이 영향을 미쳤다.

식민지 시대의 36년이 결코 짧은 시간은 아니다. 요즘 기준으로 평균 수명의 거의 절반에 달하는 시간이다. 더욱이 다른 국가의 식민지 경험과 비교할 때 일본의 식민통치는 더없이 강압적이었다. 마치 영구화된 식민지의 건설을 목표로 한 듯 일제는 우리 사회를 철저히 통치하고 억압했다. 그 핵심적 국가기구는 헌병에 기반을 둔 경찰제도였다. 1919년 3·1운동의 결과 문화정치가 표방됐지만, 경찰제도에 기댄 탄압과 수탈은 오히려 강화됐고, 한민족 말살정책은 더욱 교묘한 방식으로 추진됐다.

한 자료에 따르면, 경찰관서의 경우 1918년 751개소였지만 1920년에는 2,716개소로 증가했고, 같은 기간 중 경찰 인원도 5,400명에서 1만 8,400명으로, 경찰 비용도 800만 원에서 2,400만 원으로 3배 정도 늘어났다. 억압적 국가기구에 기반을 둔 이러한 식민통치는 1930년대 들어와 일본의 대륙 침략전쟁에 따른 병참기지로서의 역할을 강화하기 위해 중앙집권화됐으며, 그 운용방식 또한 더욱 군사적 형태로 변화됐다.

이러한 일제의 강압적 식민지배가 우리 모더니티의 형성에서 개인적·집합적 주체의 정치·문화 경험과 제도화에 부정적인 영향을 미쳤음은 두말할 나위가 없다. 무엇보다 일제의 식민지 국가기구는 언론·집회·출판·결사의 자유를 철저히 억압하는 감시국가의 성격을 강화함으로써 시민사회의 자발적 조직화를 저지하는 동시에 노동운동과 농민운동을 포함한 민족해방운동을 극도로 탄압했다.

이러한 식민주의의 맞은편에 놓인 것이 다름 아닌 민족주의다. 전통사회에 그 기원을 두고 있는 우리 민족주의는 식민지 시대를 경유하면서 근대적 이념으로 발전했다. 여기에는 역사학의 기여가 중요했는데, 박은식과 더불어 특히 신채호의 역할이 중요했다. "내가 살면 대적大敵이 죽고 / 대적大敵이 살면 내가 죽나니 / 그러기에 내 올 때에 칼 들고 왔다." 신채호의 소설 『꿈하늘』에 나오는 이 구절은 일제 식민지배로부터 해방되고자 하는 간절한 염원이 담겨 있다.

신채호, 민족주의에서 무정부주의로

신채호申采浩는 1880년 충청남도 대덕(현 대전시 대덕구)에서 태어났다. 널리 알려진 호는 단재丹齋다. 아버지는 신광식이며, 어머니는 밀양박씨 부인이다. 아버지가 죽자 신채호는 청원군 낭성면 귀래리로 이사하여 할아버지로부터 한문을 배웠다. 1898년 신기선의 추천으로 성균관에 들어갔으며, 1905년 성균관박사가 된 다음 『황성신문』 등에 왕성하게 사설을 쓰는 언론인으로 활동했다.

이후 신채호의 삶은 오로지 독립운동에 맞춰졌다. 1906년 『대한매일신보』의 주필을 맡았고, 1907년 신민회에 가입했으며, 1910년에는 안창호, 이갑 등과 톈진을 거쳐 블라디보스토크로 망명했다. 1910년대에 신한청년회를 결성하는 등 독립운동에 박차를 가하는 동시에 수시로 만주지역을 답사하면서 우리 역사에 대한 체계적인 저술작업에 착수했다. 1919년 3·1운동 직후 상하이 임시정부에 참여해 의정원 전원위원회 의장으로 피임됐으며, 일체의 타협을 거부한 철저한 독립운동 노선을 걸었다.

1920년대 신채호 독립운동의 주요 무대는 북경이었다. 그는 민족주의 역사학을 확립한 『조선상고사』, 『조선상고문화사』 등을 집필하는 동시에 의열단 선언문으로 알려진 「조선혁명선언」을 작성했다. 이즈음에 신채호는 자신의 사상적 거처를 무정부주의로 옮겨갔다. 1928년 대만 무정부주의 비밀결사 사건에 연루돼 다롄에서 일본 경찰에 체포된 그는 징역 10년형을 언도받아 뤼순 형무소에서 복역하다가 1936년 해방을 보지 못한 채 안타깝게 순국했다.

신채호는 언론인이자 역사학자, 무엇보다 독립운동가였다. 언론인으로서의 신채호의 이름은 『황성신문』과 『대한매일신보』의 사설을 통해 이미 알려져 있었지만, 역사학자로서의 이름이 본격적으로 알려지게 된 것은 1931년 6월부터 10월까지 『조선일보』에 연재된 '조선사'를 통해서였다. 곧이어 그는 『조선일보』에 다시 '조선상고문화사'를 연재하여 한국사 연구에 새로운 바람을 불러일으켰다. 해방이 된 후 1948년 '조선사'는 이를 국내에 소개한 안재홍이 서문을 쓴 『조선상고사』로 간행됐다.

『조선상고사』, 민족주의 역사학의 확립

『조선상고사』朝鮮上古史는 신채호의 대표적인 역사서다. 이 책의 첫 구절
은 너무도 유명하다.

> 역사란 무엇이뇨. 인류사회의 '아'我와 '비아'非我의 투쟁이 시간부터 발
> 전하며 공간부터 확대하는 심적 활동의 상태의 기록이니, 세계사라 하면
> 세계 인류의 그리되어 온 상태의 기록이며, 조선사라면 조선 민족의 그
> 리되어 온 상태의 기록이니라.

신채호에게 역사란 '아'인 조선 민족과 '비아'인 다른 민족 간 투쟁의
기록을 뜻한다. 이러한 역사관은 신용하가 지적하듯이 '민족적인 것'과
'비민족적인 것', '주체적인 것'과 '사대적인 것', '고유한 것'과 '외래적인
것', '혁신적인 것'과 '보수적인 것'의 투쟁으로 특징지어지는 전형적인 민
족주의 역사이론이다. 이러한 신채호의 역사관은 경쟁을 강조하는 사회
진화론과 변증법을 강조하는 헤겔의 역사철학으로부터 영향을 받은 것이
지만, 제국주의에 맞서 투쟁하는 민족주의론이 그 중심을 이룬다.
『조선상고사』는 총론을 포함해 전체 11편으로 이뤄져 있다. 구체적으
로는 1편 총론, 2편 수두시대, 3편 3조선 분립시대, 4편 열국쟁웅列國爭雄시
대 (대對 한족격전韓族激戰시대), 5편 (1) 고구려 전성시대, (2) 고구려의 중쇠中

襄와 북부여의 멸망, 6편 고·백 양국의 충돌, 7편 남방제국 대 고구려 공수 攻守동맹, 8편 3국 혈전의 시始, 9편 고구려 대수전역對隋戰役, 10편 고구려 대당전역對唐戰役, 11편 백제의 강성과 신라의 음모 등으로 구성돼 있다.

『조선상고사』가 갖는 의의는 크게 두 가지로 정리할 수 있다. 첫째, 신채호는 역사를 모순관계의 상극투쟁을 통해 사회가 진보하는 과정으로 파악하고, 이러한 역사를 객관적으로 서술하기 위해서는 사료의 수집 선택과 그에 대한 비판이 수반돼야 한다는 점을 강조했다. 역사학자 이만열은 이를 실증주의 방법의 제시라고 보고, 신채호를 한국 근대 역사학의 확립자로 평가한다('해제', 『주석 조선상고사』, 단재신채호선생기념사업회).

둘째, 이 책은 우리 고대사의 영역을 한반도에서 만주 지역으로 확장함으로써 고대사 인식체계의 일대 전환을 요구했다. 이만열이 지적하듯이, 『조선상고사』는 우리 고대사를 신라 중심의 역사에서 부여·고구려 중심의 역사로 전환시키는 데 크게 기여했다. 앞서 2장에서 살펴봤듯이 신채호는 김부식의 역사인식을 일관되게 비판해왔다. 그 단적인 예가 고려 시대 묘청의 난을 '조선의 역사 천년 이래 가장 큰 사건'으로 부른 것이었는데, 신채호는 이 사건을 사대파에 의한 북벌파의 좌절로 파악했다.

현재적 관점에서 『조선상고사』에서 다뤄지는 내용은 그러나 적잖이 낯설다. 이른바 재야 역사학자들은 『조선상고사』의 견해를 크게 수용한 반면, 다수 아카데미 역사학자들은 『조선상고사』의 주장에 거리를 둬왔다. 역사학을 전공하지 않은 나로서는 어느 해석이 더 타당하다고 판단하기 어렵다. 다만 아카데미의 관점에서는 민족주의에 대한 과도한 강조나 실증성의 결여가 신채호 역사 인식의 약점으로 제시된다는 점을 지적하고자 한다.

시대정신과 신채호의 민족주의

신채호는 우리 현대사에서 가장 먼 길을 갔던 지식인이다. 애국계몽운동에서 시작해 독립운동으로 나아갔고, 다시 독립운동의 일환으로 무정부주의 운동에까지 거침없이 걸어갔다. 그는 근대화주의자인 동시에 민족주의자였으며 무정부주의자이기도 했다. 신채호라는 한 지식인의 사상적 편력을 통해 모더니티를 향한 우리 사회의 다양한 시대정신의 스펙트럼을 조망할 수 있다.

시대정신의 시각에서 신채호의 가장 중요한 기여는 근대적 민족주의의 체계화다. 신용하는 신채호의 민족주의를 '시민적 민족주의'라 이름 짓는데, 신채호는 국민의 생명·재산·권리를 보호하는 민족국가를 중시하고, 일제의 침략으로부터 완전독립과 절대독립을 쟁취해 자주부강한 입헌공화국을 건설할 것을 주장했다는 것이다. 완전독립을 성취하기 위한 방법론으로 신채호가 선택한 것은 무장투쟁이었다. 현재적 관점에서 신채호의 민족주의론은 민족국가의 자율성과 입헌공화제를 특권화한다는 점에서 근대적 민족주의론이라 할 수 있다.

신채호의 사상적 모험에서 특기할 것은 무정부주의다. 1910년대 후반부터 신채호는 크로포트킨 이론을 포함해 무정부주의에 관심을 가졌으며, 1923년 의열단의 요청에 의해 작성한 「조선혁명선언」에는 무정부주의자로서의 그의 사상이 잘 드러나 있다. 「조선혁명선언」은 신채호의 후기 사상을 이해하는 데 매우 중요한 문헌이다. 그는 외교론과 준비론을 주장한 임시정부의 독립운동론을 비판했을 뿐만 아니라 문화운동론 등을 주장한 국내의 실력양성론 또한 거부했다. 그가 민족해방의 주요 전략으로 제시한 것은 테러에 기반을 둔 직접행동론이었다.

신채호의 무정부주의는 그가 민족주의에서 민중주의로 나아갔음을 보여준다. 일본 제국주의를 타파하기 위해서는 민중직접혁명을 통해 민중의 자유가 보장되고 민중이 주인인 사회를 건설해야 한다는 게 그가 마지막에 도달한 결론이다.

이러한 신채호의 무정부주의에 대해서는 그 평가가 엇갈린다. 신용하는 신채호의 무정부주의가 본질적으로 우리 민족의 해방과 독립을 위해 주장된 혁명적 민족주의임을 부각시킨다. 반면에 역사학자 이호룡은 신채호의 사상을 민족주의의 틀 내에 가둘 수 없으며, 그 안에 존재하는 무정부주의의 독립성을 주목해야 함을 강조한다('신채호의 아나키즘', 『단재 신채호의 사상과 민족운동』, 경인문화사). 어떻게 평가하든 무정부주의를 포함한 신채호의 독립사상에 대한 연구들이 더욱 활성화될 필요가 있다.

신채호는 당대 많은 지식인들과 교유했다. 여러 기록에 따르면, 신채호의 성격은 강직하고 타협을 모르는 사람이었던 것으로 보인다. 1910년 한반도를 떠나면서 신채호는 평안북도 정주 오산학교에 들른 적이 있다. 당시 오산학교에 재직하던 한 교사는 신채호에 대해 다음과 같은 기록을 남겼다.

단재는 세수할 때에 고개를 숙이지 않고 빳빳이 든 채로 두 손으로 물을 찍어다가 바르는 버릇이 있었다. 그래서 그는 마룻바닥과 자기 저고리 소매와 바짓가랑이를 온통 물투성이를 만들었다. (……) 단재는 결코 뉘 말을 들어서 제 소신을 고치는 인물은 아니었다. 남의 사정私情을 보아서 남의 감정을 꺼려서 저하고 싶은 일을 아니 하는 인물은 아니었다. 그러면서도 웃고 이야기를 할 때에는 퍽이나 다정스러웠다.

이 기록을 남긴 오산학교 교사는 이광수였다. 신채호와 이광수의 만남은 이후에도 계속 이어졌다. 뒤에서 다시 이야기하겠지만 이광수는 결국 친일의 길로 나아갔던 지식인이다. 한때 독립운동을 같이 했지만, 신채호가 일관된 비타협노선을 고수한 반면, 이광수는 타협노선을 선택했고 그 종착역은 안타깝게도 친일이었다.

독립운동에 자신의 모든 것을 걸었던 신채호의 짧지 않은 생애는 현재적 관점에서 볼 때 여전히 가슴 한쪽을 시리게 한다. 이 글을 쓰기 위해 신채호의 삶과 사상을 다룬 여러 글들을 읽어봤다. 그 가운데 인상적인 저작 중 하나가 신용하의 『증보 신채호의 사회사상 연구』다. 이 책에 따르면, 신채호는 평소 지인들에게 "생전에 광복을 못 볼진대 왜놈들의 발끝에 채이지 않게 유골을 화장하여 바다에 띄워달라"고 말했다고 한다. 뤼순 감옥에서 순국한 신채호의 유해는 화장되어 유골로 국내에 들어와 고두미 마을에 토장됐다. 당시 한용운과 오세창이 비갈을 짓고 비석을 세웠으며, 1980년 그의 탄신 100주년을 맞아 무덤 앞에 영당을 지었다.

이광수, 민족주의에서 친일로

신채호가 오산학교에서 만났던 이광수 또한 20세기 전반 우리 사회에서 문제적 지식인이었다. 두 가지 점에서 그러하다. 첫째, 이광수는 최초의 현대소설이라 할 수 있는 『무정』을 쓴 식민지 시대의 대표적인 소설가다.

둘째, 그는 실력양성론, 민족개조론 등의 온건한 독립운동 노선을 대표했다. 그의 이러한 노선은 근대 계몽주의를 널리 알린 그 나름의 기여가 있었음에도 결국 친일로 귀결됐으며, 이로 인해 해방 이후 상당한 고초를 겪었다.

이광수李光洙는 1892년 평안북도 정주에서 태어났다. 아버지는 이종원이며 어머니는 충주김씨 부인이다. 여러 필명을 사용했지만 대표적인 호는 춘원春園이다. 1902년 부모의 죽음으로 고아가 된 이광수는 동학에 입도했고, 1905년 일진회의 도움으로 일본 유학을 가게 됐다. 대성중학교와 메이지학원을 다녔으며, 1910년 메이지학원을 졸업한 뒤 정주 오산학교 교사가 됐다. 이후 중국 등을 유랑한 그는 1915년 다시 도일해 와세다대학교 예과에 편입했다.

1917년 기념비적인 작품 『무정』을 발표했으며, 제1차 세계대전이 끝난 이듬해인 1919년에는 「2·8 독립선언서」를 기초했다. 이후 상해로 탈출한 그는 임시정부가 발간한 『독립신문』의 사장 겸 편집국장으로 일하다가 1921년 귀국했다. 1922년에 『개벽』에 「민족개조론」을 발표해 논란을 일으켰으며, 1923년에는 동아일보사에 입사했다. 이광수는 상하이 시절부터 안창호에게 큰 감화를 받았는데, 1926년 안창호의 영향 아래 흥사단의 국내 조직이라 할 수 있는 수양동우회를 결성했다.

1930년대에 이광수의 삶은 드라마틱했다. 1932년 대표작 중 하나인 『흙』을 발표했고, 1937년에는 수양동우회 사건으로 서대문 형무소에 수감됐다가 이듬해 보석으로 풀려났다. 1938년 안창호가 죽자 큰 실의에 빠진 그는 1939년부터 친일 활동을 시작했다. 가야마 마쓰로香山光浪로 창씨개명을 했으며, 친일 시·소설·논설 등을 발표하고 학병을 권유하는 연설을 하기도 했다. 8·15해방 이후 1948년 반민법에 의해 구속되기도 했던 그는 1950년 한국전쟁 당시 납북돼 이해 12월 평안북도에서 사망한 것으로 알려져 있다.

이광수는 식민지 시대의 가장 주목할 만한 지식인 중 한 사람이다. 이 땅에서 교육을 받은 이라면 그가 쓴 현대소설의 효시인『무정』과 농촌계몽운동을 다룬『흙』에 대해서 배우게 된다. 또한 그 과정에서 그의 친일 행적에 관해서도 어느 정도 알게 되며, 이에 대한 비판들도 접하게 된다. 해방이후 이광수는 민족을 위해 친일을 했다고 스스로를 변호했는데, 진정성이 결여된 이러한 주장은 오히려 많은 이들을 격분하게 만들기도 했다.

민족개조론의 문제점

이광수는 소설가였지만, 언론인이자 사회운동가이기도 했다. 1910년대부터 그는 많은 논설을 발표했고, 안창호를 만난 이후에는 국내 흥사단운동을 이끌었다. 시대정신의 관점에서 이광수의 활동에서는 후자가 전자못지않게 중요했다. 『이광수와 그의 시대』라는 기념비적 업적을 낸 국문학자 김윤식은 이광수에게 가장 중요했던 것은 수양동우회운동이었으며, 문학은 이광수 자신의 표현처럼 정작 여기餘技였다고 지적한다.

아직 직업의 분화가 제대로 이뤄지지 않은 모더니티 초기에 어느 나라건 지식인은 일종의 르네상스적 작업을 하게 된다. 신채호를 보더라도 『꿈하늘』,『용과 용의 대격전』등의 소설을 발표하기도 했다. 이광수의 경우도 마찬가지다. 그는 「2·8 독립선언서」를 기초했을 뿐만 아니라 「민족개조론」,「민족적 경륜」 등 여러 논설을 발표했다. 발표 당시 큰 대중적 인기를 모은 소설 『흙』의 경우를 보더라도 이 작품은 당시 동아일보사가 벌인 브나로드운동(농촌계몽운동)과 동우회운동에 밀접히 관련돼 있다.

이광수의 작품 가운데 특히 1922년 『개벽』에 발표한 장문의 논설 「민족개조론」은 많은 논란을 불러일으켰다. 「민족개조론」은 독립운동 양대 노선을 이룬 준비론과 투쟁론, 실력양성론과 무장투쟁론에서 준비론, 실력양성론에 가까운 논리를 제시했다. 그 내용은 크게 세 부분으로 나뉜다. 앞부분은 민족개조의 의미와 역사를 다루고, 중간 부분은 민족개조의 취지와 가능성을 검토하며, 마지막 부분은 민족개조의 구체적인 방법을 제시한다. 이광수는 논설의 결론에서 다음과 같이 말한다.

오직 민족개조가 있을 뿐이니 곧 본론에 주장한 바외다. 이것을 문화운동이라 하면 그 가장 철저한 자라 할 것이니 세계 각국에서 쓰는 문화운동의 방법에다가 조선의 사정에 응할 만한 독특하고 근본적이요 조직적인 일— 방법을 첨가한 것이니, 곧 개조동맹과 그 단체로서 하는 가장 조직적이요 영구적이요 포괄적인 문화운동이외다. 아아, 이야말로 조선민족을 살리는 유일한 길이외다.

민족개조론은 문화운동을 통해 민족개조를 모색하려는 온건 민족주의 성향의 담론이다. 이광수의 민족개조론은 무엇보다 안창호의 사상으로부터 큰 영향을 받았다. 안창호의 독립사상은 독립운동전선을 정비해 결정적인 시기에 대비하자는 준비론으로 요약된다.

하지만 안창호의 준비론은 일제와 타협하는 소극적 노선이 아니라 실력을 양성함으로써 독립전쟁을 준비하자는 적극적 노선이다. 실력양성을 위해 그는 민족혁신을 주목하고, 이 민족혁신을 위한 무실·역행·충의·용감의 자기개조 및 자아혁신을 강조했다.

문제는 민족개조론이 안창호의 사상에서 출발하고 있기는 하지만, 안창호의 준비론보다 훨씬 더 온건할 뿐만 아니라 또 다른 문제를 안고 있었다는 점이다. 예컨대 이광수는 그동안 진행돼온 정치적 운동이 모두 일본을 적대시한 운동이며, 조선 내 허락되는 범위 안에서 정치적 결사를 조직해야 한다고 주장하고 있는데, 기존 독립운동의 의의를 부정하는 이러한 논리는 발표 당시 격렬한 반대에 직면했다. 더욱이 이 민족개조론은 김윤식이 지적하듯이 3·1운동 이후 막 등장하기 시작한 사회주의를 견제하기 위해 총독부 문화정치의 일환으로 이용된 것으로 볼 수도 있다.

내가 강조하고 싶은 것은 민족개조론으로 대표되는 이광수 논설들에 담긴 어떤 정치적 무의식이다. 이광수에게 일본 식민주의는 일종의 애증병존의 대상이었다. 조선의 입장에서 일본은 앞선 문명의 모델이기도 하고 식민적 억압의 주체이기도 하다. 이러한 애증병존을 해결할 수 있는 정치적 대안이 결국 조선의 독립을 위해 일본적 문명화의 길을 따르는 민족개조론으로 나타났다고 볼 수 있다.

다시 말해, 이광수는 조선독립과 문명개화의 상반된 가치 사이의 균형을 갖고자 했다. 그러나 이 균형은 매우 위태로운 것이었는데, 그 균형이 문명개화의 열망 쪽으로 기울어졌을 때 그것은 친일 활동으로 나타났다. 물론 일차적으로는 개인적 이익을 위해 친일을 선택했을 테지만, 한 걸음 물러서서 보면 일본에 대한 이광수의 애증병존의 태도에 친일의 길은 이미 예정돼 있었던 것으로 보인다.

민족주의의 현재와 미래

신채호와 이광수의 사상을 돌아보면 시대정신으로서의 우리 민족주의에 대해 다시 생각해보게 된다. 사회학적으로 우리 민족주의에는 세 가지 점이 특히 주목할 만하다. 첫째, 우리 민족주의는 서구 민족주의와 사뭇 다르다. 서구 민족주의가 모더니티에 의해 발명된, 인류학자 베네딕트 앤더슨Benedict Anderson이 말한 '상상적 공동체 의식'이라면, 우리 민족주의는 근대 이전의 역사적 전통과 '한민족'이라는 에스니ethnie에 기반을 둔 문화적·사회적 독자성을 갖는다.

민족이란 말이 근대 이후에야 활발히 쓰였더라도, 근대 이전에 이미 전쟁을 통해 민족과 타자의 의식적·무의식적 구분이 이뤄졌으며, 이른바 '장기지속'으로서의 공통의 생활양식이 집단적으로 공유돼왔다. 요컨대 우리 민족주의 안에는 전통과 모더니티, 의식과 무의식이 공존해 있는데, 역사의 굴곡이 컸던 만큼이나 우리 내면 안에는 민족주의가 강인하게 살아 있어왔다.

둘째, 근대 이후 우리 민족주의는 일본 제국주의에 맞서는 민족해방의 전통을 갖고 있었고, 해방 이후에는 그 연장선상에서 세계체제에 대응하는 이념적 구심을 이뤄왔다. 우리 민족주의의 역사에서 결정적인 것은 바로 일제 식민지의 경험이었다. 다른 나라와 비교할 때 민족해방운동이 치열하게 이뤄졌으며, 신간회에서 볼 수 있듯이 우파와 좌파가 함께 힘을 모으기도 했다.

주목할 것은 이러한 근대적 민족주의의 형성에 적지 않은 지식인들이 기여해왔다는 점이다. 근대적 민족주의의 기원을 어디에 두든 그것은 특히 개항 이후 일본을 포함한 제국주의 세력에 대한 저항 속에서 형성됐으며, 자유와 평등이라는 근대 민주주의와 결합함으로써 시민적 민족주의의 의미를 갖게 됐다. 이 과정에서 신채호, 안창호 등과 같은 독립운동가들의 역할이 특히 두드러졌는데, 준비론이든 투쟁론이든 이들은 모두 민족주의를 공통의 시대정신으로 공유하고 있었다.

일반적으로 근대적 민족주의의 기획은 우파적 흐름과 좌파적 흐름으로 나눠볼 수 있다. 우파적 흐름이 자유주의와 결합된다면, 좌파적 흐름은 급진주의와 결합된다. 식민지 시대라는 구조적 조건 아래 우파적 민족주의 기획이 문화운동을 중시하는 실력양성론으로 나타났다면, 좌파적 민족주의 기획은 무장투쟁을 중시하는 민중혁명론으로 나아갔다. 이 점에서 이광수의 「민족개조론」과 신채호의 「조선혁명선언」은 매우 흥미로운 대조를 이룬다.

셋째, 민족주의의 현재적 조건 또한 재고해봐야 한다. 최근 세계화 시대의 진전과 더불어 경제적 민족주의와 문화적 민족주의가 분화돼왔다. 이에 대해서는 지구적 차원에서 경제적 의존이 강화되면 될수록 문화적 자율에 대한 열망은 커질 수밖에 없다는 민족주의 이론가 파르타 채터지 Partha Chatterjee의 주장을 주목할 필요가 있다. 외환위기 이후 세계화가 강제하는 신자유주의 구조조정이 지구적 차원에서의 경제적 의존의 심화를 보여준다면, 일련의 사회·문화운동은 서구 중심의 세계화에 맞서는 이른바 '인정認定의 정치'를 상징한다.

다시 말해, 세계화 시대에 민족주의는 여전히 사회·문화적 저항의 이념적 거점을 이룬다. 지구 문화가 강화돼가는 흐름 속에 '우리 것'에 대한 열망 또한 커지는 것이 바로 그 증거다. 이러한 경향은 일상생활에서 정신문화까지 다양한 형태로 표출되며, 2002년 두 여중생의 억울한 죽음에 항의하고 평등한 한·미관계를 요구한 촛불집회처럼 사회운동으로 외화되기도 한다.

내가 강조하려는 바는 시대정신으로서의 우리 민족주의가 새로운 전환의 지점에 도달해 있다는 점이다. 한편에선 20세기적 민족국가 간 경쟁이 더욱 치열해지고, 다른 한편에선 민족국가의 경계가 파열되는 21세기적 다문화사회가 도래하는 모순적 경향 속에서 민족주의를 새롭게 재구성하고 자리매김해야 할 과제를 우리 사회는 안고 있다. 이와 연관해 한 가지 분명한 사실은 역사에서 비약은 없다는 점이다. 민족주의가 여전히 유효한 기획이라면, 그것의 재구성은 지난 20세기 전반의 근대적 민족주의에 대한 성찰에서 시작해야 하며, 이 점에서 신채호와 이광수의 사상은 여전히 중요한 함의를 안겨준다고 나는 생각한다.

겨레에 대한 강의한 사랑

이제 나는 앞서 이야기한 상하이 여행으로 돌아가고자 한다. 임시정부 청사를 찾은 다음 나는 윤봉길의 의거가 있었던 홍커우 공원으로 향했다. 도심을 가로질러 홍커우 공원에 도착해 안내판에서 윤봉길을 기념하는 매원梅園을 찾았다. 흐르는 땀을 손으로 씻으며 20분 정도 걸어가니 매원이 있었다. 윤봉길이 거사한 장소라고 표시된 곳에 서니 몸은 무덥지만 마음은 더없이 서늘했다.

1932년 4월 29일, 윤봉길은 저격용 물통 모양의 폭탄 1개와 자결용

상하이 훙커우 공원 안에 있는 윤봉길 의사 기념관 매헌의 모습. 매헌은 윤봉길 의사의 호이며, 훙커우 공원은 현재 루쉰 공원으로 명칭이 바뀌었다.

도시락 모양의 폭탄 1개를 감추고 식장에 들어가, 식이 진행 중일 때 연단 쪽으로 다가가 수류탄을 투척했다. 이 폭발로 일본군 대장 시라카와, 일본인 거류민단장 가와바다가 죽었고, 제3함대 사령관 노무라 중장을 포함한 여러 요인이 중상을 입었다. 중국의 장제스가 "4억 중국인이 해내지 못하는 위대한 일을 한국인 한 사람이 해냈다"고 말했을 정도로 우리 독립운동사에서 결코 잊을 수 없는 사건이었다.

의거 현장에서 조금 더 걸어 들어가니 윤봉길을 기리는 정자 매헌梅軒이 있었다. 원래의 이름은 매정梅亭이었으나 2009년 4월 우리 측의 요청으로 이름을 윤 의사의 호를 딴 매헌으로 바꾸고 현판을 교체했다고 한다. 1층과 2층으로 이뤄진 정자 안에는 윤 의사와 독립운동에 관한 자료들을 전시하고 있었다. 특히 내 시선을 끈 것은 정자 2층 안에 목각으로 새겨진 윤 의사의 글이다.

사람은 왜 사느냐, 이상을 이루기 위하여 산다.
보라, 풀은 꽃을 피우고 나무는 열매를 맺는다.
나도 이상의 꽃을 피우고 열매 맺기를 다짐하였다.
우리 청년시대에는 부모의 사랑보다, 형제의 사랑보다, 처자의 사랑보다도 더 한층 강의剛毅한 사랑이 있는 것을 깨달았다.
나라와 거레에 바치는 뜨거운 사랑이다.
나의 우로와 나의 강산과 나의 부모를 버리고라도 그 강의한 사랑을 따르기로 결심하여 이 길을 택하였다.

윤봉길은 현장에서 체포돼 군법회의에서 사형을 선고받았다. 일본으로 옮겨져 오사카 형무소에 수감됐다가 1932년 12월 19일 총살형을 받고 순국했다. 그의 나이 스물넷이었다. 그가 그토록 갈망했던 겨레의 해방은 그가 세상을 떠난 지 13년이 지나서야 이뤄졌다.

매헌을 둘러본 다음 숙소로 돌아가기 위해 훙커우 공원을 걸어 나왔다. 상하이의 무더운 날씨에 시민들은 공원 그늘에서 더위를 식히고 있었다. 흐르는 땀을 주체하지 못하고 터벅터벅 걷는 길 위에서 나라란, 민족이란 무엇인가를 생각해보게 됐다. 두 개의 폭탄을 숨긴 채 윤봉길이 그날 걸어갔던 길이 이 길이거나 이 주변일 거라는 데 생각이 미치자 마음은 더없이 숙연해지고 처연해졌다.

지금 이 글을 마무리하는 이 순간에 앞서 말한 상하이 여행을 떠올리면서 다시 한번 나 자신에게 질문을 던진다. 겨레에 대한 강의한 사랑이란 무엇인가. 윤봉길과 신채호가 겨레에 바친 뜨거운 사랑을 나는, 그리고 우리는 21세기적 현실 속에서 어떻게 이해하고 또 실천할 것인가. 아무래도 이 여름이 다 가기 전에 고두미 마을에 한번 가봐야겠다는 생각을 하지 않을 수 없다.

제10장

함석헌과 장일순

민주주의와
생명주의의 최전선

함석헌 1901년 평북 용천에서 태어나 1989년 사망했다. 지난 20세기 후반 우리 사회를 대
표하는 사상가이자 사회운동가다. 민주화운동을 이끌었으며, 한국인 최초로 노벨평
화상 후보에 올랐다. 주요 저작으로 『뜻으로 본 한국 역사』를 포함해 저작집 30권이
있다.

장일순 1928년 강원도 원주에서 태어나 1994년 사망했다. 원주에서 농민운동과 공동체운
동에 헌신한 사상가이자 사회운동가다. 그의 생명사상은 김지하, 김종철 등에게 큰
영향을 미쳤다. 주요 저작으로 『나락 한알 속의 우주』가 있다.

지금부터 세 번에 걸쳐 다루게 될 해방 이후의 지식인들은
이 책을 쓰기로 생각했을 때부터 마음속에 염두에 뒀던 이들이다.
해방된 나라에서 이들은 우리 사회가 직면한 시대적 과제들을 진지하게 고민했고,
그 이론적·실천적 해법을 현실 한가운데서 열정적으로 모색했던 사람들이다.
이들이 이뤄놓은 성취는 바로 우리의 현재를 구성하며,
이들의 한계는 다름 아닌 우리 미래의 과제가 될 것이다.

재야 사상가로서의 함석헌과 장일순

이 책의 주제는 시대정신과 지식인이다. 지식인이란 말 그대로 지식생산 및 유통을 직업으로 하는 사람을 뜻한다. 이런 지식인과 유사한 우리말이 있다. 지성인, 학인, 사상가 등이 그것이다. 어떤 차이가 있는 걸까. 사전적 의미에서 지식인은 지성인 및 학인과 매우 유사하다. 지성인이 지식인보다는 권력으로부터의 독립성을 다소 강조한다면(영어로는 intellectuals로 같은 말이다), 학인은 전문적 직업성을 강조한다.

이에 비해 사상가는 사뭇 다르다. 사상가 역시 지식 탐구와 생산에 주력한다. 하지만 사상가라는 말이 함의하는 바는 지식인보다 포괄적이다. 여기서 '포괄적'이란 두 가지 의미를 갖는다. 첫째, 사상가는 어떤 사물이나 현상에 대한 사고와 생각을 펼치는 이들을 지칭하는데, 여기서 사고와 생각은 지식보다는 넓은 의미를 갖는다. 둘째, 바로 그런 맥락에서 사상가를 전문화된 학문 분류체계에 가둬두기 어려우며, 이러한 특징은 사상가로 하여금 지식의 영역은 물론 경우에 따라선 종교의 영역까지를 넘나드는 포괄성을 갖게 한다.

지식인이 아니라 사상가를 이야기하는 것은 이 장에서 다룰 두 사람의 정체성이 지식인의 범위를 넘어서고 있기 때문이다. 함석헌과 장일순이 그들이다. 두 사람은 지식인이라기보다 사상가였다. 대학에서 나름대로 전문적 교육을 받았지만, 이들은 대학사회 또는 전문적 지식사회에 속해 있지 않았다. 이들은 함석헌의 표현을 빌리면 '들사람'(野人)이었으며, 이들의 사상은 그 들 한가운데서 씨앗이 뿌려지고 꽃을 피웠다.

비록 들 한가운데서 잉태된 사상이지만, 이들의 사상이 우리 사회에 미친 영향은 자못 심원하다. 함석헌은 지난 20세기 우리 사회를 이끌어온 시대정신인 민주주의와 민족주의에 깊은 영향을 미쳤으며, 장일순 역시 민주주의와 생명사상에 중요한 통찰을 제공했다. 두 사람의 시대정신은 들사람의 사상이라는 점에서 유사하면서도, 각자 걸어온 삶의 경로는 적잖이 달랐다.

몇 해 전 한 잡지에 해방 이후 스무 명의 지식인의 삶과 사상을 정리한 적이 있었다. 그때 나는 함석헌과 장일순을 다루지 않았다. 다른 이유가 있었던 게 아니라 당시에는 전문적 지식인들의 연구와 활동에 주목했기 때문이다. 물론 그 기획에서 최인훈과 김수영, 김지하와 박완서 등의 작품과 활동을 예외적으로 다루기는 했지만, 대학교수로 분류될 수 있는 지식인들의 삶과 사상이 주요 분석 대상이었다.

한 걸음 물러서서 볼 때 해방 이후 우리 지식사회는 이중적 구조를 이뤄왔다. 전문적 지식인들이 주축을 형성한 제도적 지식사회가 있었다면, 대중적 지식인들이 주로 활약한 비제도적 지식사회도 존재했다. 적어도 민주화 시대까지 우리 사회에서는 비제도적 지식사회의 역할이 중요했다. 비제도적 지식사회는 우리 시민사회의 한 축을 이룬 이른바 '재야在野'와 중첩됐으며, 이들은 민주화운동에 큰 영향을 미쳤다. 함석헌과 장일순은 이러한 재야적 지식인의 전형이라 할 수 있다.

더욱이 두 사람의 삶과 사상에 대한 탐구는 해방 이후 기독교의 위상과 의미를 살펴볼 수 있게 한다. 우리 모더니티의 전개에서 기독교의 역할은 매우 중요했다. 모더니티가 서구적 세계와 동일한 의미를 갖는다면,

모더니티를 향한 시대정신의 탐구에서 기독교를 어떻게 볼 것인가는 매우 중요한 문제 중 하나다. 함석헌과 장일순은 동서양을 넘나든 사상가였지만, 동시에 기독교인들이기도 했다. 함석헌은 안병무 등 개신교 신학자와 가까웠으며, 장일순은 지학순 등 천주교 신부와 함께 활동했다.

시대정신과 연관해 함석헌과 장일순의 사상을 주목하는 것은 모더니티의 중핵을 이루는 민주주의와 민족주의, 그리고 모더니티를 넘어서려는 생명사상에 대한 이들의 기여 때문이다. 함석헌은 1950년대부터 1980년대까지 민주주의의 대표적인 사상가이자 운동가였다. 민주화의 상징이라 할 만큼 함석헌의 사상과 실천은 거침없었고, 특히 그의 '씨올'(씨알)사상은 동서양 사상이 융합된 이채로운 것이었다. 더욱이 함석헌은 민족주의를 중시하면서도 협애한 민족의식을 넘어서는 세계주의를 강조함으로써 민족주의가 가져야 할 보편성을 일찍이 부각시켰다.

함석헌에 비해 덜 알려져 있지만 장일순 역시 포괄적 의미에서 민주주의의 새로운 통찰을 제공했다. 그가 주목한 것은 중앙과 국가가 아니라 지역과 공동체였고, 이러한 관심은 참여민주주의에 대한 선구적인 통찰로 평가할 수 있다. 더불어 그는 물질문명에 대한 비판과 자연 및 생명에 대한 옹호에 바탕을 둔 생태적 상상력을 강조했다. 이러한 장일순의 사상은 그의 사상적 적자라 할 수 있는 시인 김지하와 영문학자 김종철의 생명사상에 중요한 영향을 미치기도 했다.

함석헌, 씨알의 사상가

함석헌의 사상을 한마디로 말하자면 씨알의 사상이다. 그는 스스로를 씨알이라고 불렀다. 『씨알의 소리』라는 잡지를 펴냈으며, 씨알의 벗임을 자임하면서 씨알을 위해 평생을 헌신했다. 젊은 세대들에게는 함석헌이라는 이름이 다소 낯설겠지만, 우리 사회에서 오십이 넘은 이들에게 그가 미친 영향은 결코 작지 않았다. 흰 수염에 두루마기 자락을 날리며 권력을 준엄하게 꾸짖는 함석헌의 모습은 민주화운동의 대표적인 상징 가운데 하나였다.

함석헌咸錫憲은 1901년 평안북도 용천에서 태어났다. 1916년 평양고등보통학교에 입학했고, 1921년 오산학교에 편입해 졸업했다. 1924년에는 동경고등사범학교에 입학했으며, 1928년 졸업해 오산학교 교사가 됐다. 1934~1935년 『성서조선』에 '성서적 입장에서 본 조선 역사'를 연재한 그는 일제에 의해 두 번의 옥고를 치르기도 했다. 1945년 해방 직후에는 평안북도 자치위원회 문교부장에 추대됐으며, 소련군에 의해 다시 옥고를 치렀다.

함석헌은 1947년 월남했다. YMCA에서 강의를 하는 등 사회 활동을 벌이면서 1956년부터 『사상계』에 글을 쓰기 시작했다. 1958년 『사상계』에 '생각하는 백성이라야 산다'를 발표해 큰 관심을 모았고, 이로 인해 서대문 형무소에 구금되기도 했다. 1962년 미국 국무성 초청으로 미국을 둘러본 다음, 이어 미국과 영국 퀘이커연구소에서 연구했다. 1963년 귀국하여 왕성하게 글을 쓰면서 한일협정 반대 등의 사회운동을 주도했다.

1970년대는 함석헌의 삶에서 매우 중요한 10년이었다. 1970년 『씨알의 소리』를 창간했고, 1974년 민주회복국민회의 시국선언, 1976년 3·1 구국선언 등을 주도해 유신독재에 맞서는 재야의 구심을 이뤘다. 그는 1979년 세계퀘이커회에 의해 한국인 최초로 노벨평화상에 추천됐으며, 1980년대에 들어와서도 민주화를 향한 투쟁을 멈추지 않았다. 1987년 6월 항쟁으로 민주화시대가 열리면서 1988년『씨일의 소리』를 복간한 그는 1989년 세상을 떠났다.

함석헌의 삶은 지난 20세기 우리 역사와 그대로 대응한다. 식민지 시대에 일본식 교육을 받았지만 교사가 돼 독립운동을 벌였으며, 한국전쟁 이후에는 씨알농장을 운영하면서 민주화운동을 이끌었다. 함석헌은 장준하와 함께 산업화 시대 재야인사의 전형이었다. 재야란 말 그대로 벌판에 있음을 뜻하는데, 여기서 벌판이란 공적 기구가 아닌 민간 조직, 곧 시민사회를 이른다.

우리 사회 민주화 과정에서는 이 재야의 역할이 중요했다. 정치사회의 기본 구도가 정당 간의 대립보다는 정부와 재야 간의 대립, 다시 말해 정부와 시민사회 간의 대립으로 나타났기 때문이다. 특히 1960년대 이후 국가가 산업화를 주도했다면, 재야는 민주화를 이끌었다. 이러한 정치구도의 역사적 기원은 조선시대 훈구파와 사림파의 대립으로까지 거슬러 올라갈 수 있겠지만, 한국전쟁 이후 형성된 냉전분단체제로 인한 정치사회의 이념적 협소화, 독립운동으로부터 이어져온 사회운동의 활성화 등 다른 요인들 또한 이러한 구도에 중요한 영향을 미쳤다.

어떻게 해석하든 1960년대부터 1980년대까지 우리 사회 민주화운동의 구심으로서 재야의 역할은 막중했다. 재야라는 말에는 권력에 맞서는 도덕, 권위주의에 맞서는 민주주의, 지배자에 맞서는 민중(씨알)의 뜻이 담겨 있었는데, 함석헌이라는 이름은 바로 이러한 도덕·민주주의·민중을 상징했다. 우리 사회 민주화 과정에서 관찰할 수 있는 특징이 '사회운동에 의한 민주화'라면, 그 사회운동의 맨 앞자리에는 언제나 함석헌이란 이름이 놓여 있었다.

『뜻으로 본 한국 역사』, 고난의 우리 역사

전문적 학자는 아니었으나 함석헌은 그 누구보다도 많은 글과 책을 썼다. 도서출판 한길사는 함석헌이 쓴 글들을 모아 저작집 30권을 출간했다. 제1권 『들사람 얼』에서 제30권 『뜻으로 본 한국 역사』에 이르기까지 그는 전문적 학자들보다도 왕성한 집필 활동을 벌였다.

　『뜻으로 본 한국 역사』는 그의 대표 저작이다. 원본은 일제하에서 『성서조선』에 실린 '성서적 입장에서 본 조선 역사'였는데, 1961년 『뜻으로 본 한국 역사』로 이름을 바꾸고 내용을 수정했으며, 1965년 다시 개정판을 냈다. 제목에서 '성서'가 '뜻'으로 바뀐 것은 함석헌이 종교관을 바꿨기 때문이다. 함석헌은 우치무라 간조의 무교회를 따르다가 퀘이커교도가 됐다. 기본적으로 그는 기독교도인 동시에 종교다원주의자였다. 그는 다음과 같이 말한다.

　　그래서 한 소리가 '뜻'이다. (……) 져서도 뜻만 있으면 되고, 이겨서도 뜻이 없다면 아니 된다. 그래서 뜻이라고 한 것이다. 이야말로 만인의 종교다. 뜻이라면 뜻이고 하나님이라면 하나님이고 생명이라 해도 좋고 역사라 해도 좋고 그저 하나라 해도 좋다. 그 자리에서 우리 역사를 보자는 말이다.

이 책에서 함석헌이 전달하려는 메시지는 고난의 역사로서의 한국 역사다. 함석헌에게 역사란 기본적으로 고난의 역사이며, 그의 역사철학은 고난사관이다. 상실된 나를, 나와 너를 포함한 씨알의 진정한 자아를 찾아가는 게 역사이며, 한국 역사는 바로 이러한 고난의 과정을 그대로 보여준다는 것이다. "개인에게 있어서나 민족에 있어서나 위대한 것은 고난의 선물"이라고 그는 말한다.

이 책에는 식민지 시대에 함석헌이 가졌던 역사 인식이 반영돼 있다. 당시 그는 조선사편수회의 식민사관에 맞서서 기독교와 민족주의에 기초해 우리 역사를 재구성하고, 고난의 역사에 대한 주체적 인식을 통해 민족적 자아를 회복하고자 했다.

전문적 관점에서 볼 때 이러한 함석헌의 역사 해석이 지나치게 주관주의적이고 과잉 규범적이라고 비판할 수 있을 것이다. 하지만 함석헌의 관심은 과학으로서의 역사학에 있지 않았다. 그는 사실판단과 가치판단의 이분법을 넘어서서 민족적 위기라는 시대 인식 아래 상실된 자기를 찾아가는 규범적 지향으로서의 역사 서술을 목표로 했다. 나는 씨알이자 세계이며, 이 씨알들이 세계평화를 추구하는 것이 우리 역사가 나아갈 방향이라는 것이다. 함석헌에게 나와 세계, 민족과 세계는 동등한 의미를 갖고 있으며, 바로 이 점이 그의 역사 및 사회인식의 중요한 출발점을 이루고 있는 것이기도 하다.

씨알사상의 핵심

지난 2008년 서울에서 열린 세계철학자대회에서 유영모와 함석헌의 사상을 조명하는 특별분과가 열린 적이 있다. 제도권 철학자가 아닌 재야 철학자의 사상을 집중적으로 다룬 이 분과는 당시 상당한 관심을 모았다. 우리말로 독창적인 철학을 제시했다는 점에서 함석헌의 사상은 새롭게 평가받을 충분한 가치를 갖고 있으며, 그래서 지난 10여 년간 철학·신학·역사학 등 다양한 각도에서 그의 철학에 대한 토론이 활발히 진행돼오기도 했다.

함석헌 사상의 핵심을 이루는 것은 앞서 말한 씨알사상이다. 함석헌은 씨알사상을 그의 스승인 유영모로부터 배웠다. 씨알이란 말은 유영모가 『대학』大學에 나오는 '민'民을 '씨알'로 번역한 것에서 비롯한다. 씨알의 뜻에는 민중의 영적 특성, 주체성과 평등성이 담겨 있다. 이 씨알은 '하나님의 씨'(아들)와 '평민'이라는 두 가지 의미가 있는데, 유영모가 전자를 중시했다면, 함석헌은 후자를 중시했다.

김경재에 따르면, 함석헌의 씨알사상은 생명의 주체성·책임성·영성을 되찾고 평화로운 대동사회를 이루겠다는 생명·평화사상으로 특징지어진다('씨올·생명·역사', 『씨알 함석헌, 다석 유영모, 무위당 장일순, 오방 최흥종의 생애와 사상을 돌아보다』, 오방기념사업회). 철학사에서 나란, 주체란, 인간이란 누구인가는 가장 중요한 질문이다. 현대철학을 보더라도 인간은 실존적 존재이기도 하고(실존주의), 구조적 수인囚人이기도 하며(구조주의), 상호주관적 존재(하버마스)이기도 하다.

함석헌에게 인간은 씨알이다. 그리고 이 씨알은 고유성과 독창성을 지닌 존엄한 생명의 존재 그 자체다. 함석헌 사상의 특징은 바로 존재가 타자와 언제나 동격을 이루고 있다는 점이다. 여기서 타자란 다름 아닌 민중을 지칭하는데, 나와 타자를 연결하는 것은 민중 속에서 나를 새롭게 발견하게 하는 '참 나', '큰 나'로의 진화를 통해서다. 사회학적으로 보면 이러한 논리는 개인의 의지를 일방적으로 강조하는 주관주의와 구조적 강제를 일방적으로 강조하는 객관주의를 모두 넘어서는 것이다. 인간은 자발적 의지와 구조적 강제가 상호작용하면서 자신의 정체성을 구성해가는 존재라 할 수 있다.

이 점에서 함석헌의 사상은, 설령 그 논리 구성이 정교하지는 않다 하더라도, 사회적 개인과 그 개인들로 구성된 사회, 그리고 그 상호작용에 대한 독창적인 통찰을 보여준다. '참 나'로 나아가기 위해 그에게 필요했던 것은 제도로서의 인권과 민주주의였으며, '참 나'를 이루기 위한 사회적 조건을 만들기 위해 그는 민족주의와 세계주의의 생산적 공존 및 조화를 추구했다.

장일순, 생명의 사상가

함석헌과 비교해 장일순은 그렇게 널리 알려진 사상가는 아니다. 일각에서는 오래전부터 장일순의 삶과 사상을 높이 평가해왔지만, 그가 대중적으로 주목을 받은 것은 1990년대 이후 환경운동이 본격화되면서부터였다. 내가 보기에 장일순은 20세기적이라기보다 21세기적인 사상가였다. 특히 그의 생명사상은 시간이 흐를수록 더욱 빛을 발하고 있다.

장일순張壹淳은 1928년 강원도 원주에서 태어났다. 호는 청강靑江, 무위당无爲堂, 일속자一粟子 등을 썼다. 1944년 배재고등학교를 졸업하고 경성공업전문학교에 입학했지만 1945년 국립서울대학교 설립안(국대안) 반대운동에 참여해 제적됐다. 1946년에는 서울대 미학과에 입학해 학교를 다니다 1950년 한국전쟁이 일어나자 학업을 중단하고 원주로 돌아왔다. 이후 원주를 떠나지 않은 채 대성학원을 설립하고 국회의원에 입후보하는 등 교육운동과 정치운동을 벌였다.

1960년 4월 혁명 직후 그는 사회대중당 후보로 국회의원에 출마했으나 낙선했으며, 1961년 5·16쿠데타 직후에는 중립화통일론이 빌미가 돼 3년간 옥고를 치르기도 했다. 1960년대와 1970년대에 그는 협동조합운동을 벌이는 동시에 지학순 주교 등과 민주화운동을 전개했다. 1977년에 생명운동으로의 전환을 결심하고 그 연장선에서 1983년 도농직거래조직인 '한살림'을 창립했다. 이후 그는 생명사상을 탐구하고 생명운동을 활발히 벌이다가 1994년 세상을 떠났다.

장일순의 삶과 사상을 돌아볼 때 지학순과 함께 먼저 기억되는 사람은 시인 김지하다. 장일순은 김지하의 사상적 스승이다. 김지하는 1965년 장일순으로부터의 첫 가르침을 다음과 같이 기억한다('밑으로 기어라', 『좁쌀한 알』, 도솔). "민중은 삶을 원하지 이론을 원하지 않는다! 이제부터는 정당이나 정치 따위로는 아무것도 할 수 없다. (……) 종교로 우회할 수밖에 없다. 그러자면 사회변혁의 정열 이외에 영혼 내부의 깊은 자성의 태도가 필요할 것이다."

연보를 보면 장일순이 '종래의 방향만으로는 안 되겠다고 깨닫고' 공생의 논리에 입각한 생명운동으로의 전환을 결심한 것은 1970년대 후반이었다. 하지만 5·16쿠데타 직후 옥고를 치르고 정치활동정화법과 사회 안전법 등에 묶여 모든 활동을 철저히 감시당해온 1960년대부터 이미 장 일순은 영혼 내부의 깊은 자성을 모색하는 정신운동 또는 생명운동으로 의 전환을 모색하고 있었다.

『나락 한알 속의 우주』, 거룩하고 평등한 생명

장일순은 저작을 거의 남기지 않았다. 목사 이현주와 대담을 나눈 『무위 당 장일순의 노자 이야기』와 『나락 한알 속의 우주―무위당 장일순의 이 야기 모음』이 장일순의 육성을 직접 들을 수 있는 책이다. 『나락 한알 속 의 우주』는 그가 직접 쓴 책이 아니라 글과 강연, 대담을 정리한 것이다. 장일순이 책을 남기지 않은 것은 글이 혹시 다른 이들에게 정치적 피해를 줄지 모른다는 배려뿐만 아니라 글보다는 삶 그 자체를 더 소중히 생각했 기 때문인 것으로 보인다.

『나락 한알 속의 우주』에 실린 장일순의 글과 강연은 채 100쪽을 넘지 않는다. 그 대부분 또한 한살림 모임에서의 강연으로 채워져 있다. 하지 만 글이 적다고 해서 그 의미가 작은 것은 아니다. '생태학적 관점에서 본 예수 탄생', '거룩한 밥상', '시侍에 대하여', '자애와 무위는 하나', '나락 한 알 속에 우주가 있다' 등의 제목들에서 볼 수 있듯이 일련의 강연이 던지 는 메시지들은 결코 범상치 않다.

그의 사상적 적자라 할 수 있는 김지하는 장일순의 사상적 거처가 동 서양을 아우른다고 지적한다. 유학, 가톨릭, 최시형의 동학사상, 간디와 비노바 바베의 사상, 그리고 노자로부터 영향을 받았다. 하지만 장일순은 이러한 사상을 언제나 창의적으로 접목하고자 했고, 그것을 생명사상으로 재탄생시켰다.

생명사상이란 무엇인가. 김종철에 따르면, 장일순의 생명사상은 모든 생명의 거룩성과 평등성을 받아들이는 것이다(‘나락 한알 속의 우주’, 『너를 보고 나는 부끄러웠네』, 녹색평론사). ‘나락 한알 속에 우주가 있다’는 강연에서 장일순은 다음과 같이 말한다.

> 나락 한알 속에도 (……) 우주의 존재가 내포되어 있다 그 말이에요. 불교의 화엄경 같은 데서 보면 ‘일미진중 함시방 시방일우주’—微塵中 含十方 十方日宇宙—조그만 티끌 안에 우주가 있느니라 하는 말씀이에요. 예수님도 그런 말씀을 하셨어요. “너희들이 생명에 대한 믿음이 좁쌀만큼만 있으면 이 산을 저리 가라 하면 저리 가고 저 바다를 비켜라 하면 비킬 것이다”라고 한 말씀이 그 모범이에요.

이러한 생명사상의 의의는 한국 모더니티에 대한 근본적 성찰을 계몽한다는 데 있다. 장일순의 생명사상은 우리 근·현대사의 정신사에서 주류가 아닌 비주류의 사상이다. 김종철도 지적하듯이, 조선 후기 이후 우리 사상의 주류는 부국강병 사상이었으며, 이는 무엇보다 효율성과 경쟁력을 강조했다. 앞서 살펴본 다수의 사상들은 바로 이러한 힘의 논리에 기반을 두고 있었다고 봐도 좋을 것이다.

문제는 부국강병이라는 모더니티의 논리가 가져온 그늘이다. 환경 파괴는 이 그늘을 대표한다. 장일순이 비판하고자 했던 것은 환경을 포함한 사회 전체를 지배와 권력의 체제로 만들어버리려고 하는 욕망의 논리다. 이 점에서 장일순의 생명사상은 심층생태론deep ecology과 사회생태론 social ecology에 잇닿아 있다. 주목할 것은 그가 도달한 이러한 결론이 다양한 동서양 사상에 대한 독서를 통한 독창적인 사유의 결과라는 점이다.

장일순은 자신의 이러한 사상을 다양한 사례를 들어 일상용어로 생동감 있게 이야기하고 있다. 자신의 구체적인 경험에서 나온 장일순의 이야기들은 밀폐된 공간에서 생성된 언어가 아니라 자연 속에서 영근 살아 있는 언어 그 자체다. 그는 현학적 담론으로 무장된 엘리트 지식인이 아니라 『무위당 장일순의 노자 이야기』를 펴낸 목사 이현주가 이 책 개정판 서문에서 말하듯이, "초등학교에 처음 등교하는 막내의 손을 잡아 교실 문 앞까지 데려다주는 부모 없는 집안의 맏형 같은" 목소리로 담담하면서도 어느새 가슴에 와 닿는 이야기를 건네는 이웃의 사상가였다.

장일순의 사상은 이론 그 자체만으로 존재한 게 아니라 협동조합운동에서 공동체운동에 이르기까지 언제나 사회운동과 결합돼 있었다. 장일순은 1980년대 이후 그가 주도한 한살림운동에 헌신했다. 한살림운동은 우리 사회에서 선구적인 공동체운동이다. 이 공동체운동에서 주목할 수 있는 것은 이른바 '호혜互惠의 원리'다. 호혜의 원리는 시장에서의 '경쟁의 원리'와 국가에서의 '권력의 원리'와 구별된다. 그것은 상호협력과 공존을 중시한다는 점에서 대안적인 삶의 방식을 모색한다.

한 걸음 물러서서 볼 때 이러한 시각에 대해 그 실현가능성과 지속가능성에 의문을 제기할 수도 있다. 우리가 필요로 하는 모든 것을 국지적으로 생산할 수 있는 것은 아니라는 점에서 공동체운동은 내재적인 한계를 갖고 있다. 또 고도로 분화되고 복합성이 증대된 현대사회에서 호혜의 원리에 기반을 두고 전체 사회를 재조직하는 것은 처음부터 불가능하다는 주장을 펼 수도 있다.

그러나 이러한 시각에는 대안적 삶의 방식과 문화에 대한 적극적 배려가 상대적으로 빈곤하다. 오늘날 자본주의 문명, 특히 신자유주의 세계화가 한계에 도달했다는 것은 분명하다. 신자유주의는 인간과 인간, 인간과 자연의 조화로운 관계를 파괴하고 약육강식과 적자생존의 법칙을 강제하기 때문이다.

주목할 것은 이러한 신자유주의 문명의 일차적 피해자가 다름 아닌 하층계급, 여성, 노인, 그리고 어린이를 포함한 사회적 약자라는 점이다. 사회적 약자들을 보호하고 대안적인 가치와 문명을 모색하는 공동체운동을 단순히 방어적이며 낭만적인 운동으로만 평가하는 것은 이 운동이 갖는 의미를 과소평가하는 것이다. 공동체운동은 우리 삶을 황폐화하는 경쟁을 넘어서서 인간과 인간, 인간과 자연이 어떻게 상생할 것인가에 관한 지속가능한 대안을 적극적으로 모색하는 데 그 의의를 찾을 수 있다.

시대정신의 모험

시대정신의 측면에서 함석헌과 장일순의 기여는 어떻게 볼 수 있는가. 지난 20세기 우리 사회를 이끈 세 개의 시대정신은 민족주의, 산업주의, 민주주의다. 서구적 관점에서 보면 이 셋은 각각 근대적 국민국가, 산업혁명, 시민혁명에 대응하며, 이런 점에서 민족주의, 산업주의, 민주주의는 모더니티의 세 얼굴이라 할 수 있다. 우리 현대사에서 민족주의가 보수와 진보가 공유한 이념이라면, 산업주의는 대체로 보수에 의해, 민주주의는 대체로 진보에 의해 추동돼왔다.

함석헌은 이 가운데 특히 민주주의와 민족주의에 큰 영향을 미쳤다. 그는 민주주의와 민족주의를 일관되게 강조했다. 씨알사상이란 다름 아닌 민주주의의 기초로서의 평민 또는 시민의 중요성을 부각시킨 것이다.

함석헌을 우리 사회의 대표적인 사상가로 등장시킨 글은 1958년 『사상계』에 발표한 '생각하는 백성이라야 산다'다. 이 글에서 그는 민주주의와 민족주의에 대한 강렬한 열망을 표출한다. "나라의 주인은 고기를 바치다 바치다 길거리에 쓰러지는 민중이지 벼슬아치가 아니다. 구원은 땅에 쓰러져도 제 거름이 되고 제 종자가 되어 돋아나는 씨알에 있지 그 씨알을 긁어먹는 손발톱에 있지 않다"고 당당히 선언한다.

현재적 관점에서 볼 때 이러한 함석헌의 주장이 새롭게 느껴지지 않을 수도 있다. 민주화 시대가 열린 이후 우리 사회에서는 민주주의 담론에 대한 다양한 토론이 진행돼왔고, 민주주의는 결코 부정할 수 없는 자명한 원리로 받아들여져왔다. 하지만 이렇게 민주주의가 당연한 원리로 수용된 것은 앞선 산업화 시대에서 이뤄진 민주주의에 대한 성찰과 사회운동에 힘입은 것이었다. 비록 정교하지는 않더라도 민주주의 주체로서의 씨알의 발견과 사상적 재구성은 민주주의의 시민적 계몽에 지대한 영향을 미쳐왔다.

민족주의에 대한 성찰 역시 마찬가지다. 자신의 삶이 반영돼 있는 것이지만, 함석헌은 민족주의를 중시하되 그것을 항상 세계평화의 맥락 속에 위치시키고자 했다. 여기에는 보편주의를 지향하는 그의 기독교적 세계관이 기초를 이뤘지만, 그렇다고 그의 사상이 서구 중심주의에 일방적으로 경사돼 있지는 않았다. 21세기 현재 우리 민족주의가 나아갈 길이 민족주의와 세계주의를 화학적으로 결합시킨 '민족적 세계주의' 또는 '세계적 민족주의'라면, 함석헌의 사상은 그 선구적 통찰로 주목받아야 한다.

요컨대 함석헌 사상이 겨냥하는 것은 한국적 모더니티의 완성이다. 씨알들이 자유롭게 자신의 생각을 표현하고, 사회·경제적으로 골고루 잘 살 수 있으며, 다른 민족들과 평화롭게 공존할 수 있는 세계가 함석헌이 꿈꿔온 나라였다. 이 나라에 도달하기 위해 함석헌은 나와 타자, 기독교와 동양사상, 고난과 평화의 사이에 스스로를 세워뒀으며, 그 경계에 서서 모더니티의 완성을 향한 치열한 사상적 모험을 감행해왔다.

함석헌과 비교해 장일순은 모더니티의 극복에 상대적으로 더 주목했던 것으로 보인다. 모더니티가 추구하는 민족자결, 경제성장, 민주주의를 마다할 이들은 없을 것이다. 그러나 모더니티가 국수주의, 환경위기, 관료제의 심화로부터 완전히 자유로울 수는 없다.

바로 이 점에서 우리 사회의 모더니티는 새로운 계몽을 요청한다. 그 계몽은 잘못된 계몽에 대한 계몽, 모더니티 과정에서 드러난 정치적 억압, 경제적 불평등, 문화적 소외를 극복하는, 다시 말해 자유와 평등을 극대화하고 민주주의 영역을 확대하며 상상력을 해방시키는 방향으로 나아가는 것을 의미한다.

장일순 사상의 의미는 여기에 있다. 모더니티의 가치를 보존하면서도 그것을 넘어설 수 있는 새로운 삶과 사회의 방향을 장일순은 생명사상과 공동체운동에서 찾았다. 이러한 방향은 무한경쟁을 강제해온 신자유주의 세계화가 위기에 처한 현실을 돌아볼 때 새로운 대안으로서의 의미를 더해가고 있다.

새로운 사상적·실천적 대안을 모색하는 데는 단기적 관점도 중요하지만, 동시에 장기적 시각도 중시돼야 한다. 장일순의 사상은 장기적으로 모더니티의 한계를 어떻게 극복할 것인가에 대한 중요한 통찰을 제공한다. 낭만적으로 보이는 사상이 때로는 가장 현실적인 의미를 가질 수 있다는 점을 장일순의 사상은 새삼 일깨운다.

함석헌과 장일순의 삶은 흥미로운 대조를 이룬다. 두 사람은 모두 제도적 영역이 아니라 비제도적 영역에서 활동한 사상가들이었으며, 기독교에 기반을 두고 있지만 기독교를 넘어서 동서양의 사상적 융합을 모색했다. 하지만 두 사람 사이에 차이도 존재한다. 함석헌이 민주화운동의 구심을 이룬 반면 장일순은 지역운동에 헌신했다. 정치·사회적 민주주의의 성숙이 함석헌의 목표였다면 엘리트 민주주의를 넘어선 참여민주주의의 추구가 장일순의 목표였다.

아카데미의 관점에서 두 사람의 사상은 여전히 거칠고 불완전한 것으로 보일지 모른다. 하지만 함석헌과 장일순은 전문적 지식인을 자처한 이들이 아니었다. 오히려 그들의 관심은 현실 속에서 민중과 함께하며 그들의 목소리를 자신의 사상으로 대변하고자 한 데 있었다. 두 사람의 사유가 거칠다는 것은 그만큼 순수하는 것을, 불완전하다는 것은 그만큼 창조적이라는 의미를 담고 있다고 나는 생각한다.

서울 종로구 동숭동에 세워진 함석헌 시비의 모습. 시비에 새겨진 「그 사람을 가졌는가」에서의 '그 사람'이야말로 '씨알'일 것이다.

그 사람을 가졌는가

무더위가 한풀 꺾인 9월 초 대학로가 있는 동숭동을 찾아갔다. 그곳에 함석헌 시비가 있다는 이야기를 들었기 때문이다. 지하철 혜화역 1번 출구 바로 옆 길가에 함석헌 시비가 서 있었다. 뒷면에 쓰인 글을 읽어보니 지난 2001년 그의 탄생 100주년을 기념하여 함석헌기념사업회에서 건립했다고 한다. 앞면에는 시 「그 사람을 가졌는가」가 실려 있었다.

> 만리길 나서는 길
> 처자를 내맡기며
> 맘 놓고 갈 만한 사람
> 그 사람을 그대는 가졌는가
> 온 세상 다 나를 버려
> 마음이 외로울 때에도
> '저 맘이야' 하고 믿어지는
> 그 사람을 그대는 가졌는가

함석헌은 1947년 월남했다. 이 시는 월남한 직후 서울에서 쓴 것으로 알려져 있다. 식민통치를 벗어나 해방이 되었건만 남한은 남한대로 북한은 북한대로 권력투쟁이 격렬하게 진행됐다. 함석헌은 이러한 현실에 실망하지 않을 수 없었다. 이 와중에 북한의 남침으로 인해 한국전쟁이 일어났다. 해방이 됐어도 끝나지 않는 고난의 연속이었다. 당시 함석헌은 공개 강연을 통해 기독교의 사회적 역할을 강조하고, 사회적 격변 속에서

상심하고 상처받는 씨알들을 위로했다.

　작품 「그 사람을 가졌는가」에는 함석헌의 개인적 체험이 담겨 있고, 동시에 그 체험을 넘어서는 보편적 메시지가 담겨 있다. 견디기 어려운 고난 속에서도 결코 포기할 수 없는 것은 무엇인가. 그것은 나다. 너다. 그리고 그 나와 너를 포괄하는 '참 나', 다시 말해 씨알이다. 나의 특수성은 씨알에 대한 인식을 통해 보편성을 획득하고, 그 씨알은 다시 역사 발전의 진정한 주체가 된다.

　무엇이 나와 너를 연결하는가. 사랑이다. 이 사랑은 서구의 기독교적 사랑일 수도 있고, 동양의 전통사상적 사랑일 수도 있고, 나아가 세계사회에 대한 사랑일 수도 있다. 나의 사랑과 씨알의 사랑은 서구의 근대적 개인주의도, 동아시아의 전통적 공동체주의도 품어 안으며, 또 그것을 넘어서고 있다. 진정한 사랑을 가능하게 하는 자유, 그 자유를 통해 다시 정결해지는 사랑을 품고 함석헌은 오직 앞만을 바라보며 나아갔다. 이러한 함석헌의 쉼 없는 사상적·실천적 투쟁이야말로 지난 20세기 우리 사회의 시대정신 탐구에서 한 절정을 이뤘다고 나는 생각한다.

　시비를 둘러보고 주변을 잠시 걸었다. 저녁 날씨가 선선해진 탓인지 대학로에는 젊은이들이 제법 북적거렸다. 집으로 돌아오기 위해 지하철 혜화역으로 갔다. 퇴근하는 사람들로 역사는 제법 붐볐다. 다소 피곤한 모습들이었지만 하루의 일과를 끝낸 탓인지 표정들은 활기를 띠고 있었다. 함석헌이 그토록 사랑하던 시민들의 세계, 장일순이 그 속에서 살아가고자 하던 시민들의 일상이었다. 나는 성큼 그 대열에 합류했다.

제11장

황순원과 리영희

지식인의
개인적 책임과
사회적 책임

황순원　1915년 평남 대동에서 태어나 2000년 사망했다. 해방 이후 우리 현대문학을 대표해
온 소설가다. 주요 작품으로 「소나기」를 포함한 주옥같은 단편들과 『카인의 후예』,
『일월』, 『움직이는 성』 등의 장편들이 있다.

리영희　1929년 평북 운산에서 태어나 2010년 사망했다. 민주화 시대를 대표하는 실천적 지
식인이다. 민주화 세력의 사상적 은사로 큰 영향을 미쳤다. 주요 저작으로 『전환시
대의 논리』, 『우상과 이성』, 『새는 '좌·우'의 날개로 난다』가 있다.

나는 4월 혁명이 일어난 1960년에 태어나
1979년 대학에 입학해서 1980년대에 20대를 보냈다.
독일 유학을 마치고 귀국해 1992년부터 모교 사회학과에서 학생들을 가르쳐왔으니,
연구자로서의 삶도 20년이 넘었다.
산업화 시대와 민주화 시대를 따라오면서 다양한 지식인들이 겪어온 삶을 지켜봐왔고,
그들이 쓴 책들을 읽어왔다.

시대정신과 지식인의 태도

이 장에서 다룰 지식인들을 선정하는 데는 나의 주관적인 생각이 많은 영향을 미쳤다. 두 사람을 골랐는데, 황순원과 리영희가 그들이다. 다소 의아하게 생각하는 이들도 없지 않을 듯하다. 왜냐하면 황순원과 리영희는 뚜렷한 공통점과 차이점이 없는 지식인들이기 때문이다. 이들을 고르게 된 이유는 다음과 같다.

먼저 해방 이후 우리 사회를 대표하는 작가를 한 사람 다루고 싶었는데, 황순원, 최인훈, 김수영, 고은 가운데 황순원을 선택했다. 시대정신의 관점에서 황순원, 최인훈, 김수영, 고은은 그 기여가 사뭇 다르다. 최인훈이 중도주의를, 김수영이 자유주의를 대표하는 작가라면, 고은은 전통주의와 현대주의를 결합시킨 작가인 데 반해, 황순원은 인간주의라 부를 수 있는 흐름을 대표한다.

시대정신에서 인간주의란 모호한 말이다. 어떤 사상이라 하더라도 인간주의를 그 바탕으로 하고 있기 때문이다. 하지만 황순원의 인간주의는 독특하다. 내가 보기에 황순원의 작품에는 두 유형의 인물들이 등장한다. 하나는 현실의 격류 속에 살아가는 인물이며, 다른 하나는 시간의 구속을 벗어난 보편적 존재로 살아가는 인물이다. 황순원의 작품에 나타나는 주인공들은 전자보다는 후자의 성격이 두드러진다. 그가 펼치는 인간주의는 현실주의보다 오히려 이상주의에 가깝다. 바로 이 점이 황순원을 다루고자 하는 첫 번째 이유다.

전공이 사회학이지만 철들기 시작한 이래 소설들을 꾸준히 읽어왔다. 어떤 때는 오노레 드 발자크와 같은 리얼리즘 작가에 심취했고, 어떤 때는 움베르토 에코와 같은 포스트모던 소설가에 경도되기도 했다. 리얼리즘이든 포스트모더니즘이든 모두 인간 문제를 다루기는 매한가지지만, 황순원의 문학에는 이러한 흐름과는 거리가 있는 자신만의 세계가 존재한다. 그는 어떤 사조와도 무관했으며, 독자적인 세계를 구축해 그 속에서 한국인이라는 존재의 의미를 탐구해왔다. 바로 이 점이 황순원을 다루고자 하는 두 번째 이유다.

황순원과 비교해 리영희는 사뭇 다른 세계에 속한 사람이다. 기자와 신문방송학과 교수를 지냈지만, 그의 사실상 전공은 국제정치학이다. 오랜 외신 기자 경험과 연관돼 있는 국제정치학 분야에서 리영희는 냉전과 반공주의 이데올로기에 맞서왔다. 『전환시대의 논리』를 필두로 그가 발표한 책과 글들은 운동권의 필독서이자, 1970년대 유신세대와 1980년대 486세대에게 심원한 영향을 미쳤다. 나 역시 그러한 정신적 자장 안에서 성장해왔다.

당대의 사회적 환경과 지식의 관계를 중시하는 지식사회학의 관점에서 리영희는 이례적인 사회과학자다. 두 가지 점에서 그러하다. 첫째, 1970년대의 시대적 분위기 속에서 성역이었던 냉전과 반공주의에 도전한다는 것은 목숨을 걸어야 할 정도의 용기가 필요한 것이었다. 냉전분단체제에 맞서는 게 진보적 지식인의 역할이었다면, 리영희는 연구와 저술로 그 최전선에 서 있었다. 둘째, 실천적 지식인의 경우 흔히 운동정치에 적극적으로 참여해왔지만, 리영희는 사회운동보다는 글과 책으로 진보 세력에 기여했다. 해방 이후 우리 현대사에서 말과 글이 사회변동에 미칠 수 있는 영향을 리영희보다 더 강렬하게 보여준 지식인을 찾기는 어려울 것이다.

리영희의 정치사상을 관통해온 것은 민족주의와 민주주의다. 그는 외세 의존적 사상과 외교에 맞서 주체적인 관점에서 자주적인 대응을 요구했으며, 군사독재에 맞서 언론의 자유와 인권의 민주주의를 강조했다. 모더니티의 시각에서 볼 때 그는 진정한 현대주의자였다. 이념적으로 리영희는 사회민주주의에 가까웠지만, 그가 소중히 생각한 것은 자유·평화·민주·민족 등과 같은 현대적 가치들이었다. 이 가치의 실현을 위해 모든 것을 헌신해온 것이 바로 그의 삶이었다.

이제까지 나는 원효의 불교사상과 최치원의 유학사상 이래 우리 역사에서 등장한 다양한 시대정신을 살펴봤다. 다음 장에서 다뤄질 산업화와 민주화의 시대정신을 살펴보기에 앞서 이 장에서는 시대정신에 대응하는 지식인의 태도를 주목해보고자 한다. 어떤 사상이라 하더라도 내용 못지않게 그 사상에 접근하는 태도 혹은 방법 또한 지식인에게는 중요한 문제이기 때문이다. 황순원과 리영희는 지식인의 태도에서 하나의 모범을 보여준다.

황순원, 고독한 정신의 광휘

황순원黃順元은 1915년 평안남도 대동에서 태어났다. 정주 오산학교와 평양 숭실중학교를 거쳐 일본 와세다대학교를 졸업했다. 졸업 후 그는 일제 말기에 평양과 대동군에서 소설 창작에 주력했다. 해방이 되자 북한에 잠시 머물러 있다가 1946년 월남했다. 서울고등학교 교사를 거쳐 1957년 경희대 국어국문학과 교수가 됐으며 1980년 정년퇴직을 맞았다. 그가 발표한 작품들은 문학과지성사에서 1985년에 『황순원전집』 전 12권으로 완간됐다. 이후 작품들을 더러 발표하던 그는 2000년 세상을 떠났다.

황순원은 처음에 시를 썼으나 일본 유학시절 소설가로 변신했다. 『황순원전집』의 순서는 단편, 장편, 시, 연구논문들로 이뤄져 있다. 우리나라 국민이라면 소설가 황순원을 거의 모두 알고 있는데, 그것은 「소나기」를 비롯한 그의 몇몇 작품들이 교과서에 실려 있기 때문이다.

문학을 전공하지 않은 나로서는 황순원의 작품 세계에 대해 말하기가 조심스럽지 않을 수 없다. 내가 주목하려는 것은 그의 작품에 반영돼 있는 어떤 정신 또는 사상이다. 그의 대표작으로는 흔히 『카인의 후예』, 『나무들 비탈에 서다』, 『일월』, 『움직이는 성』 등의 장편소설들이 꼽힌다. 이 작품들은 그 제재가 각기 다르다. 『카인의 후예』가 북한의 토지개혁을 주목한다면, 『나무들 비탈에 서다』는 한국전쟁이 남긴 상처를 다룬다. 『일월』은 백정을 통해 소수자 문제와 존재의 고뇌를, 그리고 『움직이는 성』은 우리 한국인의 심성구조를 살펴본다.

이 가운데 가장 널리 알려진 작품은 제목부터 범상치 않은 『카인의 후예』다. 서울대 권장도서 100권에 박경리의 『토지』, 최인훈의 『광장』 등과 함께 선정되기도 한 이 소설은 해방 직후 북한에서 이뤄진 토지개혁을 배경으로 한다. 지주 아들인 박훈과 마름 출신인 도섭영감의 갈등, 그리고 박훈과 도섭영감의 딸인 오작녀의 사랑을 축으로 전개되는 이 작품은, 한편으로 토지개혁의 진행과정을 살펴보고, 다른 한편으로 급격한 변화

속에서 전개되는 다양한 인물들의 대응과 고뇌, 사랑을 서정적으로 묘사한다.

장편소설 못지않게 황순원의 문학 세계가 잘 드러난 것은 단편소설들이다. '국민 단편소설'이라 부를 수 있는 「소나기」를 위시하여 「별」, 「목넘이마을의 개」, 「학」, 「잃어버린 사람들」 등 그가 쓴 단편들은 우리 겨레의 역사를 생생히 보여주며, 그 속에서 살아간 이들의 삶을 격조 높게 그리고 있다. 일각에서는 황순원의 이런 작품들이 근대적 '소설' 이전의 전근대적 '이야기'라고 지적하지만, 사회학을 공부하는 내가 보기에 소설보다 앞서 존재하는 것은 삶이자 그에 대한 증거다.

황순원의 단편소설에서 중요한 변화는 첫 번째 단편집 『늪』과 두 번째 단편집 『기러기』 사이에서 관찰된다. 일제 말에 쓰였음에도 『기러기』는 해방 직후에 쓰인 세 번째 단편집 『목넘이마을의 개』보다도 늦은 1950년에야 출간됐다.

내 시선을 끈 것은 『기러기』의 서문이다. 이 단편집에 실린 소설들은 「별」과 「그늘」을 제외하고는 발표되지 못했다. 우리말로 쓰여 있었기 때문이다. 일본어로 작품을 쓰라는 권유를 받았지만, 황순원은 이를 거부하고 고향에 칩거하면서 『기러기』에 실리게 될 소설들을 써뒀다.

다수의 소설가가 친일로 전향한 당시 현실을 생각할 때, 비록 독립운동에 참여하지는 않았지만 황순원은 원고지 위에서, 언어를 통한 독립운동을 조용히 전개한 셈이었다. 이 점에서 이육사, 윤동주의 시와 함께 「산골아이」, 「황노인」, 「독짓는 늙은이」 등 『기러기』에 담긴 소설들은 더없이 소중한 겨레의 유산이라 하지 않을 수 없다. '책머리에'에서 그는 이렇게 말한다.

그냥 되는대로 석유상자 밑에나 다락 구석에 틀어박혀 있을 수밖에 없기는 했습니다. 그렇건만 이 쥐가 쏠다 오줌똥을 갈기고, 좀이 먹어들어가는 글 위에다 나는 다시 다음 글들을 적어 올려놓곤 했습니다. 그것은 내 생명이 그렇게 하는 어찌할 수 없는 일이었습니다. (……) 명멸하는 내 생명의 불씨가 그 어두운 시기에 이런 글들을 적지 아니치 못하게 했다고 보는 게 옳을 것 같습니다.

내가 이 서문을 읽은 것은 대학을 다닐 때였다. 한 쪽 반 정도의 분량으로 이뤄진 이 서문은 황순원이 남긴 글 가운데 개인적으로 가장 좋아하는 글이다. 뒤에서 다시 말하겠지만, 황순원은 현실 참여에 소극적이었다. 그의 주요 관심사는 권력 비판이 아니라 인간 탐구에 있었다. 작가는 과연 무엇을 하는, 또 해야만 하는 존재인가. 비록 발표를 기약할 수 없더라도, 소중한 겨레의 언어로 오랜 시간을 견뎌온 겨레의 이야기를 전승함으로써 명멸하는 생명의 불씨를 지키려고 했던 그의 태도는 식민지 시대에 우리 지식인이 보여준 최고의 정신적 광휘光輝 가운데 하나였다.

『움직이는 성』, 한국인의 심성구조

나는 황순원의 문학사상을 잘 보여주는 소설이 바로 『움직이는 성』이라고 생각한다. 이 작품은 『카인의 후예』, 『일월』 등 다른 작품들과 비교해 상대적으로 덜 알려져 있다. 하지만 『움직이는 성』은 황순원이 오랫동안 생각해온 한국인의 심성을 다룬다는 점에서 사회학 연구자인 내 시선을 끌었다.

한국인이란 어떤 존재인가. 이 질문에 대한 답변은 인문학과 사회과학에서 오랫동안 토론돼왔다. 우리 민족은 구석기 시대 이후 한반도와 만주 지역에서 거주해왔다. 고려시대부터는 영토가 한반도로 제한돼 있었지만, 독자적인 언어와 문화를 일궈왔다. 동아시아의 다른 민족들이 그러하듯이 농경생활이 기본을 이뤘으며, 따라서 유목민遊牧民이 아닌 정주민定住民의 특징을 간직해왔다. 누구는 이러한 우리 민족의 문화적 심성을 '한'恨에서, 다른 이는 '은근과 끈기'에서 찾기도 했다.

황순원의 답변은 이와 다르다. 이 소설은 각각 개성이 다른 세 명의 주인공인 농업기사 준태, 목사 성호, 민속학자 민구가 펼치는 삶과 생각을 다루고 있다. 소설을 통해 황순원은 기독교와 샤머니즘, 구체적 삶과 추상적 관념, 욕망과 도덕 사이에서 떠돌며 방황하는 한국인의 정신적·종교적 삶을 다각도로 조명함으로써 새로운 구원의 가능성을 탐색한다.

내가 이 소설에서 주목한 것은 이상섭도 지적한 바 있는 '유랑민 근성'에 대한 탐구다(「'유랑민 근성'과 '창조주의 눈'」, 『움직이는 성』 해설, 문학과지성사). 제목이 암시하듯이 그가 제시하는 한국인의 심성은 유랑민 근성이다. 사회학적으로 유랑민은 이중적 의미를 갖는다. 피란민과 유목민이 그것이다. 피란민이 전쟁을 피해 멀리 옮겨간 사람들이라면, 유목민은 일정한 거처 없이 이동하며 사는 이들을 말한다. 둘 사이에 공통점과 차이점이 존재한다. 한곳에 오래 머물러 있지 않다는 게 공통점이라면, 피란민은 전쟁과 같은 외부적 영향을 크게 받는 반면 유목민은 새로운 목초지를 찾는 자발적 선택을 중시한다.

내가 말하려는 것은 피란민 사회의 그늘이다. 이곳은 잠시 머물러 있는 공간이기에 공동체 전체의 이익을 고려하지 않은 채 삶을 '만인 대 만인의 투쟁'으로 생각하는 게 피란민의 자의식이다. 수단과 방법을 가리지 않고 욕망과 권력을 추구하며, 이를 위해 연줄망을 극대화하는 게 피란민의 전략적 선택이다. 한국전쟁이 끝난 지 60여 년이 지났는데도 여전히 피란민처럼 살아가고 있는 게 우리 사회의 현주소일지도 모른다.

황순원은 주인공 성호의 선택을 통해 새로운 구원의 가능성을 암시하고 또 모색한다. 이 작품은 산업화 시대가 절정으로 치닫던 1960년대 후반과 1970년대 초반에 쓰였다. 전쟁과 산업화가 우리 사회에 미친 중대한 영향 가운데 하나는 공동체의 파괴였다. 사회학적으로 볼 때 한번 훼손된 공동체 의식을 복구하기란 결코 쉽지 않다. 황순원이 제시하는 구원의 가능성, 다시 말해 기독교적 사랑과 정의의 수용은 유랑민 근성을 극복할 수 있는 방법의 하나일 것이다.

『움직이는 성』과 연관해 흥미로운 것은 유랑민의 현재적 특징이다. 황순원 자신은 아마도 인식하지 못했을 터인데, 유랑민이 갖는 또 하나의 측면인 유목민nomad의 특성이 오늘날 정보사회의 진전으로 강화되고 있다는 점이다. 황순원의 메시지를 어떻게 평가하든 이 작품은 한국인의 존재적 특징을 새롭게 조명했다는 점에서 우리 민족의 선 자리와 갈 길을 돌아보게 한다.

리영희, 민주화의 상징적 지식인

리영희李泳禧는 1929년 평안북도 운산에서 태어났다. 1942년 경성공립

공업학교에 입학했지만 해방을 맞이해 학업을 중단했고, 1946년 한국해양대에 다시 입학해 졸업했다. 한국전쟁이 발발하자 입대해 1957년 제대한 다음, 곧 합동통신사에 입사해 기자 생활을 시작했다. 1964년 조선일보사로 직장을 옮겼고, 이해 필화사건으로 구속되기도 했다. 1972년에는 한양대 신문방송학과 조교수로 임용됐다. 이후 구속과 기소, 해직과 복직을 거듭했으며, 1995년 한양대를 정년퇴임하고 2010년 세상을 떠났다.

리영희가 펴낸 책들은 2006년 한길사에서 『리영희저작집』 전12권으로 출간됐다. 그의 첫 저작은 『전환시대의 논리』였다. 이후 『우상과 이성』, 『8억인과의 대화』(편역) 등을 발표해 문제적 지식인으로 부상했다. 이 책들로 인해 그는 반공법 위반 혐의로 구속됐지만, 당시 젊은 세대에게 심대한 영향을 미쳤다. 1987년 민주화 시대가 열리면서 그는 진보 세력의 '사상적 은사'로 평가됐으며, 이후 『새는 '좌·우'의 날개로 난다』 등의 저작들을 발표했다. 2005년에는 문학평론가 임헌영과 나눈 자전적 대담 『대화: 한 지식인의 삶과 사상』을 출간하기도 했다.

해방 이후 우리 현대사에서 리영희는 경제학자 신영복과 함께 민주화의 상징적 지식인이다. 한 사람이 감옥 안에서 자신의 신념을 지켰다면, 다른 한 사람은 구속과 해직을 반복하면서 자신의 신념을 펼쳐 보였다. 리영희는 여러 조사에서 해방 이후 가장 영향력 있는 지식인들 중 한 사람으로 선정됐으며, 지식인의 현실 참여에서 언제나 앞자리에 서 있었다. 이 땅에서 펜이 칼보다 강하다는 것을 리영희만큼 생생히 보여준 지식인은 없을 것이다.

『전환시대의 논리』, 그 충격과 영향

1970년대와 1980년대에 '전논'이라 불리던 『전환시대의 논리』는 리영희의 대표작이다. 1974년 유신독재 아래서 출간된 이 책이 당시 지식사회에 준 영향은 충격적이라고밖에 달리 표현하기 어렵다. '아시아, 중국, 한국'이라는 부제를 달고 출간된 이 책은 한국전쟁 이후 우리 사회를 특징지어온 냉전분단체제에 대해 코페르니쿠스적 사고의 전환을 요구했다. 짧은 '머리말'은 겸허하지만 분명한 메시지를 전달한다.

> 지동설을 증명한 코페르니쿠스의 『천체의 회전에 관하여』라는 책의 출판을 위탁 맡은 신학자 오리안더는 교회 권력과 신학 도그머와 그에 사로잡혀 있는 민중의 박해 때문에 그 책을 '사실'로서가 아니라 '가설'이라는 궤변을 서문에 삽입하여 출판했다. (……)
> 격에 안 맞는 코페르니쿠스와의 비교를 자청하는 것이 아니라 이 사회를 '정치적 신학'의 도그머가 지배하는 날까지는 가설인 것으로 나는 만족한다는 것이다.

가설이라는 겸양의 표현을 쓰고 있지만 이 책에는 냉전분단체제라는 골리앗에 맞서는 다윗의 통찰과 의지가 담겨 있다. 책의 구성을 보더라도 리영희의 생각을 쉽게 알아차릴 수 있다. 책은 크게 6부로 이뤄져 있다.

제1부 강요된 권위와 언론자유, 제2부 중국 외교의 이론과 실제, 대륙 중국에 대한 시각 조정, 권력의 역사와 민중의 역사, 사상적 변천으로 본 중국 근대화 백년사, 중국 지도체제의 형성과정, 제3부 조건반사의 토끼,

현해탄, 텔레비전의 편견과 반지성, 외화外貨와 일본인, 사하로프—동정과 반성, 제4부 미군 감축과 한일 안보관계의 전망, 일본 재등장의 배경과 현실, 한국 유엔 외교의 새 국면, 베트남전쟁(I), 베트남전쟁(II), 제5부 직업 수필 4제, 기자풍토 종횡기, 제6부 한미 안보체제의 역사와 전망 등이 그 내용을 이룬다.

이 책은 1960년대 후반과 1970년대 초반 변화하는 동아시아를 다루고 있다. 중국에 대한 재인식을 중심으로 닉슨 독트린과 미국의 대외정책, 일본의 군사적 재무장화, 그리고 베트남 전쟁의 역사와 현실 등에 이르기까지 생생한 분석과 날카로운 통찰을 통해 냉전체제에 갇혀 있던 시민들의 의식을 일깨운다. 리영희는 자신의 견해가 단지 가설이라고 말하지만, 그 가설은 이제까지 대외의존적인 사유에서 주체적인 현실인식으로의 전환을 열렬히 요구한다. '전환의 시대'에 '의식의 전환'을 촉구하려는 데 이 책의 목적이 놓여 있다.

리영희는 대학에서 국제정치학을 전공하지 않았다. 하지만 그는 오랜 외신 기자의 경험을 바탕으로 변화하는 동아시아 질서에 대해 관심을 기울여왔다. 두말할 필요도 없이 한반도는 동아시아 지정학geopolitics과 지경학geoeconomics의 중심을 이룬다. 해양 세력(미국, 일본)과 대륙 세력(중국, 러시아)의 교차지점에 놓여 있으며, 더욱이 남한과 북한으로 분단돼 있다. 리영희는 두 가지를 주문한다. 냉전적 보수주의에서 벗어난 균형적 현실주의의 시각이 그 하나라면, 외세적 관점을 넘어선 주체적 관점에 입각해 평화와 민주주의의 새로운 국제질서를 구축해야 한다는 것이 다른 하나다.

리영희 연구의 현재적 의미

『전환시대의 논리』 이후 리영희는 『우상과 이성』을 필두로 여러 사회평론집을 출간했다. 그는 합리적 이성의 관점에서 우상파괴자의 역할을 자임했다. 그의 시각에서 우상이란 다름 아닌 냉전분단체제와 군사독재다. 평화와 민주주의의 관점에서 그는 미국의 패권적 동북아 정책과 일본 군국주의의 부활을 주목하고, 중국의 새로운 부상과 분단시대의 현실을 분석하고자 했다.

이러한 리영희의 지적 활동은 진보와 보수로부터 상반된 평가를 받았다. 그 자신의 회고에서 볼 수 있듯이 진보 세력에겐 '사상의 은사'로 추앙받았지만 보수 세력에겐 '의식화의 원흉'으로 비판받았다. 1970년대와 1980년대에 활동했던 다른 진보적 지식인들과 비교해 그는 진보적 성향의 정부가 들어선 이후에도 공직에 나아가지 않았으며, 권력 비판을 멈추지도 않았다. 한마디로 그는 비판적 지성의 표본이었다.

현재적 관점에서 볼 때 1970년대 리영희가 제시한 '가설'은 그렇다면 어떻게 평가할 수 있을까. 1990년대 이후 최근까지 동아시아의 변동은 중국의 부상과 G2 체제의 등장, 일본의 군사대국화와 점진적 쇠퇴, 그리고 남북 평화공존의 노력과 북한의 핵무기 개발 등으로 특징지을 수 있다. 냉전에서 탈냉전으로의 변동과 탈냉전 속에서의 열전의 부상이 복합적이고 중층적인 동아시아의 현재를 이루고 있다.

이 글을 쓰기 위해 『전환시대의 논리』 등 오래된 그의 책들을 다시 펼쳐보니 다소 낡았다는 느낌이 들었다. 그러나 전체적으로 볼 때, 비록 세세한 가설들은 틀렸을지 몰라도 주체적인 대외정책을 모색하고 평화와 민주주의를 증진시켜야 한다는 리영희의 주장은 더없이 선구적이었다.

1970년대에 리영희가 제시한 기본 프레임은 냉전적 패러다임에 맞서는 탈냉전적 패러다임이었다. 돌아보면 우리 현대사는 그가 예견한 방향으로 진행돼왔다. 한 지식인의 사상을 평가하는 기준으로는 세세한 나무의 관점이 아니라 전체적인 숲의 관점이 온당할 것이다. 멀리 갈 필요도 없이 최근 부상한 '동북아 시대론'이란 것도 냉전분단체제론을 넘어서고자 했던 리영희의 사상적 고투의 성과 위에서 나온 것으로 볼 수 있다.

황순원의 태도와 리영희의 태도

이제까지 이 책에서는 유사하거나 차이가 뚜렷한 동시대 지식인 두 사람을 함께 다뤘다. 이 장에서 살펴보는 황순원과 리영희는 같은 시대를 살아왔음에도 유사성과 차별성을 넘어서 서로 다른 지층을 걸어온 지식인들이다. 황순원은 평생 잡문을 쓰지 않고 순수문학에 몰두한 반면, 리영희는 현실 한가운데서 그 현실에 의연히 맞섬으로써 여러 번 곤욕을 치렀다.

여기서 내가 주목하고 싶은 것은 두 사람의 사상보다는 지식인의 태도다. 먼저 리영희는 실천적 지식인의 전형이었다. 임헌영과 나눈 『대화』에서 그는 자신의 삶을 이끌어준 근본 이념이 '자유'와 '책임'이었다고 말한다.

인간은 누구나, 더욱이 진정한 '지식인'은 본질적으로 '자유인'인 까닭에 자기의 삶을 스스로 선택하고, 그 결정에 대해서 '책임'이 있을 뿐만 아니라 자신이 존재하는 '사회'에 대해서 책임이 있다는 믿음이었다. 이 이념에 따라, 나는 언제나 내 앞에 던져진 현실 상황을 묵인하거나 회피하거나 또는 상황과의 관계설정을 기권棄權으로 얼버무리는 태도를 '지식인'의 배신으로 경멸하고 경계했다.

리영희는 살아오면서 "아홉 번의 연행, 다섯 번의 기소 또는 기소 유예, 세 번의 징역"을 겪었다고 회고한다. 나 역시 대학에서 학생들을 가르치는 것을 직업으로 하고 있기에 이러한 리영희의 삶이 얼마나 고단하고 고통스러웠을지를 충분히 공감할 수 있다. 권력으로부터의 계속된 탄압은 그의 건강을 해치게 했을 뿐만 아니라 그의 연구를 중단시키기도 했다. 상황이 이러했음에도 리영희가 남긴 저작집을 보면 그가 글쓰기에 얼마나 최선을 다했는가를 알 수 있다. 리영희의 글은 동의하든 하지 않든 그 주장이 선명할 뿐만 아니라 문체 또한 명징하다.

한 걸음 물러서서 볼 때 그는 동료와 후학들이 많았더라도 연줄망에서 자유롭지 못한 우리 사회에서 어쩌면 적잖이 고독했을지도 모른다. 개인적으로 지식인 리영희가 가장 인상적이었던 것은 2003년 노무현 정부의 집권 초반 이라크전 파병 반대에 적극 참여했을 때였다. 그는 노무현 정부의 책임윤리 논리에 맞서 심정윤리의 관점에서 파병의 부당성을 강조했다. 그때 나는 이러한 그의 모습이야말로 리영희다운 모습이자 진정한 지식인의 태도라고 생각하기도 했다.

황순원은 이와 사뭇 다르다. 작가는 오로지 작품을 통해서만 말해야한다는 신념으로 그는 잡문은 물론 언론의 인터뷰도 거절했고, 정부가 주는 훈장까지도 거부했다. 그가 작품 속에서 다루는 세계도 정치적 이데올

로기로부터 상당히 벗어난 공간이었다. 『카인의 후예』는 그 적절한 사례다. 『카인의 후예』에서 황순원이 특히 주목한 것은 북한에서 진행된 토지개혁에 대한 평가라기보다 급격한 사회변동에 마주한 인간 군상들의 고뇌에 있었다. 그 고뇌는 현실적 상황에서 비롯된 것이지만 선과 악, 사랑과 증오, 망설임과 결단의 실존적 세계를 포괄하는 것이었다.

황순원은 해방 직후 북한에서 월남했지만 1949년 '보도연맹'에 가입해야만 했다. 그의 삶과 작품들을 돌아볼 때 학창시절부터 이념에 가깝지 않았던 황순원에게 이러한 불편한 현실은 그의 탈이념적 성향을 강화시켰을 것이다. 분단과 전쟁, 다시 분단체제의 강화로 이어진 엄정한 현실 아래서 그는 자기검열을 할 수밖에 없었던 것으로 보이며, 이러한 상황은 그로 하여금 순수문학에 더욱 기울어지게 했던 것으로 보인다.

진정한 작가나 시인이 자기는 문예사조의 어느 주의를 신봉한다든가 무슨 주의자라고 자처하는 걸 나는 믿지 않는다. 그것은 예술가가 정말로 자신을 어떤 틀 속에 옹색하게 가둘 리가 없다는 걸 믿기 때문이다. 나도 한때 나 자신을 로맨티시스트라 부른 적이 있지만.

칠순을 맞이해 황순원이 쓴 에세이 「말과 삶과 자유」의 한 구절이다. 이 말의 메시지는 분명하다. 황순원은 예술가로서 자유를 가장 소중히 했다. 그는 어떤 유파에도 속하지 않았다. 일본 유학시절 '삼사문학' 동인으로 참여한 적이 있지만, 그는 언제나 혼자였다. 자유를 얻기 위해 월남했으며, 이후 그 어떤 세력에도 가담하지 않았다. 그가 도달한 '유랑민 근성'은 바로 이 점에서 황순원 자신의 삶을 반영하고 있는 듯하다. 유랑민의 본질에는 그 어디에도 구속되지 않는 자유에 대한 갈망이 담겨 있기 때문이다.

자유를 중시했다고 해서 황순원이 이를 일방적으로 강조한 것은 아니다. 자유를 얻은 대신 작가로서의 책임을 그는 묵묵히 수행했다. 판을 달리할 때마다 작품들을 수정했으며, 전집을 출간할 때는 젊은 시절 쓴 시들을 과감하게 빼버리기도 했다. 작가로서 자신에 대해 황순원은 한없이 엄격했다. "자기 속에 최상의 독자를 키우는 것이 작가가 해야 할 의무의 하나"라고 황순원은 「말과 삶과 자유」에 적고 있다.

황순원과 리영희의 이러한 삶은 지식인의 태도에 대해 많은 것을 생각하게 한다. 막스 베버가 『직업으로서의 학문』에서 강조하듯이 현대사회는 유일신이 아니라 다신多神의 시대다. '옛날의 많은 신들이 자신의 무덤에서 걸어 나와 우리 삶을 지배하고자 하며 또다시 서로의 영원한 투쟁을 시작하는' 시대다. 개인주의와 공동체주의, 민족주의와 세계주의, 자유민주주의와 사회민주주의 등 다양한 이념과 시대정신들의 경쟁이 현재의 사상적 풍경을 구성한다.

이러한 다신론의 시대에는 어떤 시대정신을 선택할 것인가의 문제 못지않게 시대정신에 어떻게 접근해갈 것인가의 문제도 중요하다. 굳이 구별하면 황순원의 시대정신은 인간주의와 자유주의에 가깝고, 리영희의 시대정신은 민족주의와 진보주의에 기울어져 있다. 하지만 두 사람에게는 시대정신 못지않게 인간과 현실, 그리고 시대정신에 대한 태도 또한 중요했다. 자유를 중시하되 황순원은 '개인적 책임'을, 리영희는 '사회적 책임'을 최선을 다해 실천했다.

보는 시각에 따라서 이러한 개인적·사회적 책임은 소극적·적극적 책임으로 이해될 수도 있다. 한 걸음 물러서서 볼 때, 지식인이 개인적 책임과 사회적 책임 가운데 어떤 것에 더 주력할 것인가는 그 자신의 자발적 선택에 맡겨둬야 한다. 우리 사회 지식인들이 갖는 문제는 지식인임을 자처하는 이들이 개인적이든 사회적이든 그 책임을 오히려 방기하는 데 있지 않은가. 이런 점에서 황순원과 리영희의 삶과 책들은 우리 후학들에게 여전히 중요한 의미를 던져주고 있다고 나는 생각한다.

「소나기」와 겨레의 기억

개인적으로 좋아하는 노래 가운데 하나가 〈산골 소년의 사랑 이야기〉다. 이 노래는 황순원의 작품 「소나기」를 그 내용으로 하고 있다. 앞서 말했지만, 이 땅에서 학교를 다닌 이들이라면 교과서에 실린 「소나기」를 읽었을 것이다.

2009년 여름 나는 일본 교토와 도쿄를 방문한 적이 있었다. 도쿄에 갔을 때는 긴자 주변에 머물렀다. 도쿄 이야기를 꺼내는 것은 영화의 한 장면 때문이다. 〈싸이보그 그녀〉라는 영화다. 개인적으로 이런 멜로 영화를 그다지 좋아하지는 않는다. 어쩌다 본 이 영화가 오랫동안 내 기억에 남아 있는 것은 한 장면 때문이었다. 영화 속에 주인공이 미래에서 온 사이보그와 함께 자신의 과거 고향으로 돌아가는 장면이 나오는데, 바로 그때 〈산골 소년의 사랑 이야기〉의 일본어 버전이 흐른다.

화면 속 과거의 시간으로 돌아간 주인공 앞에는 고향 마을 축제가 펼쳐진다. 내 시선을 잡아 끈 것은 마을 풍경이었다. 거기엔 동아시아 모더

도쿄 레인보우브리지의 모습. 도쿄 미나토 구 시바우라와 도쿄 만의 간척지인 오다이바를 연결하는 다리로 상하 2층으로 이루어져 있다.

니티가 펼쳐지고 있었다. 매미채를 든 아이들이 골목길을 뛰어가고, 낮술에 취한 어른들의 흥거운 목소리가 높아진다. 그 장면은 내 어린 시절의 풍경이었다. 그리고 동구 앞에서 할머니가 주인공의 이름을 부르자 힘차게 달려가던 과거의 자신을 현재의 주인공이 바라보던 모습이 무슨 탓인지 선명히 각인돼 여전히 기억에 생생하다.

도쿄에 갈 때마다 느끼는 것이었지만 유독 이 여행에서는 동아시아 모더니티에 대해 다시 한번 생각해보게 됐다. 우에노 공원을 산책하면서 여의도 공원을 떠올리고, 유라쿠초 주변을 배회하면서 명동 거리를 생각하고, 오다이바로 가기 위해 레인보우브리지를 넘어갈 때 눈앞에 펼쳐진 풍경은 광안대교에서 바라본 부산의 아름다운 풍경을 떠올리게 했다. 그리고 황순원의 「소나기」의 장면과 영화감독 곽재용의 〈싸이보그 그녀〉의 장면이 동시에 떠오르기도 했다.

사회학 연구자로서 보기에 한국과 일본의 같음과 다름을 어떻게 볼 것인가는 흥미롭고도 중요한 주제다. 황순원의 작품들을 읽으면서 가졌던 궁금함 가운데 하나는 그가 일본 유학을 했음에도 불구하고 이에 대한 이야기가 거의 나오지 않는다는 점이다. 첫 소설집 『늪』에서 더러 다뤘을 뿐, 두 번째 소설집 『기러기』 이후 그는 곧장 겨레의 이야기로 나아갔다. 황순원의 작품에서 다른 작가들에게 흔히 보이는 일본 문화의 영향을 찾기 어려운 것은 그가 겨레와 민족의 이야기들을 진정으로 아끼고 사랑했음을 보여주는 것이 아닐까.

지금 나는 〈산골 소년의 사랑 이야기〉를 들으면서 이 글을 마무리하고 있다. 그리고 잠시 자판을 두드리다 말고 황순원의 소설들에 나오는 장면들을 떠올려보고 있다. 만주로 떠난 남편의 편지를 받아든 「기러기」의 쉿

네, 주인 없는 개 신둥이를 돌보는 「목넘이마을의 개」의 간난이 할아버지, 폭풍으로 석이가 죽은 바다로 나가는 「잃어버린 사람들」의 순이의 이야기를 통해 황순원은 영문학자 유종호의 지적처럼 '겨레의 기억'을 전수하고자 했다. 그가 남긴 작품들은 바로 우리 역사를, 아주 오래된 우리 겨레의 삶을, 할아버지와 할머니, 아버지와 어머니, 그리고 나의 이야기를 기억하게 한다.

"소년은 개울가에서 소녀를 보자 곧 윤 초시네 증손녀曾孫女라는 걸 알수 있었다. 소녀는 개울에다 손을 잠그고 물장난을 하고 있는 것이다. 서울서는 이런 개울들을 보지 못하기나 한 듯이." 「소나기」의 첫 부분이다. 훼손되지 않은, 시간의 구속을 벗어난 영겁회귀의 영원성 위에 놓인 이야기다.

모노레일을 타고 레인보우브리지를 건너갈 때 펼쳐진 도쿄 만灣의 저녁 풍경을 바라보며 「소나기」를 떠올렸던 것은, 지금 이 글을 끝맺으며 소녀를 등에 업고 물이 불어난 개울을 건너가던 소년을 떠올리는 것은 황순원의 독백처럼 나 역시 로맨티시스트이기 때문일까. 아니면 낭만적 열정이 역사의 한 부분을 이끈다는 것을 믿기 때문일까. 그가 남긴 작품들이 우리 겨레에게 아주 오랫동안 기억되길 바란다.

제12장

박정희와 노무현

시대정신으로서의
산업화와 민주화

박정희 1917년 경북 선산에서 태어나 1979년 사망했다. 만주의 신경군관학교와 일본육군
사관학교를 거쳐 조선경비사관학교(육사 전신)를 졸업했다. 1961년 5·16쿠데타를
주도했으며 1972년 10월 유신을 단행했다. 1963년부터 1979년까지 대통령을 역임
했다. 『국가와 혁명과 나』 등의 저작이 있다.

노무현 1946년 경남 김해에서 태어나 2009년 사망했다. 부산상고를 졸업한 뒤 사법시험에
합격해 판사로 활동하다 변호사를 개업했다. 민주화 시대 인권변호사로 활약했으며,
국회의원, 해양수산부장관 등을 거쳐 2003년부터 2008년까지 대통령을 역임했다.
『진보의 미래』 등의 저작이 있다.

이 책을 쓰면서 가졌던 가장 큰 고민 중 하나는 지식인의 범위를 어디까지 둘 것인가였다.

오늘날 지식인이라면 흔히 교수, 작가, 그리고 언론인 등을 지칭한다.

하지만 조선사회에서 지식인은 대개 유학자인 동시에 정치가였다.

현대사회에서 정치가는 지식인이 될 수 있을까.

세계적으로 보면 지식인이 정치를 겸업한 경우가 없지는 않다.

예를 들어 체코의 바츨라프 하벨Vaclav Havel 대통령이나

브라질의 페르난도 카르도소Fernando Cardoso 대통령이 그러하다.

하벨은 작가이기도 했고, 카르도소는 사회학자이기도 했다.

박정희와 노무현, 산업화와 민주화의 상징

지식인과 정치가는 사실 중첩되는 영역이 적지 않다. 지식인의 과제 중 하나가 지식 탐구를 통해 새로운 비전을 모색하는 데 있다면, 정치가 역시 자기 사회 미래에 대한 새로운 비전을 제시해야 한다. 이 점에서 지식과 정치 또는 지식과 권력은 매우 긴밀히 연관돼 있다. 지식은 정치 또는 권력을 위해 봉사하기도 하지만, 바로 그 권력과 정치를 혁신하는 문제틀을 제공하기도 한다. 그 문제틀이 이 책에서 다루는 시대정신이기도 하다.

이제 이 책을 마무리하면서 나는 우리 현대사에 큰 그늘을 드리운, 여전히 영향력이 지대한 두 명의 정치가를 다뤄보고자 한다. 박정희 대통령과 노무현 대통령이 그들이다. 박정희와 노무현은 물론 지식인이 아니다. 한 사람은 정치가가 되기 전에 군인이었으며, 다른 한 사람은 변호사였다. 하지만 이들은 지식인적 성향이 두드러진, 각각 보수적·진보적 지식인들에게 상당한 영향을 미친 정치가들이었다.

문제적인 이 두 사람을 다루는 이유는 다름 아닌 시대정신에 있다. 해방 이후 우리 사회를 이끌어온 대표적인 두 시대정신은 산업화와 민주화였다. 일제 식민지에서 해방된 우리 사회에 부여된 가장 중요한 시대적 과제는 '나라 만들기'였다. 이 나라 만들기의 구체적인 목표가 경제적 산업화와 정치·사회적 민주화였다. 산업주의와 민주주의로 바꾸어 써도 좋은 이 시대정신을 대표한 정치가로는 박정희, 김대중, 노무현 대통령을 꼽을 수 있다. 박정희 시대에 우리 사회 산업화는 본궤도에 올랐으며, 김대중 시대와 노무현 시대에 민주화는 본격화됐다.

　박정희가 산업화의 상징이라면, 김대중과 노무현은 민주화의 상징이다. 여러 점들을 고려할 때 박정희의 정치적 맞수는 김대중일 것이다. 하지만 이 책에서는 김대중이 아니라 노무현을 다루고자 한다. 여기서 노무현을 살펴보려는 것은 더없이 극적이었던 노무현의 삶이 486세대를 포함해 우리 사회의 젊은 세대들에게 여전히 지대한 영향을 미치고 있기 때문이다.

　여러 여론조사를 보더라도 박정희와 노무현은 가장 존경받는 대통령으로 손꼽히고 있다. 1960년대 이후 우리 사회에서는 산업화 세력 대 민주화 세력, 박정희의 시대정신 대 노무현의 시대정신이 맞서왔으며, 지식사회 역시 이러한 구도에 대응해왔다. 그러면 이제 곧바로 두 사람의 삶과 시대정신, 그리고 정치에 대해 이야기해보겠다.

박정희 시대와 모더니티

그동안 나는 박정희와 그의 시대에 대해 두 번 글로 쓴 적이 있다. 하나는 모더니티의 관점에서 박정희 시대를 평가한 것이며(「박정희 시대와 현대성의 명암」, 『한국의 현대성과 사회변동』, 나남), 다른 하나는 박정희의 시대정신을 다룬 것이다(「격동! ‘박정희 시대’에 다시 서다」, 『월간중앙』 2008년 4월호). 여기서의 박정희에 대한 논의는 이 두 글을 참조하고 있다.

　널리 알려졌듯이 박정희는 산업화 시대를 열고 그것을 강력하게 추진한 정치가였다. 1961년 5·16쿠데타부터 그가 돌연 서거한 1979년까지 박정희 시대는 우리 현대사에서 가장 변화가 컸던, 경제적 모더니티가 격렬하게 진행된 시간이었다. 19년은 결코 짧은 시간이 아니다. 이 기간에 우리 사회는 경제·사회·문화 등 모든 영역에서 농업사회에서 공업사회로 바뀌어갔다. 모더니티가 '멋진 신세계'라면 우리 역사에서는 박정희 시대에 와서야 사슬 풀린 프로메테우스와 같은 신세계의 모험이 시작된 셈이다.

지식사회 역시 박정희 시대로부터 큰 영향을 받았다. 이른바 '어용'과 '재야'의 이분법이 등장한 것도 박정희 시대였다. 박정희 체제에 동의하거나 반대하는 것은 당시 지식사회는 물론 현재의 지식사회를 가늠하는 중요한 이분법 중 하나다. 우리 지식사회를 주도하는 50대 지식인들 역시 박정희 시대로부터 직접적 영향을 받았다.

예를 들어 사회학자인 조희연은 유신체제에 반대하는 시위에 참여해 옥고를 치른 바 있으며, 1980년대 이후 진보적 지식인운동과 시민운동을 이끌어왔다. 얼마 전 조희연은 『박정희와 개발독재시대』라는 책을 통해 박정희 시대를 분석하기도 했다. 이 책은 비판적 관점에서 박정희 시대를 검토하지만, 새마을운동을 포함해 박정희 체제의 긍정적 측면도 적극적으로 주목한다. 조희연의 이러한 양면적 평가는 박정희 체제에서 젊은 시절을 보냈던 진보적 지식인이 갖는 복합적 내면의식의 일단을 보여주는데, 이는 박정희 시대가 그만큼 문제적인 시대였음을 증거한다.

박정희朴正熙 개인의 역사는 드라마틱하다. 1917년 경상북도 선산에서 태어난 그는 대구사범학교를 졸업하고 잠시 교사의 길을 걸었다. 이후 만주의 신경군관학교와 일본육군사관학교를 졸업하고 일본 군인이 됐다. 해방 후 그는 육군사관학교의 전신인 조선경비사관학교를 졸업하고 다시 군인이 돼 김종필, 이후락 등과 함께 1961년 5·16쿠데타를 감행함으로써 우리 역사의 전면에 등장했다.

그동안 5·16을 어떻게 명명해야 할 것인가에 대해서는 논란이 있었다. 당시 쿠데타 주역들은 5·16을 '군사혁명'이라고 불렀다. 하지만 '지배계급 내의 일부 세력이 무력 등 비합법적 수단으로 정권을 탈취하는 기습적 정치 활동'이 쿠데타라면, 5·16은 명백히 쿠데타다. 문제는 쿠데타가 낳은 결과다. 쿠데타에 성공한 박정희는 1963년 결국 대통령에 당선됐고, 산업화를 향한 강력한 드라이브를 걸었다.

두말할 필요도 없이 박정희 시대는 우리 산업화의 역사에서 일대 전환기였다. 구체적으로 1960년에 64퍼센트였던 농·어민이 1980년에는 31퍼센트로 감소했다. 또 중화학공업화가 진행된 1970년대에는 2차 산업이 1차 산업을 능가하고 중공업이 경공업의 비중을 추월하는 선진국형 산업구조를 갖췄다.

생활수준과 생활양식 역시 크게 변했다. 1961년 87달러에 불과했던 1인당 국민총생산GNP이 1979년에는 1,597달러로 증가해 절대빈곤에서 벗어났다. 더불어 급속한 경제성장은 아파트·텔레비전 등으로 대표되는 도시적 생활양식을 보급했고, 팝뮤직·할리우드로 대표되는 미국 문화의 유행을 가져오기도 했다.

개인적 경험을 돌아봐도 박정희 시대는 나의 유년과 청소년 시절을 차지한다. 1960년대에 전기조차 들어오지 않은 시골에서 자랐지만, 도시로 이주해온 1970년대부터 본격적인 모더니티의 세례를 받았다. 경부고속도로를 타고, 포항제철을 구경하며, 지하철 1호선을 타보기도 했다. 동시에 어린 나이였지만 긴급조치와 남북 대립, 그리고 민주화운동 등을 목격하면서 당시 암울한 정치 현실을 어렴풋하게나마 깨닫기도 했다. 곰곰이 생각해보면, 박정희 시대의 이러한 체험은 나의 사회적·개인적 정체성의 원형을 이루는 것이기도 했다.

『국가와 혁명과 나』, 박정희의 시대정신

박정희의 책 『국가와 혁명과 나』는 그의 시대정신을 집약하고 있다. 이 책은 1963년 당시 박정희 국가재건최고회의 의장의 초고를 박상길이 정리한 것이다. 박상길에 따르면, 이 책은 철학에서부터 정치·경제·사회관, 그리고 인생관에 이르기까지 박정희의 사상을 가장 정확하게 담고 있다고 한다. 공화당 대통령 후보로 나서기 직전에 쓰인 만큼 이 책은 그의 정치철학과 시대정신을 선명하게 보여준다. 먼저 5·16쿠데타에 대해 박정희는 다음과 같이 규정한다.

> 이 혁명은 정신적으로 주체의식의 확립혁명이며, 사회적으로 근대화혁명이요, 경제적으로는 산업혁명인 동시에, 민족의 중흥 창업혁명이며, 국가의 재건혁명이자 인간개조, 즉 국민 개혁혁명인 것이다.

이러한 혁명이념의 연장선상에 1960년대의 조국 근대화 전략이 놓여 있다. 박정희는 가난이 자신의 스승이자 은인이라고 말한다. 이 가난을 벗어나기 위해 그는 자립경제를 위한 산업화를 강조한다. 자립경제 건설은 "혁명을 통한 민족국가의 일대 개혁과 중흥 창업의 성패 여부를 판가

름하는 문제의 전부이며, 그 관건"임을 주장한다. 자립경제에 대한 그의 열망은 앞서 말했듯이 19년이라는 짧은 시간에 고도 경제성장을 이루는 경이로운 결과를 가져왔다.

주목할 것은 이 책에서 박정희가 자신의 주요 이념의 하나로 민족주의를 표방하고 있다는 점이다. 그는 쑨원의 중국, 메이지유신의 일본, 케말 파샤의 터키, 가말 압델 나세르의 이집트 등 민족주의가 두드러진 외국 사례들을 비교한다. '퇴폐한 민족 동의와 국민 정기를 바로잡기 위하여 청신한 기풍을 진작한다'는 쿠데타의 공약은 5·16 군사정부의 민족주의적 지향의 일단을 보여준다.

현재의 시점에서 박정희 시대의 산업화 정책을 어떻게 볼 것인가는 여전히 논란거리다. 이와 연관된 핵심 쟁점은 경제적 산업화에 권위주의 정치가 불가피한 것인가의 문제다. 이는 권위주의가 경제성장에 효율적이라고 해서 민주주의를 유보하고 개발독재를 선택해야 하는가, 경제성장과 사회안정이 인권과 정치적 자유보다 중요한 것인가의 문제이기도 하다.

1960년대 당대의 시선에서 보면 박정희식 발전 모델은 상당한 지지를 얻고 있었다. 한국전쟁에 대한 생생한 기억은 사회안정에 대한 희망을, 보릿고개의 암울한 현실은 경제성장에 대한 열망을 낳았으며, 이러한 희망과 열망은 위로부터의 국가적 동원을 통한 산업화에 유리한 토양을 제공했다. 개인적 체험을 돌아봐도 1970년에야 흑백텔레비전을 볼 수 있었던 나는 1979년 대학에 들어갈 때는 이미 다양한 문명의 이기를 두루 누리고 있었다.

문제는 경제성장에 성공했다고 해서 박정희식 모델이 정당화될 수 있는 것은 아니라는 점이다. 중요한 것은 박정희식 모델이 경제성장과 민주주의를 결합하는 데 과연 얼마나 노력을 기울였는가에 있다. 1969년의 3선 개헌에서 1972년의 10월 유신에 이르는 절차적 민주주의에 대한 부정, 특히 유신체제의 암울한 독재는 이 시대가 얼마나 비민주적이었는가를 여실히 보여준다.

박정희식 모델은 경제적 산업화를 위해 정치·사회적 민주화를 희생시켰으며, 이를 정당화하고자 했다. 이 모델은 중앙정보부로 대표되는 물리적 폭력에 기반을 둔 정치적 지배를 획책했으며, 그 결과로 나타난 침묵의 사회는 박정희 시대의 또 다른 자화상이었다. 요컨대 박정희 시대는 그 명암이 뚜렷한 시대였다. 우리 사회를 농업사회에서 공업사회로 변화시키는 고도성장을 가져온 산업화의 시대였지만, 동시에 정경유착이 이뤄지고 인권탄압이 가해진 권위주의의 시대이기도 했다. 더불어 박정희 시대에 뿌리내린 성장지상주의와 군사문화는 아직까지도 우리 사회 심층의식의 일단을 이루고 있다.

박정희 시대를 어떻게 볼 것인가

박정희 시대를 어떻게 볼 것인가는 그동안 학술 토론을 비롯해 정치 비사秘史, 개인 회고, 소설화 또는 영화화 등에 이르기까지 다양하게 조명돼왔다. 박정희 개인에 대한 평가 역시 '민족의 영웅'에서 '독재의 원조'에 이르기까지 다각도로 이뤄져왔다. 이러한 풍경은 개인적 존재로서의 박정희는 1979년에 서거했으나 역사적 존재로서의 박정희는 여전히 우리 사회에 살아 있으며 또 매우 강렬한 이미지를 갖고 있다는 점을 보여준다.

발전사회학적 관점에서 박정희 체제는 '발전국가'developmental state 또는 '개발독재' 체제다. 개발독재는 경제적 개발과 정치적 독재가 결합돼 있다는 의미다. 박정희는 쿠데타로 권력을 장악했고, 3선 개헌으로 절차적 민주주의를 훼손했으며, 나아가 1인 지배의 유신체제를 만든 독재자였다. 하지만 동시에 그는 본격적인 산업화를 모색했고, 중화학공업화를 추진했으며, 의료보험을 포함한 복지국가의 기틀을 마련한 지도자이기도 했다.

이러한 두 얼굴을 가진 박정희였기에 어떤 이들은 여전히 그를 열렬히 옹호하는 반면 다른 이들은 그의 시대를 완강히 부정한다. 내가 주목하고자 하는 것은 이렇듯 박정희 체제에 명암이 뚜렷이 갈리는데도 박정희와 그의 시대에 대한 향수가 끊이지 않는 이유에 대한 질문이다. 왜 우리 사회는 박정희 시대를 여전히 그리워하는 걸까.

이러한 상황은 최근 우리 사회의 흐름과 무관하지 않다. 사회 양극화가 강화되고 적지 않은 국민이 사회의 주변으로 내몰리는 게 우리 사회의 현주소라면, 이러한 삶의 불안정성은 과거에 대한 향수를 불러일으키게 마련이다. 바로 그곳에 강력한 리더십으로 상징화한 박정희가 존재한다. 박정희식 모델이 옳아서라기보다는 현재의 곤궁困窮이 과거를 그리워하게 만드는 것이라 할 수 있다.

더불어 주목할 것은 박정희 시대에 대한 정치적 독법이다. 박정희 시대는 33년 전에 마감했다. 하지만 이 시대를 어떻게 볼 것인가의 문제는 최근 정치 세력들의 정당성에 직접적 영향을 미쳐왔다. 박정희 시대의 평가에 대해 과도한 이분법이 강조되는 것도, 박정희 시대의 과거사에 대한 규명이 논란이 되는 것도 바로 이런 맥락이다.

　과잉 정치화한 역사 해석은 현재를 과거에 지나치게 묶어두게 한다. 한 걸음 물러서서 볼 때, 역사의 해석에서 반드시 합의가 필요한 것은 아니다. 역사를 보는 눈은 복수複數일 수 있다. 그러므로 열린 토론을 통해 역사의 교훈을 이끌어내는 것이 바람직하다. 이 점에서 박정희의 리더십을 일방적으로 옹호하거나 박정희 시대의 존재 자체를 거부하는 것은 적절한 역사 해석이 아닐 것이다. 30여 년에 달하는 세월이 그 상처를 다스리기에는 짧은 시간일지 모르겠지만, 박정희 시대에 대한 더욱 객관적인 평가가 이뤄져야 한다.

노무현과의 만남

박정희 시대를 생각하면 언제나 떠오르는 사람은 다름 아닌 아버지다. 나이가 들어갈수록 같은 나이의 아버지 삶을 떠올릴 때가 종종 있다. 지금 내 나이의 아버지는 1970년대 중반을 사셨다. 당시 일찍 퇴근하시는 날이면 아버지와 더러 교외로 산책을 나가곤 했다. 어릴 적부터 아버지에게 박정희에 대한 이야기를 적잖이 들었는데, 물론 긍정적인 내용들이었다. 일제시대에 태어나 해방 때부터 초등학교 교사로 일해오신 아버지는 가난에서 벗어나 근대화를 성취하려는 박정희의 시대정신에 크게 공감하고 계셨다.

　아버지와 박정희에 관한 이야기를 더 이상 나누지 않은 것은 대학에 들어가면서부터였다. 장준하의 『돌베개』를 읽고, 황석영의 『삼포로 가는 길』을 읽고, 조세희의 『난장이가 쏘아올린 작은 공』을 읽은 나로서는 아버지와 박정희에 대해 이야기를 나누는 게 내심 불편할 수밖에 없었다. 시간이 흘러 아버지의 나이가 된 지금 그때 아버지의 심사를 이해하고, 그 험난한 시절을 살아가신 아버지를 그리워하는 자신을 발견하곤 한다.

하지만 그렇다고 해서 아버지의 생각에 모두 동의하는 것은 아니다. 내가 생각하기에 설령 소망적 사고라 하더라도 박정희 시대에 경제성장과 민주주의는 함께 갔어야 했다. 세계 역사를 둘러봐도 스칸디나비아 국가들을 포함해 경제성장과 민주주의가 동시에 추구된 후발 산업화의 사례들이 존재하기 때문이다. 사람에게 빵은 더없이 소중하지만, 그렇다고 빵만으로 살 수 있는 것은 아니다. 우리 산업화 과정 안에는 바로 이런 맥락에서 민주화의 가치가 배태되고, 사회운동의 분출이 이뤄지기 시작했다. 노무현은 이러한 민주화의 시대정신을 대표하는 정치가였다.

노무현을 처음 만난 것은 2002년 대선 과정이었다. 당시 노무현 후보 캠프에서 활동한 몇몇 교수들과 비교적 가까웠던 터라 2003년 노무현 대통령 취임연설 기초위원으로 참여했고, 정부가 출범한 후에는 대통령자문정책기획위원회 위원으로 일하기도 했다. 몇 번의 만남을 통해 내가 받은 인상에 따르면, 노무현은 더없이 인간적인 사람이었으며, 무엇보다 민주화 세력으로서의 정치적 자기정체성이 분명하고 민주화의 시대정신을 정확히 인식하고 있었다.

노무현盧武鉉은 1946년 경상남도 김해에서 태어났다. 부산상고를 졸업한 다음, 1975년 사법시험에 합격해 대전지법 판사를 지냈다. 1978년에 변호사를 개업한 그는 1980년대에 인권변호사로 민주화운동에 적극 참여했다. 1987년 6월 항쟁 이후 열린 민주화의 공간 속에서 제13대 국회의원이 됐으며, 제15대 국회의원과 김대중 정부의 해양수산부 장관을 지냈다.

노무현의 삶에서 극적인 전환은 2002년에 주어졌다. 그는 새천년민주당 대통령 후보가 됐으며, 한나라당 이회창 후보를 극적으로 꺾고 제16대 대통령에 당선됐다. 2003년 2월에 출범한 노무현 정부는 민주화의 거대한 실험실을 이뤘다. 열린우리당 출범과 2004년 탄핵, 4대 개혁입법 추진과 대연정 제안, 한·미 자유무역협정FTA 체결과 지방선거·대선의 잇단 패배, 그리고 2008년 퇴임과 2009년 비극적 서거로 이어진 그의 삶과 시대는 박정희의 경우와 마찬가지로 드라마틱했다고 말하는 것 이외에 달리 표현하기 어렵다.

노무현 시대를 어떻게 볼 것인가

인권변호사라는 자신의 삶이 보여주듯이 노무현의 시대정신은 민주화였다. 이러한 노무현의 시대정신은 노무현 정부가 내건 국정 목표인 '국민과 함께하는 민주주의, 더불어 사는 균형발전사회, 평화와 번영의 동북아 시대'에 집약돼 있다. 이 국정 목표는 민주화라는 시대정신을 참여민주주의와 균형발전으로 구체화하고자 했으며, 또한 우리 사회가 놓여 있는 동북아시아의 지정학과 지경학의 조건을 적극적으로 고려하고 있었다.

현재의 시점에서 대차대조표를 만들어보면, 노무현 시대에는 이 세 가지 국정 영역에서 성공과 좌절이 공존했다. 먼저 참여민주주의 영역에서 노무현 정부는 권력기관의 민주화와 시민사회와의 거버넌스 구축을 모색하고자 했다. 우리 현대사를 돌아볼 때, 권력기관의 민주화를 과감히 시도한 노무현의 용기는 비록 세세한 문제가 없지 않았더라도 높이 평가할 수 있다.

거버넌스의 경우도 이와 유사하다. 집권 초기 화물연대 파업에서 시작해 새만금방조제 건설 논란, 천성산 터널공사 논란 등 상당한 갈등비용을 지불했지만, 동시에 국민참여수석실과 시민사회수석실 설치, 국민대통합연석회의 추진 등에서 볼 수 있듯이 국가와 시민사회 간의 새로운 거버넌스를 구축하는 데 노무현 정부는 작지 않은 노력을 기울였다.

여기서 주목할 것은 노무현 정부가 세계화와 정보사회의 진전에 따른 시민사회의 구조변화에 적극적으로 대응하고자 했다는 점이다. 1987년 민주화 시대가 열린 이후 우리 사회에서는 젊은 세대를 중심으로 개인주의와 자유주의가 성장해왔으며, 이러한 변화는 시민들의 적극적인 정치참여의 욕구를 증대시켰다. 비록 서툰 부분들이 적지 않았지만, 노무현 정부가 이러한 시대적 변화를 읽어내고 이를 국정 운영에 반영하고자 했던 것은 새롭게 평가되어야 할 것으로 보인다.

더불어 노무현 정부는 행정수도 이전, 공공기관 이전 등 획기적인 균형발전을 추진하고자 했다. 이 균형발전은 노무현 대통령이 일관되게 주장해온 지역주의 극복과 밀접히 연관돼 있었는데, 지역주의를 넘어서기 위해서는 무엇보다 경제·사회적으로 중앙 대 지방, 지방 대 지방의 불균형 발전을 해소해야 했다.

균형발전 정책이 추진되는 일련의 과정이 물론 순탄한 것은 아니었다. 균형발전이 수도권의 퇴행적 발전을 낳고, 결국 국가경쟁력을 약화시킨다는 반대 논리가 제기됐으며, 이는 정치적 논란을 넘어서 법적 논란으로 비화되기도 했다. 국토 균형발전이 '정권적 과제'가 아니라 '국가적 과제'라는 점에서 행정수도 이전 논란 등의 이슈들이 과잉 정치화되고 제동이 걸린 것은 결코 바람직한 일은 아니었다. 여하튼 행정수도 이전을 둘러싼 이러한 논란 과정은 국민적 공감대 확보를 포함한 여론 형성이 얼마나 중요한 것인가를 상징적으로 보여줬다.

마지막으로 살펴볼 수 있는 것이 동북아 정책이다. 동북아 시대 구상의 목표는 미국 중심의 외교정책에서 동북아 중심의 외교정책으로 전환을 모색하려는 데 있었는데, '동북아 균형자론'은 이러한 문제의식을 단적으로 보여주기도 했다. 여전히 냉전과 탈냉전이 교차하는 동북아의 현실에서 동북아 시대의 구상은 상당히 신선한 문제의식으로 평가할 수 있다. 그러나 이러한 전략은 북한의 핵실험, 중국의 동북공정 등 적지 않은 시련들에 직면했으며, 특히 2006년 북한의 핵실험은 대북 포용정책의 한계를 드러나게 했다.

동북아 시대론과 연관해 검토해볼 것이 한·미 자유무역협정의 추진이었다. 노무현 정부의 시각에서 한·미 자유무역협정은 우리 경제의 대외의존도를 고려한 일종의 선진통상국가 전략의 하나로 이해할 수 있다. 적극적인 관점에서 볼 때, 한·미 자유무역협정의 목표는 '제1차 개방'인 개항(1876)과 '제2차 개방'인 박정희 정부의 근대화(1960~1970년대)를 이은 '제3차 개방'을 성취하고자 했던 데에 놓여 있었을 것이다.

그러나 한·미 자유무역협정은 사회적 합의를 형성하는 데 상당한 어려움을 겪었으며, 그 논란은 국회 비준을 마친 후에도 계속됐다. 한 걸음 물러서서 볼 때, 자유무역협정의 결과가 농어민과 자영업자 등을 포함한 사회적 약자들에게 불리할 수밖에 없다는 점에서 충분한 시간을 갖고 국민적 공감대를 이뤄야 했음에도 불구하고 노무현 정부는 사회적 합의를 이끌어내는 데 그다지 성공적이지는 못했다.

요컨대 노무현 시대는 우리 사회에서 민주화 시대와 세계화 시대가 극적으로 교차하는 막간에 놓여 있었으며, 그러기에 민주화와 세계화가 충돌하는 긴장과 모순들에 내내 대면해 있었다. 세계사적으로 보수의 시대가 절정을 보인 한가운데 진보적 가치를 추구해야 했던 것이 노무현 정부의 시대적 조건 또는 숙명이었다. 이러한 구조적 조건을 극복하기 위해 노무현과 노무현 정부는 최선을 다하려고 했지만, 집권 당대에는 그렇게 높은 평가를 받지는 못했던 것으로 보인다.

『진보의 미래』, 노무현의 시대정신

『진보의 미래: 다음 세대를 위한 민주주의 교과서』는 노무현이 대통령을 퇴임한 뒤에 집필한 책이다. 이 책은 미완의 저작이다. 노무현은 2008년 10월 참모진과 가까운 학자들에게 진보주의 연구모임을 제안하고 비공개 연구 카페를 열었는데, 여기에 자신의 생각과 구상을 올리고 이를 직접 토론하기도 했다. 『진보의 미래』는 바로 이 내용을 담고 있다. 제1부가 노무현이 직접 작성한 원고라면, 제2부는 그가 남긴 육성 기록으로 이뤄져 있다.

서문에서 노무현은 다음과 같이 말한다. "진보주의에 관한 책을 만들어 보자는 것입니다. (……) 미래의 역사는 진보주의가 제시하는 방향으로 가게 될 것입니다. 한국에서는 진보와 보수의 문제가 사회적 논쟁의 중심 자리를 차지해야 지역주의를 넘어설 수 있을 것입니다." 진보의 현재에 대한 진단과 새로운 미래의 모색이 이 책이 겨냥하는 목표다.

책의 차례를 보면 노무현의 깊은 고민을 엿볼 수 있다. 원고로 남긴 제1부의 경우, '국가의 역할을 고민하자', '보수의 시대, 진보의 시대', '보수의 주장, 진보의 주장', '진보란 무엇인가, 보수란 무엇인가', '세계는 진보의 시대로 가는가', '한국은 지금 몇 시인가'가 그 주요 내용을 이룬다. 이어지는 제2부는 생생한 육성을 통해 제1부의 내용을 다양한 각도에서 흥미롭고 설득력 있게 펼쳐 보인다.

이 책을 읽으면서 나는 노무현의 시대정신과 정치철학을 다시 생각해 보게 됐다. 그 핵심은 국가의 역할이다. 대통령이 되기 전에 노무현이 고민했던 것은 상식과 원칙이 통하는 사회였다. 그에 따르면, 격렬한 산업화를 지나오면서 비상식과 반칙이 우리 사회를 지배하는 원리가 됐으며, 그 결과 사람이 사람으로 존중받지 못하고 반칙으로서의 특권이 횡행하는 사회가 됐다. 대통령이 된 노무현의 꿈은 상식과 원칙이 바로 서는 사회였다.

5년의 국정운영 경험은 상식과 원칙이 존중받기 위해서 무엇보다 국가의 역할이 중요하다는 점을 노무현으로 하여금 재발견하게 했다. 그는 다음과 같이 말한다.

결국 국가의 역할에 관한 문제는 누가 어떻게 통치할 것인가 하는 문제와 더불어 우리들의 구체적인 삶을 지배하는 문제이자 정치와 민주주의의 핵심적인 의제이다. (……) 성장과 분배, 감세와 복지를 둘러싼 논쟁, 민영화, 탈규제, 노동의 유연화, 개방, 작은 정부, 이런 논쟁이 정부의 역할에 관한 논쟁이다.

노무현이 제시하는 진보의 미래는 새로운 분배와 재분배 정책의 수립에 있다. 신자유주의가 가져온 사회 양극화를 해소하기 위해서는 시장의 분배인 노동영역과 정부의 분배인 복지영역에 국가가 어떻게, 어디까지 개입할 것인가가 문제의 핵심이라는 메시지다. 다시 말해, 노동시장정책과 복지정책의 재구성이야말로 진보의 시대정신이 감당해야 할 과제임을 노무현은 힘주어 강조한다. 안타까운 것은 이러한 자신의 생각을 완성하지 못한 채 2009년 5월 돌연 유명幽明을 달리했다는 점이다.

노무현의 예기치 않은 서거는 우리 사회에 큰 충격을 안겨줬다. 그가 우리 사회에 남긴 유산은 무엇일까. 노무현의 영결식이 있던 날 나는 다음과 같은 칼럼을 썼다. 노무현의 삶과 시대정신을 돌아보면서 그 글의 일부를 옮겨본다.

정책을 입안하고 추진하는 행정가로서 노무현은 좌절하고 실패했을지도 모른다. 그러나 탈권위주의를 지향한 중산층과 서민의 벗으로서 '인간 노무현'과 인권, 민주주의, 사회적 약자 보호라는 '시대정신 노무현'은 살아 있었으며, 그는 자신의 육신을 내던짐으로써 우리 안의 노무현을, 다시 말해 '노무현적 가치와 정신'을 재발견하게 하는 마지막 선물을 안겨주고 떠났다.

새로운 시대정신을 찾아서

앞서 7장에서 이건창을 다룰 때 정인보를 이야기한 적이 있다. 그때 말했듯이 정인보를 기리는 흉상이 내 연구실이 있는 위당관 앞에 세워져 있다. 흉상 앞 공간은 이 책의 원고를 쓰는 도중 더러 바람을 쐬면서 머리를 식혔던 곳이다. 이제 다시 이 낯익은 공간에서 고대에서 현대까지 우리 사회를 대표해온 지식인들이 벌였던 시대정신의 모험이 주는 교훈을 정리해보고자 한다.

돌아보면 우리 역사에서 지식인들의 시대정신 탐구는 대단히 치열했다. 비록 시대적 구속에 갇혀 있었더라도 그 구속을 넘어서서 새로운 인간과 사회를 꿈꿨으며, 그것을 구체화하기 위해 헌신했다. 어떤 이들은 인간의 더 많은 자유와 해방을 모색하고자 했고, 또 어떤 이들은 우리로서의 민족의 의미를 재발견하고자 했으며, 또 다른 이들은 부조리한 사회의 모순들을 적극적으로 개혁하고자 했다.

인간이란 무엇인가, 한민족이란 누구인가, 그리고 나와 우리 사회는 어디에 서 있고 또 어디로 가야 하는가에 대해 이 땅의 지식인들은 끝없이 질문을 던지고 그 답변을 찾고자 했다. 골품제에 맞서 싸운 최치원, 민족의 역사를 체계화한 김부식과 일연, 유교적 개혁을 꿈꾼 정몽주·정도전·이황·이이, 그 유교사회를 혁신하고자 했던 박지원·박제가·정약전·정약용·이건창·최제우, 근대적 민주주의와 민족주의를 모색한 서재필·신채호·이광수, 존재의 의미에 질문을 던진 원효와 경허, 현대적 산업주의와 민주주의, 인간주의와 생명주의를 추구한 함석헌·장일순·황순원·리영희, 그리고 박정희와 노무현에 이르기까지 우리 역사를 대표하는 지식인과 정치가들은 시대정신 탐구의 최전선에서 고투해왔다.

시대적 한계에 맞서고 이를 넘어서고자 했던 이들의 사상적 모험이 주는 중요한 함의는 시대정신 탐구에서의 방향과 방법이다. 예를 들어 정도

정인보(1893~?)의 흉상. 저자의 연구실이 있는 위당관 앞에 있다. 흉상 아래에는 제자 민영규가 쓴 '위당문존후서'爲堂文存後序의 한 구절이 새겨져 있다.

전과 이이의 유교적 개혁론과 박지원과 정약용의 실학파 개혁론은 조선 사회라는 시대적 조건에 갇혀 있었지만, 현실 문제를 어떻게 진단하고 국가와 사회, 권력과 국민(백성)의 관계를 어떤 방향으로 이끌 것인가에 대해 치열하게 고민하고 해법을 모색함으로써 여전히 중요한 의미를 안겨주고 있다.

현재적 관점에서 볼 때 21세기 우리 사회 미래를 이끌 새로운 시대정신은 단수가 아니라 복수가 될 수도 있다. 함석헌과 노무현의 민주주의, 박정희의 산업주의, 리영희의 민족주의, 장일순의 생명주의, 황순원의 인간주의 역시 모두 소중한 출발점으로서의 의미를 갖는다. 진정한 지식인이라면 우리 과거에 대한 비판적 성찰을 통해 새로운 미래를 위한 가치를 주조하고 그 프로그램을 구체화하는 데 최선을 다해야 할 것이다. 우리 역사의 시대정신 탐구를 통해 내가 얻은 결론은 세 가지다.

첫째, 생산적인 자기 부정이 요구된다. 새로운 시대정신을 모색하기 위해 지식인은 회의적 접근을 통해 자기 사회의 문제를 비판적으로 분석하고 해부해야 한다. 무릇 모든 존재가 자기 껍데기를 스스로 깨고 나올 때 성숙해지듯이 자기 사회의 현재를 냉철히 평가하고 성찰하는 것은 시대정신 탐구의 일차적 조건이다. 자신의 선 자리를 정확히 인식할 때 가야 할 길의 방향이 보이는 법이다.

둘째, 대안 모색이 치열해야 한다. 시대가 주는 구조적 강제가 클수록, 그 경로의존성이 견고할수록 새로운 대안의 모색은 결코 쉽지 않은 과제다. 그러나 대안이 부재한다면 회의와 반성은 결국 자기 부정으로 귀결될 가능성이 높다. 역사가 더 나은 삶을 향한 진화를 뜻하는 것이라면, 이러한 진화를 위해 개인과 사회가 어떻게 변화해야 하는가에 대한 새로운 대안과 비전의 모색은 시대정신 탐구에서 또 하나의 조건이다.

셋째, 개혁과 혁신이 중요하다. 더 나은 미래로 나아가기 위해서는 무엇보다 개혁과 혁신이 불가피하다. 경우에 따라 그 개혁과 혁신은 안정을 중시하는 보수적인 것일 수도 있고, 변화를 중시하는 진보적인 것일 수도 있다. 분명한 것은 역사가 개혁과 혁신을 요구하고 있는데도 그것을 회피하거나 거부할 경우 그 사회는 결국 후퇴할 수밖에 없다는 점이다. 자기 사회의 미래를 위한 개혁과 혁신의 프로그램들을 구체화하는 것이야말로 자기 시대에 맞서는 지식인이라면 마땅히 가져야 할 중대한 책무라고 나는 생각한다.